:mairisch verlag

IMPRESSUM

[mairisch 38]
16. Auflage, 2026
© der deutschen Ausgabe mairisch Verlag 2013

Originalausgabe:
»Cycling – Philosophy for Everyone: A Philosophical Tour de Force«
© 2010 Blackwell Publishing Ltd except for editorial material and organization
© 2010 Jesús Ilundáin-Agurruza and Michael W. Austin
Erschienen bei John Wiley & Sons Ltd, Chichester, UK 2010
www.wiley.com/wiley-blackwell

Lektorat der deutschen Ausgabe: Daniel Beskos, Peter Reichenbach
Korrektorat: Annegret Schenkel | www.korrektorat-schenkel.de
Gestaltungskonzept: Carolin Rauen | www.carolinrauen.com
Druck: Beltz Grafische Betriebe

Alle Rechte vorbehalten.
Autorisierte Übersetzung der englischen Originalausgabe, erschienen bei John Wiley & Sons Limited. Die Verantwortung für die Zuverlässigkeit der Übersetzung liegt ausschließlich beim mairisch Verlag und nicht bei John Wiley & Sons Limited. Die Reproduktion jedweder Inhalte dieses Buchs ist nur mit ausdrücklicher Genehmigung der ursprünglichen Copyright-Inhaber John Wiley & Sons Limited gestattet.

Printed in Germany
ISBN 978-3-938539-26-2

www.mairisch.de

J. ILUNDÁIN-AGURRUZA
M. W. AUSTIN
P. REICHENBACH (HG.)

# Die Philosophie des RAD FAHRENS

mairisch verlag

# INHALT

PETER REICHENBACH
**VORWORT**   7

STEVEN D. HALES
**AUF DIE HARTE TOUR – RAD FAHREN UND PHILOSOPHISCHE LEKTIONEN**   9

MAXIMILIAN PROBST
**DER DRAHTESEL – DIE LETZTE HUMANE TECHNIK**   25

ROBERT H. HARALDSSON
**PHILOSOPHISCHE LEKTIONEN VOM RADFAHREN IN DER STADT UND AUF DEM LAND**   31

STEEN NEPPER LARSEN
**RADFAHRER WERDEN**   45

PETER M. HOPSICKER
**RAD FAHREN LERNEN**   59

CATHERINE A. WOMACK und PATA SUYEMOTO
**RAD FAHREN WIE EIN MÄDCHEN**   73

ZACK FURNESS
**CRITICAL MASS GEGEN DIE AUTOMOBILKULTUR**   89

HOLGER DAMBECK
**DEM PARADIES SO NAH**   105

HEATHER L. REID
**MEIN LEBEN ALS PHILOSOPHIN AUF ZWEI RÄDERN**  111

MICHAEL W. AUSTIN
**AUS DEN SCHUHEN AUF DEN SATTEL**  125

BRYCE T. J. DYER
**LASST DEM TIER FREIEN LAUF –**
**DAS ZEITFAHREN UND DIE TECHNIK**  137

RAYMOND ANGELO BELLIOTTI
**AUSSER KONTROLLE**  153

ANDREAS DE BLOCK und YANNICK JOYE
**EDDY MERCKX –**
**IST DER KANNIBALE EIN FAIRER SPORTLER?**  171

ANDREAS ZELLMER
**DER GIPFEL DER TOUR DE FRANCE**  187

TIM ELCOMBE und JILL TRACEY
**DIE TOUR DE FRANCE, DAS LEIDEN UND**
**DAS BEDEUTUNGSVOLLE LEBEN**  193

**HERAUSGEBER**  208

PETER REICHENBACH

# VORWORT

Radfahren verändert unsere Sicht auf die Welt. Und fast immer geht dieser neuen Sichtweise ein Schlüsselerlebnis auf dem Fahrrad voraus: Das kann das Meistern einer Bergetappe bei der Tour de France sein, die Teilnahme an einer *Critical-Mass*-Demonstration oder auch einfach die tägliche Fahrt zur Arbeit gegen Wind, Regen, Hitze und Verkehr. Alle AutorInnen dieses Buches sind leidenschaftliche Radfahrer und haben solche Momente selbst erlebt. Als radfahrende Philosophen schildern sie aber nicht nur ihre eigenen Erfahrungen, sondern bringen auch das nötige Rüstzeug mit, um ihre Erlebnisse und Erkenntnisse in einen größeren Zusammenhang zu stellen und in die richtigen Worte zu fassen.

Aus Fehlern lernt man – das gilt auch für das Radfahren. Also startet dieses Buch mit einem unterhaltsamen Text von Steven D. Hales, in dem er beschreibt, was alles passieren kann, wenn man sich ohne Training, Ausrüstung und ausreichende Ernährung auf längere Touren wagt. Gleichzeitig zeigt er aber auch Aspekte und Konsequenzen auf, die unkalkulierbar und daher umso wichtiger fürs Radfahren sind – und damit nicht nur aus sportlicher, sondern auch aus philosophischer Sicht interessant werden.

Ähnliche Erfahrungen hat Robert H. Haraldsson gemacht, allerdings im isländischen Winter seiner Heimatstadt Reykjavík. Er hat für seine tägliche Fahrt zur Arbeit das Auto gegen das Fahrrad eingetauscht und berichtet darüber, warum er verdammt froh ist, diese Entscheidung getroffen zu haben.

Auch in südlicheren Gefilden kann uns das Fahrrad etwas beibringen. Der Däne Steen Nepper Larsen wirft einen phänomenologischen Blick darauf, wie er *eins* wird mit seinem Fahrrad und wie eine Radtour durch Wind und Regen auf Mallorca ihn erst zehn Jahre älter und dann wieder zehn Jahre jünger gemacht hat – und ihm obendrein eine ganze Reihe an Erkenntnissen beschert hat.

Aber wie fängt man überhaupt mit dem Radfahren an? Für uns scheint das eine Selbstverständlichkeit zu sein, wir denken nicht nach über Balance und Schwerkraft. Peter M. Hopsicker zeigt uns, dass das nicht immer so war, und nimmt uns mit in die Anfänge des Fahrradfahrens – sowohl ins 19. Jahrhundert als auch in die eigene frühe Jugend.

Das Fahrrad kann, vor allem in den Städten, nicht ohne das Automobil gedacht werden. Jeder Radfahrer kennt den Moment, in dem er von Autofahrern übersehen, geschnitten oder gedrängelt wurde. Doch wie sähe eine Welt aus, in der es nur noch Fahrräder gäbe? Welche Rolle kann der Protest in Form der *Critical-Mass*-Aktionen spielen, und welche konkreten baulichen Maßnahmen sind denkbar, um ein besseres Miteinander von Autos und Fahrrädern zu ermöglichen? Maximilian Probst, Holger Dambeck und Zack Furness geben erhellende Antworten auf diese Fragen.

Denkt man an Radsport, fällt einem natürlich sofort die Tour de France ein. Von deren Highlights und Kuriositäten erzählt Andreas Zellmer, während Tim Elcombe und Jill Tracey versuchen, die Leistungen der Fahrer zu beschreiben. Schnell wird aber auch klar, dass der Mensch versucht ist, diese Leistungen immer weiter zu steigern, und so kann das Thema Doping nicht ausbleiben. Heather L. Reid beschreibt in ihrem Bericht ausführlich, wie es sich anfühlt, gegen gedopte Rivalinnen zu verlieren. Raymond Angelo Belliotti zeigt am Beispiel des Fahrers Marco Pantani, dass man auch aus philosophischer Sicht lieber auf Dopingmittel verzichtet.

So unterschiedlich die Ansätze in diesem Buch auch sein mögen – allen gemeinsam ist, dass sie das Radfahren als Lebensgefühl begreifen, als einen Freiraum und als eine Art, die Welt neu zu erfahren und sich mit ihr auseinanderzusetzen. Diese neue Sicht auf die Welt macht also hoffentlich nicht nur weise, sondern auch glücklich.

STEVEN D. HALES
Übersetzung: Peter Reichenbach

# AUF DIE HARTE TOUR – RAD FAHREN UND PHILOSOPHISCHE LEKTIONEN

*Aus der Höhle fahren*

Meine erste ernst zu nehmende Fahrradtour unternahm ich von meinem Wohnort in Pennsylvania bis zu dem kleinen Dorf Carlisle, in der Nähe von Harrisburg. Mein Freund Tim, der gerade anfing, Radsport zu betreiben, und dessen Onkel und Tante in Carlisle wohnten, hatte mich überredet mitzufahren. Wir entschieden uns, den gesamten Hinweg – 152 bergige Kilometer inklusive zwei Bergüberquerungen – an einem Tag zu fahren. Meine längste gefahrene Strecke war bis dahin 48 Kilometer. Ich dachte, ich sei in einigermaßen guter Verfassung: Ich spielte zwei- bis dreimal pro Woche Tennis, fuhr die zehn Kilometer zum Training sogar immer mit dem Fahrrad und ging jeden Tag zu Fuß zur Arbeit. Mein damaliges 18-Gang-Fahrrad war ein *Schwinn World Sport* mit dick gepolstertem Sattel. Ich dachte mir, dass es klug wäre, vor der großen Tour nach Carlisle eine etwas längere Strecke zu fahren, und fuhr in die nächstgelegene Stadt: Eine schöne, flache 37-Kilometer-Strecke entlang des Susquehanna-Flusses. Ich fuhr diese Strecke mehrmals und fühlte mich gut vorbereitet. Ich kann die erfahrenen Fahrradfahrer jetzt schon lachen hören.

In Platons Höhlengleichnis halten angekettete Gefangene die flackernden Schatten an den Wänden für die Wirklichkeit. Es ist die Philosophie, die uns aufsteigen lässt – schmerzhaft und mit Widerständen – hinaus in das blendende Licht des Wissens. Wie Platons Gefangene musste ich viel lernen. Im Folgenden also meine sechs philosophischen Lektionen, die ich beim Herausfahren aus der Höhle gelernt habe.

Tim holte mich ab. Ich schnappte mir meinen kleinen Rucksack und wir fuhren los. Die ersten 65 Kilometer fuhren wir problemlos und ohne anzuhalten, dann entschlossen wir uns, eine Pause zu machen und Sandwiches zu essen. Nach einer guten Stunde Pause stand ich wieder auf: Meine Beine fühlten sich an, als wären sie aus Gummi. Okay, kein gutes Zeichen. Wir setzten uns wieder auf unsere Räder, und nach 20 Minuten Fahrt war ich total fertig. Mein Gesäß schmerzte, meine Beine taten weh, mein Rücken auch und ich war vollkommen erschöpft. Wir hielten an, um eine weitere Pause einzulegen. Danach fuhren wir 15 Kilometer, bis wir erneut eine Pause brauchten. Danach schafften wir acht Kilometer. Wir waren beide komplett hinüber. Hatte ich schon erwähnt, dass einer der langen Anstiege am selben Tag frisch geteert worden war und unsere Reifen in heißem Asphalt versanken? Und abgesehen von der Erschöpfung war ich auch nicht auf die Langeweile vorbereitet.

Meine gesamte Familie spielt Golf, und auch ich versuchte mich als Jugendlicher darin, langweilte mich beim Spielen aber wahnsinnig. Nach einem schlechten Abschlag muss man 130 Meter laufen, ärgert sich währenddessen furchtbar und bekommt dann erst eine Chance, sich zu verbessern. Tennis hingegen passte viel besser zu mir. Tennis ist ein schneller Sport: Nach einem schlechten Schlag hat man nach wenigen Sekunden die Möglichkeit, es besser zu machen. Ein zwei Stunden dauerndes Tennismatch bedeutet höchste Konzentration und maximale sportliche Anstrengung. Die endlosen Stunden auf dem Fahrradsattel dagegen, die wir mühselig durch die Landschaft Pennsylvanias fuhren, waren langweilig. Und schmerzhaft.

Endlich, endlich hielten wir vor dem Haus von Tims Tante und Onkel. Ich fühlte meinen Hintern nicht mehr und mein Nacken hatte die Kraft eines verwelkten Spargels. Tims Tante hatte angenommen, wir wären am Verhungern, und hatte ein großes Abendessen für uns vorbereitet, doch ich war so erschöpft, dass ich kaum einen Bissen hinunterbekam. Sogar einzuschlafen schien viel zu anstrengend. Noch Wochen später überkam mich Angst, wenn ich einen Anstieg hochfuhr, selbst wenn ich im Auto saß. Die Heilung der psychischen Wunden dauerte lange.

## *Disziplin und Diät*

In *Jenseits von Gut und Böse* schrieb der große deutsche Philosoph Friedrich Nietzsche in Sektion 188: »Das Wesentliche, *im Himmel und auf Erden*, wie es scheint, ist, [...] dass lange und in Einer Richtung gehorcht werde: dabei kommt und kam auf die Dauer immer Etwas heraus, dessentwillen es sich lohnt, auf Erden zu leben, zum Beispiel Tugend, Kunst, Musik, Tanz, Vernunft, Geistigkeit, – irgendetwas Verklärendes, Raffiniertes, Tolles und Göttliches.«[1] Nietzsche sagt hier also, dass nichts von Wert leicht zu erreichen ist, und dass es selten vorauszusehen ist, was einmal von Wert sein wird. Ich verstand das schnelle, variable und actionreiche Tennisspiel. Aber die vergleichsweise langsamen und systematischen Bewegungsabläufe einer Langstreckenfahrt auf dem Fahrrad erforderten nicht nur einen anderen Einsatz meiner Kräfte, sondern auch eine andere geistige Haltung.

Der bloße Entschluss, eine lange Tour zu fahren, reicht nicht aus, auch nicht, es einfach zu versuchen. In *Also sprach Zarathustra* schreibt Nietzsche: »Wenn ich je mit dem Lachen des schöpferischen Blitzes lachte, dem der lange Donner der That grollend, aber gehorsam nachfolgt [...].«[2] Eine neue Idee, ein neues Projekt, Ziel oder Abenteuer ist immer aufregend und man freut sich, doch die tatsächliche Durchführung ist oft anstrengend und benötigt Zeit. Beim Radfahren musste ich lernen, mich dem Donner der Tat, beinah meditativ, hinzugeben. Ich erinnere mich, dass ich mich bei einer 130 Kilometer langen Fahrt durch strömenden

Regen wie eine Maschine fühlte: Meine Beine waren Kolben, die sich rhythmisch bewegten, Kilometer fraßen, während das Regenwasser an mir herablief wie Maschinenöl. Während dieser Fahrt im kalten Regen, bespritzt mit Schmutz von der Straße, fühlte ich eine Art perversen Stolz. Nur durch das Befolgen der impliziten Regeln des Radfahrens konnte ich seine Tugenden, die Stille, die Einsamkeit, die beinah überlebenskünstlerische Natur des Fahrens weit weg von zu Hause erlernen. Radfahren bedeutet, das Leben auf das Nötigste zu reduzieren, ohne einen anderen Anspruch als den, immer weiter in die Pedale zu treten. »Warum sollen wir in solcher Eile, solcher Lebensverschwendung leben?«[3], schreibt Thoreau in *Walden*. Vereinfache, vereinfache!

Im darauffolgenden Sommer versuchte Tim mich zu einer weiteren Fahrradtour zu überreden. Es sollte von Providence in Rhode Island bis nach Provincetown am Ende von Cape Cod und wieder zurück gehen. Nach den vielen Steigungen auf unserer Tour nach Carlisle schwor Tim, dass die Strecke dieses Mal so flach sein würde wie die Gehirnstromanzeige eines Toten. Nun, die Erinnerung an die Schmerzen des vorherigen Sommers war weitgehend verblasst und ich sagte zu. Trotz allem hatte ich aus den Erfahrungen des letzten Jahres gelernt: Ich musste trainieren. Ich hatte mir einen vergleichsweise kurzen 18-Kilometer-Rundkurs als Trainingsstrecke auserkoren, der allerdings in der Mitte einen (für mich!) Killeranstieg aufwies. Ich benötigte ein halbes Dutzend Versuche, bevor ich es ohne abzusteigen nach oben schaffte. Das Training zahlte sich aus. Ich war immer noch nicht gut auf langen Strecken, aber Steigungen beunruhigten mich nicht mehr. Was mir bei unserer langen Tour auffiel, war, dass wir sehr viele Kalorien verbrannten. Auf halber Strecke nach Cape Cod übernachteten wir bei unseren Freunden Jim und Lynn, die beeindruckt davon waren, welch unglaubliche Mengen an Muscheln, Hummer und Chardonnay wir vertilgen konnten. Selbst Jim dachte darüber nach, mit dem Radfahren anzufangen, nachdem er gesehen hatte, wie wir zum Frühstück Gebäck verputzten, das eine halbe Konditorei gefüllt hätte. Aber die eigentliche Erkenntnis hieraus wurde mir erst im folgenden Sommer klar.

Im nächsten Jahr wollte Tim eine noch größere Tour fahren. Wir beschlossen, die mehr als 720 Kilometer von Montreal in Kanada bis nach Providence, Rhode Island zu fahren. Wir packten unsere Fahrräder ein und fuhren mit dem Bus bis Montreal. Am ersten Tag fuhr ich zum ersten Mal knapp unter 170 Kilometer bis Derby Line in Vermont. Ich fuhr immer noch das *Schwinn*-Fahrrad mit dem schwammigen Sattel, hatte einfache Pedale ohne Klicksystem und trug mein gesamtes Gepäck im Rucksack auf meinem Rücken. Meine fahrradspezifische Ausrüstung bestand aus zwei Trinkflaschenhaltern, einer kleinen Tasche unter meinem Sattel und einer Fahrradhose. Ich glaube, ich trug alte Gewichtheber- statt Fahrradhandschuhe. Offensichtlich war meine Lernkurve steiler als die Steigung des Mont Ventoux. Wir wachten auf, aßen ein herzhaftes Frühstück und fuhren los. Nachdem wir die Stadt verlassen hatten und ländlichere Gegenden erreichten, stellten wir fest, dass es die reine Freude ist, in Kanada Fahrrad zu fahren: breit angelegte Seitenstreifen, vergleichsweise höfliche Autofahrer und viele Fahrradwege. Wir kamen schnell voran und waren zur Mittagszeit in Granby, seit unserem Frühstück hatten wir nichts zu uns genommen. Wir sahen eine reizende Crêperie und dachten bei uns, dass diese altmodischen französischkanadischen Häppchen perfekt wären für ... zwei knallharte Hardcore-Radfahrer, die gerade dabei waren, 200 Kilometer zu fahren? Ich gebe zu, wir waren dumm – was für eine Art Ernährung sollten Crêpes für Sportler schon sein? Hätten wir nur Nietzsches Idee befolgt, dass man allem voran eine Philosophie der Ernährung braucht, um die Moral zu studieren, und – etwas allgemeiner gesprochen – hätten wir die psychologischen Effekte unterschiedlicher Nahrung besser beachtet.[4] Wir aßen jedenfalls Crêpes zu Mittag und fuhren weiter.

Zu diesem Zeitpunkt begann ich, meinen Rücken zu spüren. Ich war etwa 130 Kilometer gefahren, beladen mit diesem kleinen grünen Rucksack, und mein Rücken begann zu schmerzen. Tim war schlauer und hatte seinen Rucksack auf den Gepäckträger geschnallt. Ich sagte ihm schließlich, dass wir einen Fahrradladen finden müssten, ich bräuchte auch einen Gepäckträger. Tatsächlich hatte ich schon länger von diesen *Panniers* genannten Fahrradtaschen geträumt. Sie waren für mich wie die Doppelseite in einem Penthouse-Magazin für einen Computernerd – eine wunderbare, unerreichbar scheinende Erlösung. Wir fanden einen Fahrradladen mit einer riesigen Auswahl an Fahrradtaschen, Gepäckträgern und anderem exotischem Zubehör. Mein Rücken schmerzte inzwischen so gewaltig, dass ich im wahrsten Sinne des Wortes jeden Preis für einen Gepäckträger und eine Fahrradtasche gezahlt hätte. Wenn

*Du musst trainieren* die erste Lektion ist, dann ist *Du musst eine angemessene Ausrüstung haben* Lektion zwei. Man benötigt nicht unbedingt einen Carbonrahmen, ein Shimano-Dura-Ace-Schaltwerk und ein GPS-Navigationsgerät, aber für eine Mehrtagestour sollte es schon etwas Besseres sein als ein schäbiger Rucksack.

Inzwischen waren wir auf der Zielgerade nach Derby Line. Jetzt hatten wir allerdings ein neues Problem. Längst hatten wir die Kalorien der Crêpes verbrannt und unsere Gehirne waren schon völlig unterzuckert. Wann immer wir auf unsere Karte sahen, versuchten wir uns die Strecke zu merken: »Drei Kilometer geradeaus, bei der Ampel rechts abbiegen und danach die erste links.« Nachdem wir die drei Kilometer gefahren waren, hatten wir schon wieder alles vergessen. Wir mussten also anhalten, vom Fahrrad steigen, die Karte aufwändig hervorkramen und erneut versuchen, uns die nächsten zwei Abzweigungen zu merken. Wir waren wie zwei aus dem Heim entflohene Alzheimer-Patienten. Als wir es endlich geschafft hatten, irgendwie in Vermont anzukommen, gab es auf der ganzen Welt nicht genügend Essen, um uns satt zu bekommen: Wir gingen in eine Pizzeria und aßen Salate, teilten uns die größte Pizza, die sie hatten, voll beladen mit allen möglichen Belägen, am Schluss aßen wir auch noch einen Nachtisch. Selbst in unserer Pension war Tim immer noch so hungrig, dass er alle Bonbons aß, die am Empfang in einer Schale lagen. Er konnte einfach nicht aufhören.

Am nächsten Tag kamen wir drauf, dass es so etwas Magisches gibt wie Sportriegel. Unsere Leben würden nie mehr dieselben sein. Man könnte denken, zwei Doktoren mit Ivy-Abschluss hätten schlauer sein können, doch offensichtlich war dem nicht so. Von einem Philosophen wie mir erwartet man nicht, dass er irgendeinen Bezug zur echten Welt hat, doch von Tim, dem Physiker, schon. Für ihn gab es eigentlich keine Entschuldigung. Jedenfalls stellte sich heraus, dass die üblichen drei Mahlzeiten pro Tag nicht das sind, was Radfahrer brauchen. Nur eine regelmäßige Kalorienzufuhr lässt die Beine weitertreten und hält das Gehirn wach, um sich die Strecke zu merken.

Die Vorstellung, dass unsere rational denkenden Köpfe (nützlich, um sich Abbiegungen zu merken) und unser physischer Appetit (die Notwendigkeit, regelmäßig Nahrung zu sich zu nehmen) voneinander getrennt sind, ist sehr alt. In *Politeia* argumentiert Platon, dass die Seele dreigeteilt sei, in einen vernunftbegabten, einen emotionalen und einen begehrlichen Seelenteil. Der vernunftbegabte Seelenteil ist dem Wissen und der Orientierung zugetan, der emotionale Seelenteil dagegen befriedigt unsere animalischen Instinkte, wie unser Verlangen nach Essen, Getränken und Sex. Dem begehrlichen Seelenteil wird das Streben nach öffentlicher Anerkennung und Ehre zugeschrieben. Es mag sein, dass wir häufig mit unterschiedlichen Interessen zu kämpfen haben: Sollen wir zum Beispiel den Schokoladenkuchen essen oder uns doch lieber an die Diät halten? Sollen wir uns entscheiden, unseren moralischen Prinzipien zuwiderzuhandeln, nur um in ein Amt gewählt zu werden? Platon erläutert diese Konflikte mithilfe der drei Teile der Seele, die uneins miteinander seien, und er argumentiert, dass das tugendhafte, gute Leben nur erreicht wird, wenn sich alle drei Seelenteile im Gleichgewicht befinden.

Im 17. und 18. Jahrhundert neigten Philosophen dazu, unsere rationale Seite und unsere emotionale Seite im Konflikt miteinander zu sehen, und befanden, dass unsere Leidenschaften von unserer Vernunft in Schach gehalten und kontrolliert werden müssten. 1649 veröffentlichte der französische Philosoph René Descartes seinen Aufsatz *Die Leidenschaften der Seele*. In diesem argumentiert er unter anderem, dass es sechs primitive Leidenschaften gäbe: Verwunderung, Liebe, Hass, Traurigkeit, Freude und Begierde. »Die Weisheit«, schreibt er, »dient vorzüglich dazu, dass sie lehrt, sich so zu dem Herrn der Leidenschaften zu machen und sie mit so viel Geschick zu leiten, dass die Übel, welche sie bringen, sich leicht ertragen lassen, und dass man aus allem sich Freude bereiten kann.«[5]

Der schottische Philosoph David Hume vertritt einen eher gegensätzlichen Standpunkt. Im Jahr 1739 behauptet er: »Die Vernunft ist nur der Sklave der Affekte und soll es sein; sie darf niemals eine andere Funktion beanspruchen, als die, denselben zu dienen und zu gehorchen.«[6] Kontrolliert also die Vernunft unsere Leidenschaften oder ist die Vernunft einfach das Werkzeug, das zur Verfügung steht, um unsere Leidenschaften rational einzuordnen?

Was wir auf unserer Montreal-Tour lernten, war, dass weder Descartes noch Hume so ganz richtiglagen. Man muss ausreichend Nahrung zu sich nehmen, damit der Verstand funktioniert; unser Verstand ist nicht gänzlich unserem Appetit unterworfen, doch richtig kontrollieren kann er ihn auch nicht. Wir sind keine rein aus Intellekt bestehenden Wesen, deren abstrakte Fähigkeit zu logischem Denken durch Empfindungen und Gefühlsregungen brutal korrumpiert wird. Andererseits ist es aber auch nicht so, dass wir nur rein instinktgelenkte Tiere sind und die Fähigkeit zur Reflexion nur eine begrenzte Verlängerung ebendieser Instinkte darstellt. Vielleicht war Platon näher an der Wahrheit, als er vorschlug, dass Weisheit im harmonischen Zusammenspiel zwischen den verschiedenen Komponenten der Seele liegt. Ich bin mir sicher, dass zumindest Nietzsche eine Philosophie der Fahrradfahrerernährung vertreten hätte, die den Willen nach Sportriegeln beinhalten würde. Die dritte Lektion des Radfahrens lautet: *Achte drauf, dass Benzin im Tank ist.*

## *Nicht nachgeben*

Nach unserer Montreal-Tour beschloss unser Freund Jim, dass er es auch einmal mit dem Radfahren versuchen und uns auf unserer nächsten Sommertour begleiten wollte. Ich freute mich über seine Entscheidung, doch ich wollte ihm auch das wenige Wissen, das ich mir bis hierhin angeeignet hatte, weitergeben. Warum sollte er es auf die gleiche harte Tour wie ich lernen?

Also sagte ich Jim, dass er trainieren müsse, und zwar hart. Wir trainierten zusammen und begannen mit einem 37-Kilometer-Rundkurs mit einer Reihe von Steigungen. Bei einer der Abfahrten fuhr ich einmal knapp 80 km/h schnell. Manchmal fuhren wir die Strecke gleich zwei Mal oder fuhren Berge noch mal hoch, sobald wir unten angekommen waren. Wir wurden immer ausdauernder und so beschlossen wir, den Jonestown Mountain hochzufahren. Der Jonestown ist ein Berg mit einer der anspruchsvollsten Steigungen in unserer Umgebung: Eine 30 Kilometer lange Rundstrecke mit einem sehr steilen, 250 Meter langen Abschnitt in der Mitte des Kurses.[7]

Als Jim mich bei mir zu Hause abholte, fiel ihm auf, dass er seinen Helm vergessen hatte. Ich lieh ihm einen alten Helm von mir und wir fuhren los. Es nieselte ein wenig, doch wir entschieden, dass der Regen uns Männern nichts ausmachen würde, wir würden die Abfahrt einfach sehr langsam angehen. Nach etwa sechs Kilometern bogen wir rechts ab und überquerten die stählerne Gitterbrücke eines kleinen Bachs. Ich war zehn Meter vor Jim, als ich ein fürchterliches Geräusch hinter mir vernahm. Jim war auf dem rutschig nassen Stahl weggerutscht und für mich sah es so aus, als sei er mit dem Kopf voraus über den Lenker geflogen und mit dem Gesicht zuerst aufgeschlagen. Sein Helm war zerstört, seine Brille kaputt, Teile fehlten, Blut floss aus seiner Nase, an seinem Knie klaffte eine Wunde und es schien, als sei sein Handgelenk gebrochen. Jim richtete sich auf und wusste sofort, dass er hinüber war. Er fragte mich immer wieder, wie er aussähe. Ich fühlte mich, als wäre ich in einem dieser Kriegsfilme, in denen ein schwer verwundeter Soldat seinen Vorgesetzten fragt, ob er *okay* sei. »Du wirst überleben«, sagte ich und versuchte dabei beruhigend zu klingen. Ich nahm mein Stofftaschentuch und band es um sein offenes Knie, hauptsächlich, damit mir nicht schlecht wurde.

Jims Nase war gebrochen, die Wunde an seinem Knie musste genäht werden, sein Handgelenk war verstaucht und er brauchte eine neue Brille. Drei Wochen später saß er wieder auf seinem Fahrrad, um mit Tim und mir zu den Finger Lakes im Bundesstaat New York zu fahren. Gleich am ersten Tag fuhr Jim mit seinem schweren *Trek-Hybrid*-Fahrrad eine sehr hügelige Strecke von 180 Kilometern, was auch für mich immer noch die längste gefahrene Distanz an einem Tag ist.

Im *Handbüchlein der Moral* schreibt Epiktet: »Vergiß nicht, bei jedem Vorfall in dich zu gehen, und zu untersuchen, welches Mittel du besitzest, um daraus Nutzen zu ziehen. Kommt Anstrengung, so findest du Ausdauer; kommt Schmach, so findest du Kraft zum Erdulden des Bösen. Und wenn du dich so gewöhnst, so wird dich die Vorstellung nicht hinreißen.«[8]

Der Grieche Epiktet wurde als Sklave im kaiserlichen Rom im ersten Jahrhundert nach Christus mit einer körperlichen Behinderung geboren und wusste somit vermutlich, was Schmerzen und Leiden bedeuteten. Doch er vertrat stets das Ideal der Stoiker, dass ein gutes Leben darin besteht, unerschütterlich nach dem zu streben, was erreichbar ist.

Ein stoischer Philosoph ist geschützt vor Unglück, denn er misst den weltlichen Dingen keinen Wert zu und ist überzeugt, dass die Tugendhaftigkeit alleine ein gutes Leben ermöglicht. Stoiker erdulden Gefühle einfach: Sie widerfahren einem, und sie unterscheiden sich von Handlungen. Die richtige Einstellung gegenüber Gefühlen ist, sich nicht von ihnen beherrschen und kontrollieren zu lassen, sondern selbstgenügsam und ausgewogen zu sein. Der Stoiker versucht *apathisch* zu leben, im ursprünglichen Wortsinn, also unbewegt von Gefühlen (»pathe«). Auf diese Weise können wir im Einklang mit der Natur leben. Wie der römische

Kaiser und Vertreter des Stoizismus, Marcus Aurelius, schrieb: »Nenne dich nicht unglücklich, wenn dir ein *Unglück* widerfuhr! [...] aber ein Glück ist, es mit edlem Mut zu tragen.«[9] Die vierte Lektion, die ich von Jim und den Stoikern lernte: *Hör auf zu heulen und reiß dich zusammen.* Und: *Trag immer einen Helm.*

## *Überraschungen entlang der Straße*

Ein paar Jahre später hatte ich erneut die Gelegenheit, etwas vom Radfahren zu lernen. Tim und ich hatten eine Tour von Reading in Pennsylvania nach Ocean City in Maryland geplant. Dieses Mal sollte unser Freund Pete uns begleiten. Pete war ein erfahrener Fahrer, der sich bereits einmal am *Nightmare Ride* (ein Radrennen in Lancaster County, dessen Strecke rund 320 Kilometer lang ist) versucht und viele Tausend Kilometer auf seinem Fahrrad zurückgelegt hatte.

Am ersten Tag fuhren wir etwa 140 Kilometer bei starkem Gegenwind. Die Sonne ging gerade unter, als wir uns Dover in Delaware näherten. Bei einer Verschnaufpause sahen wir auf der Karte, dass es in Dover eine Art Rennbahn zu geben schien. Wir konnten nur vermuten, für was sie genutzt wurde: Pferderennen? Hunderennen? Vielleicht war es sogar eine Radrennbahn? Als wir später um eine Ecke bogen, sahen wir ein Stadion und wussten sofort, um was für eine Art Rennbahn es sich handelte: NASCAR. Genau, wir brachten es fertig, ausgerechnet während des NASCAR-Wochenendes in Dover anzukommen. Das Stadion hat Platz für 135.000 Besucher und jeder Sitz war belegt.

Als wir in Pennsylvania losgefahren waren, dachten wir nicht, dass irgendwer an einem x-beliebigen Wochenende – besonders nach Labor Day – in Dover sein würde. Wir waren davon ausgegangen, dass es eine Vielzahl an Übernachtungsmöglichkeiten geben und wir problemlos ein normales Hotelzimmer finden würden. Wir fragten im erstbesten Hotel, wo wir von der Empfangsdame einfach ausgelacht wurden. In Dover selbst und in einem Umkreis von 70 Kilometern war seit Wochen alles ausgebucht. Wir überlegten ernsthaft, ob wir im Park schlafen sollten. Wir schnappten uns die Gelben Seiten und fingen an herumzutelefonieren. Tatsächlich fanden wir ein Motel, nicht weit entfernt, bei dem es eine kurzfristige Absage gegeben hatte. Wir teilten uns zu dritt ein Zimmer und bezahlten den NASCAR-Sonderpreis von 350 Dollar für eine

Nacht. Weil wir eine heiße Dusche und ein Bett wollten, blieb uns keine andere Wahl.

Am nächsten Tag fuhren wir nach Ocean City. Tim versicherte uns, er sei schon einmal dort gewesen, es sei ein großer Urlaubsort, in dem es Tausende von Hotelzimmern gäbe. Wir würden dort problemlos etwas zum Übernachten finden. Nach einem weiteren Tag bei zermürbendem Gegenwind erreichten wir Ocean City und stellten fest, dass gerade das Sun-Festival-Wochenende begonnen hatte und, richtig, jedes Hotel ausgebucht war. Um es kurz zu machen, wir fanden schließlich eine Übernachtungsmöglichkeit in einem runtergekommenen Motel.

Das philosophische Problem, das wir außer Acht gelassen hatten, war das Problem der Induktion. Wenn wir induktiv schlussfolgern, greifen wir auf frühere Erfahrungen und früher erlangtes Wissen zurück, um Rückschlüsse für das in Zukunft zu Erwartende zu ziehen. Wenn wir zum Beispiel morgens den Wasserhahn in der Küche aufdrehen, dann erwarten wir, dass Wasser fließen wird und nicht Schokolade. Wir erwarten das deshalb, weil bisher nie Schokolade geflossen ist, sondern immer Wasser.

Auch wir schlussfolgerten induktiv: In der Vergangenheit ist es nie ein Problem gewesen, in einem Ferienort an einem Wochenende nach Labor Day eine Übernachtungsmöglichkeit zu bekommen. Deshalb würden wir auch dieses Mal kein Problem haben.

Wie David Hume schreibt: »Von ähnlichen Ursachen erwartet man ähnliche Wirkungen. Darauf laufen alle Erfahrungsbeweise hinaus. Stützte sich nun dieser Schluss auf die Vernunft, so müsste er bei dem ersten Male und für *einen* Fall ebenso vollkommen gelten, als nach einer langen Reihe von Einzelfällen; aber dies ist durchaus nicht so.«[10]

Mit anderen Worten: Wenn die Art und Weise, wie wir Erwartungen für die Zukunft alleine aus den vergangenen Erfahrungen ableiten, eine reine Vernunftsache wäre, dann lägen wir immer richtig mit unseren Einschätzungen hinsichtlich unserer Zukunft. Doch wir liegen oft falsch. Der britische Philosoph Bertrand Russell merkt an: Ein Huhn, das den täglichen Besuch des Bauern mit Fütterung assoziiert, wird überrascht sein, wenn es eines Tages selbst zu Futter wird. Induktion ist, wie wir es in Dover und Ocean City erfahren mussten, unvorhersehbar und fehlbar.

Die fünfte Lektion: *Erwarte das Unerwartete*.

## *Vom Kummer zur Weisheit*

Bei meiner letzten Sommerradtour fuhren wir von Watkins Glen, einem touristischen Städtchen an der südlichen Spitze des Seneca Lake im Hinterland von New York, bis zu den Niagarafällen und wieder zurück. Man brauchte dafür gute vier Tage und wir bewältigten zwei Mal eine Strecke von über 160 Kilometern. Jim fuhr wieder mit, neu dabei war Todd. Todd war schon einige der Strecken in der näheren Umgebung gefahren, keine jedoch länger als 80 Kilometer. Aber er hatte trainiert und war bereit.

Todd fragte mich, was er an Ausrüstung mitnehmen sollte, und so schickte ich ihm eine Liste der Dinge, die ich einpacken würde: ein Satz Straßenkleidung, Straßenschuhe, Regenjacke, Badehose, zwei Paar Fahrradhosen, drei Fahrradtrikots, zwei Trinkflaschen, Fahrradhelm, Handschuhe, Fahrradschuhe, Sonnenbrille, Kettennieter, $CO_2$-Minipumpe, zwei Ersatzschläuche, Flickenset, Reifenheber, ein Dutzend Sportriegel, ein Multitool, schwarzes Klebeband, Kettenfett, Fahrradschloss und Schlüssel, Fahrradseitentaschen, Rasierzeug, Geldbörse, Kamera und Handy. Ronny, der Verkäufer in unserem örtlichen Fahrradladen *The Dutch Wheelman*, empfiehlt als wichtigste Werkzeuge auf einer Fahrradtour ein Handy und eine Kreditkarte. Mit diesen beiden kann man alles andere bekommen.

Wir waren keine zehn Kilometer gefahren, als ich einen ersten Platten hatte. Natürlich am Hinterrad, was bedeutete, dass ich meine Seitentaschen abnehmen musste und mich mit Öl von der Kette einschmieren würde. Ich zog einen neuen Schlauch auf und wir fuhren weiter. Es war ein schöner sonniger Tag, der uns einen tollen Blick über den lang gestreckten Gletschersee erlaubte, und ich war guter Stimmung. Wenige Kilometer später hatte ich erneut einen Platten. Scheiße. Das war Pech. Wir stiegen alle ab und ich wechselte erneut meinen Schlauch. Jetzt hatte ich bereits meine beiden Ersatzschläuche verbraucht (ich hasse Flicken und benutze sie nur im absoluten Notfall). Nach etwa 20 Kilometern hatte ich wieder einen Platten. Ich konnte es nicht glauben. Hatte ich vielleicht zu wenig Luft auf die Reifen gegeben und hatte *snake bites* (zwei parallele durch Steinchen verursachte Löcher im Schlauch)? War etwas im Mantel? Ich untersuchte die Innenseite des Mantels. Er sah sauber aus. Ich untersuchte den kaputten Schlauch, fand aber nur ein kleines Loch, keinen *snake bite*. Ich lieh mir also einen neuen Schlauch von Jim.

Aber ich hatte über die folgenden 150 Kilometer immer wieder neue Platten. Nach sieben Reifenpannen hatten wir alle Ersatzschläuche und alle $CO_2$-Kartuschen aufgebraucht und ich war frustriert, weil ich den Fehler nicht finden konnte. Mir war heiß, ich war müde, schmutzig und unleidlich. Beim nächsten Fahrradladen rüsteten wir wieder auf. Am nächsten Morgen sahen wir uns meinen Mantel nochmals genauer an und Todd entdeckte ein klitzekleines Loch. Wir erklärten es uns so, dass das Loch im Mantel sich durch den Reifendruck ausdehnte, beim Fahren den Schlauch quetschte und so ein Loch darin verursachte. Ich holte mein schwarzes Klebeband hervor und verschloss damit auf der Innenseite des Mantels das Loch: Ich hatte keinen einzigen Platten mehr.

Todd starte mich kopfschüttelnd an: »Als ich *schwarzes Klebeband* auf deiner Liste gelesen habe, dachte ich, für wen hält er sich, für den verdammten MacGyver, oder was? Jetzt denke ich, ja, genau das ist er.«

Alle lachten. Ich merkte, dass ich diese Art von Pioniergeist und Selbstständigkeit mag, die man beim Fahrradfahren entwickeln muss. Ich hatte Platten, gebrochene Speichen, kaputte Kugellager und einmal einen gerissenen Bowdenzug. Wenn man 30 oder 50 Kilometer vom nächsten Fahrradladen entfernt ist, muss man alleine eine Lösung finden. Søren Kierkegaard schreibt in *Abschließende unwissenschaftliche Nachschrift zu den Philosophischen Brocken* (1846), wie sehr die Menschheit von den technischen Wundern seiner Zeit – Eisenbahn, Dampfschiffe, Enzyklopädien, Telegrafen – profitiert.[11] Sie machen unser Leben einfacher, sogar so einfach, dass wir uns manchmal Schwierigkeiten herbeiwünschen, nur um sie zu überwinden. Kierkegaard glaubt, dass sein Beitrag zum Wohle der Menschheit genau die Bereitstellung dieser Schwierigkeiten ist. Man fragt sich, wie Kierkegaard wohl auf die modernen Vereinfachungen unseres Alltags wie Google, Flachbildschirme und Klimaanlagen reagiert hätte. Für Kierkegaard gehört Grübelei zur Philosophie dazu – die Frage, wie man ein Individuum wird und nicht einfach nur ein Teil einer großen Masse bleibt, wie man richtig lebt und was die Natur der Wahrheit ist – all das ist schwierig. Dieses Philosophieren, diese innere Einkehr kann einem nicht durch das Surfen im Internet abgenommen werden, es bleibt schwierig. Auch das Fahrradfahren stellt einen vor eine ähnliche Herausforderung, es verlangt eine angemessene Aufmerksamkeit gegenüber den Anforderungen. Kierkegaards *Freude an der Schwierigkeit* meint also nicht Situationen wie die, auf einer Bergtour bei Kilometer 130 zu merken, dass man keine Kraft mehr hat, sondern die weitaus größere Befriedigung, anzukommen und die gesamte Strecke gefahren zu sein. Analog könnte man sagen, dass es wenig Spaß macht, Kierkegaards stumpfe Prosa zu analysieren, aber dass es glücklich macht, sich mit seinen Gedanken auseinanderzusetzen, sobald man verstanden hat, worum es ihm geht. Welchen Wert hat ein Smartphone, wenn einem mitten im Nirgendwo eine Speiche gebrochen ist, während es dunkel wird und es dazu auch noch anfängt zu regnen? Status, Ego und Geld bringen einen nicht nach Hause. Es sind Situationen wie diese, in denen man etwas über sich selbst lernen kann, über seinen eigenen Einfallsreichtum und seine Selbstgenügsamkeit. Im Kleinen entspricht die Situation des Radfahrers der des Menschseins im Allgemeinen – wir selbst müssen herausfinden, wie wir leben wollen, was wir erreichen wollen und wie wir das bewerkstelligen können. Wie Kierkegaard können wir Freude und Selbsterkenntnis aus diesen Herausforderungen ziehen, jedenfalls viel eher als Langeweile und Verzweiflung.

Die sechste Lektion, die ich gelernt habe, ist, dass Radfahren einen nach Delphi führen kann, mit dem Wunsch, sich selbst zu erkennen, wie es am Eingang des Orakels geschrieben steht. Man kann Mut schöpfen aus Emersons Satz über die Selbstständigkeit: »Er kann nicht glücklich und stark sein, bis auch er in Einklang mit der Natur lebt, in der Gegenwart, jenseits der Zeit.«[12] Mit dem Glück, das einem das Radfahren geben kann, und der Stärke, die der Charakter daraus ziehen kann, findet man seinen Weg zurück.

## STEVEN D. HALES

Steven D. Hales ist Philosophieprofessor an der Bloomsburg University. Vor Kurzem war er Gastprofessor an der philosophischen Fakultät der School of Advanced Study, University of London. Er hat eine Reihe von populärphilosophischen Büchern geschrieben, wie *Beer and Philosophy* (Wiley-Blackwell, 2007), *What Philosophy Can Tell You About Your Dog* (2008), *What Philosophy Can Tell You About Your Cat* (2008). Sein Schwerpunkt in seinen langweiligen, wissenschaftlichen Arbeiten liegt auf der Erkenntnistheorie und Metaphysik: *Relativism and the Foundations of Philosophy* (2006). Er sollte sich öfter auf sein *Cannondale R800 Sport* setzen.

## FUSSNOTEN

1  *Friedrich Nietzsche, »Jenseits von Gut und Böse. Vorspiel einer Philosophie der Zukunft«. Werke in drei Bänden. München 1954, Band 2, S. 643–648.*

2  *Friedrich Nietzsche, »Also sprach Zarathustra. Ein Buch für Alle und Keinen«. Nietzsches Werke, Erste Abtheilung, Band VI, Leipzig 1901.*

3  *Henry David Thoreau, »Walden«, S. 100.*

4  *Friedrich Nietzsche, » Die fröhliche Wissenschaft«, Abschnitt 7, Leipzig 2000.*

5  *René Descartes, »Philosophische Bibliothek oder Sammlung der Hauptwerke der Philosophie alter und neuer Zeit. René Descartes' philosophische Werke. Über die Leidenschaften der Seele.« Teil 3. Artikel 212. Berlin 1870.*

6  *David Hume, »Ein Traktat über die menschliche Natur«. Buch 2: »Über die Affekte«. 3. Teil. Abschnitt 3, Hamburg 1978, Seite 153.*

7  *Die Strecke der Jonestown-Tour ist online einsehbar auf http://www.gmap-pedometer.com/?r=2363457.*

8  *Epiktet, »Handbüchlein der stoischen Moral«. Berlin, §10.*

9  *Marc Aurel, »Selbstbetrachtungen«, Deutsche Bibliothek, Berlin, Buch IV, §49.*

10  *David Hume, »Abteilung IV. Skeptische Zweifel in Betreff der Thätigkeiten des Verstandes«. Abschnitt II., 1869.*

11  *Vgl. Søren Kierkegaard, »Abschließende unwissenschaftliche Nachschrift zu den Philosophischen Brocken«, Gütersloh 1982.*

12  *Ralph Waldo Emerson, »Self-Reliance«,aus: »Essays: First Series«, New York 1841, S. 98.*

MAXIMILIAN PROBST

# DER DRAHTESEL – DIE LETZTE HUMANE TECHNIK

Fahrradfahren stand für mich immer in einem gefühlten Zusammenhang mit Revolution. Im Rückblick könnte ich es so erklären: Revolutionen sind Umstürze – und war es nicht diese Erfahrung des Umsturzes, der wir uns aussetzten, als wir lernten, Fahrrad zu fahren? Wir eierten los, stürzten um, es schmerzte, aber das schreckte uns nicht ab, wir schwangen uns zurück auf den Sattel und rollen seither fröhlich und gesund durchs Leben ... Es gibt aber auch Leute, denen die Koppelung von Fahrrad und Revolution gar nicht einleuchten dürfte. Samuel Beckett zum Beispiel. In seinem Roman *Molloy* schrieb er: »Wie beruhigend ist es, von Fahrrädern zu sprechen« (und nicht über seine Mutter)! Wenn der Satz stimmen würde, könnten Fahrrad und Revolution unmöglich zusammenfinden, man hat ja der Revolution allerhand nachgesagt, aber dass sie beruhigend ist? Jedenfalls dann nicht, wenn Philosophie für uns heißt, zu zweifeln oder zu staunen oder sich überraschen zu lassen, weil wir die Dinge mit der Philosophie plötzlich von ihrer Unter- oder Hinterseite sehen, im besten

Fall auch mal von ihrer Schokoladenseite. Philosophie kann dann im Ergebnis beruhigend sein, aber eben nur als Ergebnis (selten als die *Errungenschaft für immer,* von der Thukydides spricht, meist nur als eine kurzlebige, momentane, flüchtige). Wäre es von vornherein beruhigend, über Fahrräder zu sprechen, würden wir nicht philosophieren. Dafür müssen wir das Fahrrad problematisieren. Das Problem sehen, das mit dem Fahrrad in die Welt gekommen ist. Und dann, im Durchgang der Problematisierung des Fahrrads, nach keuchendem Aufstieg, vielleicht, wenn's glückt, winkt ein entspanntes Hinabrollen.

## *Was nun ist das Ärgerliche am Fahrrad? Dass es das Paradies ist, aus dem wir vertrieben wurden.*

Vom Stand der Technik aus gesehen erscheint das Fahrrad als der Gipfel der Versöhnung von Mensch und Natur. Das Fahrrad als Versprechen einer humanen Moderne, einer humanen Technik, die sich symbiotisch zur Natur verhält. Das Fahrrad reißt den Menschen nicht aus der Natur heraus. Das Fahrrad ist dem Menschen zu Diensten, ohne dass er über ihm thront. Der strampelnde Mensch auf dem Rad taugte nie als Sinnbild von Hybris. Das Fahrrad ist das letzte Versprechen einer Technik ohne Dialektik, ohne Umschlag in die Katastrophe.

Nach dem Fahrrad begann eine neue Zeit. Unsere Zeit. Die Zeit des Krieges und der wechselseitigen Unterwerfung zwischen dem Menschen und einer zur zweiten Natur, zur Post-Natur erwachsenen planetarischen Technik. Es ist diese neue Technik, die sich quasi autonom den Menschen unterwirft, während der noch glaubt, sich über die Natur himmelhoch aufzuschwingen. Der Freiburger Wald-und-Wiesen-Philosoph Martin Heidegger hat das erstaunlich präzise zur Kenntnis genommen. Ebenso Ernst Jünger. Ein Satz aus seinem Skandal-Buch *Der Arbeiter*, der nicht verständlich würde, wären wir beim Fahrrad geblieben: »Es ist der Sinn des Verkehrs, dass wir überfahren werden.«

Nun aber mal langsamer. Schauen wir einmal ganz genau hin, was beim Fahrradfahren passiert und was im Vergleich dazu beim Auto. Fangen wir mit einer alten denunziatorischen Beschreibung des Fahrradfahrers an: Der Radler buckelt nach oben und tritt nach unten. Höchst unschön, wenn wir diese Haltung innerhalb von gesellschaftlichen Hierarchien einnehmen. Wir können in der Haltung des Radlers aber auch die Haltung des Menschen gegenüber der Welt sehen, dann sieht das schon viel schöner aus. Der gekrümmte Rücken: eine Abkehr vom Himmel und allen Himmelsstürmereien. Hier ist unser Platz, nicht anderswo. Richten wir ihn uns so ein, dass er erträglich wird. Und das Strampeln: na ja, wir haben halt einen Körper. Wir haben nur ihn und wenn wir uns daran gewöhnt haben, ihn von A nach B zu bewegen, dann immer auch, um ihn selbst zu bewegen, er ist nie nur ein Mittel (dafür da, um unseren Geist in die Bibliothek zu lotsen), er ist immer auch Zweck in sich. Das Fahrrad trägt dem Rechnung.

Noch schöner am Strampeln: Wir rackern uns ab, aber hinterlassen keine Spuren! All die heiklen ideologischen Boden-Metaphern, Scholle, Acker, Wurzeln: Das Fahrrad lässt sie souverän hinter sich und unter sich. Die Haltung des Fahrradfahrers: Sie besagt, dass wir die Erde im Blick haben, nur sie, aber ihr nicht mehr verwurzelt sind, dass wir uns bewegen, uns aber nie erheben, nicht über die Strecke, nicht über den Körper. Ohne Wurzeln, aber auf dem Boden der Tatsachen!

Aber es ist nicht nur die Haltung, sondern auch ein entscheidendes Wissen, das der Menschheit auf dem technischen Stand des Fahrrads gegeben ist, bevor es mit dem Auto verloren geht. Ein konkretes, erfahrbares (das gilt fürs Fahrrad noch im Wortsinn), für alle nachvollziehbares Wissen um Zusammenhänge und Proportionen. Was passiert denn, wenn wir in die Pedale treten? Jeder weiß es: Wir fahren, und zwar je weiter oder schneller, je mehr Kraft wir dabei aufwenden.

Dieses direkte Proportionsverhältnis ist für uns völlig transparent. Auf Anhieb verstehen wir es, und darum nutzen wir auch einen alten Begriff aus der Hermeneutik, aus der Lehre des Verstehens, um das Herzstück des Fahrrads zu bezeichnen: die Übersetzung. So wird technisch das Verhältnis zwischen den Zähnen des vorderen Kettenblatts und dem Zahnkranz des Hinterrads beschrieben und praktisch die Kraft, die wir aufbringen müssen, um das Fahrrad in Gang zu setzen.

Die Übersetzung ähnelt einer Gleichung. Die eine Seite der Gleichung ist mehr oder minder identisch mit der anderen Seite. Der Aufwand der Kraft gleicht mehr oder minder der Bewegung, die das Fahrrad erreicht. Das ist nicht immer so. Beim Auto treten wir nur ganz leicht auf das Gaspedal und zischen ab wie sonst was. Nichts mit Übersetzung. Da passieren zwei Dinge, die irgendwie miteinander verbunden und doch gänzlich voneinander verschieden sind.

Das Auto gibt einen Vorgeschmack auf die explosiven Verhältnisse, die unsere Epoche dominieren. Da werden ein paar Atome gespalten und daraufhin fliegt die Welt entzwei. Auch hier scheint die Relation nicht zu stimmen, eine Winzigkeit zu Beginn und dann dieses dicke Ende. Erklärbar wird das erst mit dem Begriff der Kettenreaktion. Die kann gesetzmäßig verlaufen, wie bei der Bombe, oder akzidentell. Denken wir an den tunesischen Gemüsehändler Mohamed Bouazizi, der sich öffentlich selbst verbrannte – und damit immerhin die Arabellion auslöste. Wieder eine Kettenreaktion, die den Begriff der Gleichung sprengt. Ebenso wie beim sprichwörtlichen Schmetterlingsschlag, der einen Hurrikan auslöst. Willkommen in der Welt der Chaostheorie. In der wird das überschaubare Ursache-Wirkungs-Verhältnis aufgehoben, ersetzt durch eine von Kontingenz geprägte Anlass-Ergebnis-Relation, die exponentielle Steigerungen durchläuft.

Ach, das gute alte Fahrrad. Es war die letzte große technische Erneuerung, bei der die Ursache-Wirkungs-Relation noch in Ketten lag, statt sich in einer Kettenreaktion zu entfesseln. Es war die letzte große Technik, die mit und für den Menschen war, weil er sie noch verstehen und überblicken konnte. Mit dem Auto oder genauer: mit dem Motor kommt hermeneutisch betrachtet etwas in die Welt, was wir nicht mehr verstehen, nicht mehr ganzheitlich erfahren, sondern nur noch in Spezialdiskursen wissenschaftlich erklären können. Dieses Unverständliche wird, wie alles Unverständliche zuvor, zu unserem neuen Gott, und im Fall des Motors erfüllt dieser Gott auch noch die aristotelische Definition des höchsten Seins. Der Motor: der unbewegte (und meist auch unentwegte) Beweger. Und wie jeder Gott verspricht auch dieser Gott, dass wir gottähnlich werden, wenn wir uns ihm unterwerfen. Sobald wir im Auto sitzen, sitzen wir deshalb dem Traum auf, selbst der unbewegte Beweger zu sein. Wir sind es, die jeglicher Mühe enthoben sind und dennoch das Wunder vollbringen, die Kiste um uns herum über die Piste zu jagen. Jesus (»Mir ist alle Macht gegeben im Himmel und auf Erden.«) verteilte aus seinem Sack Brot an die Menge, ohne es erst mühsam herbeigeschafft, geschweige denn gebacken zu haben. Wir rasen durch die Landschaft, ohne einen Fuß vor den anderen setzen zu müssen.

Dass wir die Bewegung haben, ohne uns zu bewegen: Kein Traum hat uns mehr berauscht als dieser; kein Traum hat stärker alle Bereiche unseres individuellen und gesellschaftlichen Lebens durchdrungen, seit wir vom Fahrrad umgestiegen sind ins Auto. Kein Traum hat zu mehr Unfällen geführt und uns auf solch fatale Weise gelehrt, was Träume schon immer sind: potenzielle Albträume.

Hier sind nicht die Verkehrsunfälle gemeint, so bedauerlich sie auch sein mögen. Nein. Es geht um ein Denken, das an die Möglichkeit glaubt, die eine Seite der Gleichung haben zu können ohne die andere, ein Stück ohne sein Gegenstück. Es geht um das besondere, technische Verhältnis zur Welt, dem ein Mensch schnell erlegen ist, der die Erfahrung gemacht hat von Bewegung ohne Strampelei. Ja, doch. Etwas davon liegt den ethnischen und politischen Säuberungen zugrunde, die das 20. Jahrhundert als das Jahrhundert der totalen Mobilisierung, Motorisierung und Maschinisierung zu einem Jahrhundert des Schreckens haben werden lassen. Immer stand hinter diesen Säuberungen der Versuch, ohne das Gegenstück auszukommen, das als entbehrlich ausgeschieden wurde. Das vermeintlich Eigene ohne Beimischung von Fremdem (Nationalsozialismus), das Gleiche ohne die Abweichung des Anderen (Stalinismus, Maoismus): Machbar, sagte sich die technisch berauschte Fantasie und machte sich an ihr tödliches Werk.

Neben diesem Unfall der technisch induzierten Allmachts-Weltanschauungen nehmen sich ihre weniger dramatischen Folgen in den verschiedenen Bereichen des Lebens wie Entgleisungen auf einer Carrera-Spielzeugbahn aus. Angedeutet seien sie hier trotzdem. Eine nicht vollständige, subjektive Aufzählung könnte sich so lesen: Arbeit ohne Mühsal (copy & paste), *art without the angst* (Damien Hirst), Wissen ohne Aneignung (Wikipedia), Stadt ohne Dichte (autogerecht mit Wohnen im Grünen), Journalismus ohne Kritik (PR), Politik ohne Alternative (weil sich alle in der Mitte tummeln) oder ohne Streit (gemäß dem kybernetischen Politikmodell der Piratenpartei), Spaß ohne Ende (Psychopharmaka, *positive thinking*, TV), Ferne ohne Fremde (Tourismus) ... Immer wird irgendwas als Negativität markiert und ausgeschieden, bis hin zum Gedanken eines Lebens ohne Tod.

## *Derweil basteln wir munter an einem Leben ohne Zukunft*

Denn wie es aussieht angesichts der totalen Entfaltung der Technik, oder der *totalen Mobilisierung des Menschen*, als die Ernst Jünger die Technik jubelnd beschrieb, fahren wir den Wagen gegen die Wand. Oder der

Wagen fährt uns gegen die Wand, im Ergebnis dürfte der Unterschied nicht groß sein. Das hatte auch Walter Benjamin im Blick, als er einen Satz von Marx verbesserte. Marx hielt die Revolutionen für die Lokomotive der Weltgeschichte. Darauf Benjamin: »Aber vielleicht ist dem gänzlich anders. Vielleicht sind die Revolutionen der Griff des in diesem Zuge reisenden Menschengeschlechts nach der Notbremse.«

Satteln wir also um! Zurück aufs Fahrrad, das ist die Revolution. Wer weiß, vielleicht lehrt uns der Drahtesel all das, was die Menschheit zu vergessen droht, vielleicht gibt er uns ein Gefühl zurück, für das, was es heißt, Mensch zu sein: Dass wir strampeln müssen, um uns zu bewegen, dass wir leiden müssen für die Kunst, dass wir uns streiten müssen in der Politik und dass es Freude nur vor dem Hintergrund von Scheitern gibt, von Tragik, Hinfälligkeit und Tod.

Noch ein beruhigendes Bild zum Schluss. Ein Bild, wie man es manchmal an schönen Tagen an den Ufern der Flüsse, auf den Wegen der Parkanlagen erblicken kann, für mich eins der beruhigendsten Bilder überhaupt, von all denen, die Mensch und Technik Seite an Seite zeigen: Eine Frau und ein Mann schieben ihre Fahrräder neben sich her. Mehr nicht. Wann werden sie Fahrt aufnehmen? Ein Bild der reinen Potenzialität. Ein Bild der stetigen Lockung. Sie müssen nicht, unsere beiden, sie müssen nie. Sie können immer.

### MAXIMILIAN PROBST

Maximilian Probst schreibt als freier Autor für die *ZEIT* und die *taz*, wenn er nicht mit Hollandrädern durch die Stadt rollt, am liebsten mit klappernden. Das erübrigt die Klingelei auf den fußgängerbevölkerten Radstreifen von Hamburg.

ROBERT H. HARALDSSON
Übersetzung: Blanka Stolz

# PHILOSOPHISCHE LEKTIONEN VOM RADFAHREN IN DER STADT UND AUF DEM LAND

Drei Lektionen habe ich, direkt oder indirekt, vom Radfahren in der Stadt und auf dem Land gelernt. Die erste Lektion handelt von der Kunst sich zu streiten und erklärt, warum ich anfing, mit dem Rad zur Arbeit zu fahren.

In der zweiten beschreibe ich, was ich vom Radfahren gelernt habe, während die Szenerie der dritten Lektion das Innere des isländischen Hochlands ist. Auch wenn die Lektionen sehr persönlich und stark mit Island verknüpft sind, treffen sie doch auch auf andere Menschen und auf einen größeren Kontext zu. Deshalb war ich so frei, sie *Philosophische Lektionen vom Radfahren* zu nennen.

## *Wann fängt man mit dem Radfahren an*

Die Aufgabe der Philosophen ist es, zu diskutieren, nicht Rad zu fahren. Natürlich können sie aber über das Radfahren diskutieren. Das ist zumindest das, wobei ich mich vor ein paar Jahren ertappte. Meine These, die ich bei Kollegen in der Mittagspause in der Kantine ausprobiert hatte, war, dass Radfahren nicht nur eine Möglichkeit, sondern ein ideales Mittel ist, um in Reykjavík, Heimat von 120.000 winterfesten Seelen, täglich zur Arbeit zu fahren. Meine Gesprächspartner, eine Gruppe freundlicher Wissenschaftler, Ingenieure und Gelehrter, waren nicht einfach zu überzeugen. Im Gegenteil. Sie waren schnell dabei, meine These abzulehnen, teils aus Unglauben, teils aus Spott. Ich beharrte stur auf meiner Position, als sie mir erklärten, dass das Wetter in Island nicht zum Radfahren geeignet sei, es gäbe auch kaum Radwege – und die, die es gäbe, seien in einem schlechten Zustand. Außerdem sei der Verkehr zu dicht, die Feinstaubbelastung zu groß und sogar schlimmer als in vielen Städten ähnlicher Größe.

Diese Einwände, auf die ich in allen Ecken Islands gestoßen bin, basieren oft auf einem unfairen Vergleich Islands mit Dänemark, der Heimat unserer früheren Monarchen, heute ein echtes Radfahrer-Paradies. In unserer alten Hauptstadt Kopenhagen führen fast endlose Radwege über flache Landschaften, das Klima scheint wie geschaffen zu sein für Radfahrer, der Verkehr ist nicht so dicht, Fahrräder sind relativ günstig und Fahrradständer gibt es auch fast an jeder Ecke. Wenn man das nun mit dem Wind, Regen, Schnee, Hagel, den Graupelschauern und den Hügeln in Reykjavík vergleicht, versteht man, warum es sich die Dänen als Ziel gesetzt hatten, dass im Jahr 2012 mehr als 40 Prozent aller Fahrten zur Arbeit mit dem Fahrrad zurückgelegt werden sollten. Dagegen haben die politischen Entscheidungsträger in Reykjavík sich mit einigem Unwillen auf gerade mal sechs Prozent im Jahre 2024 einigen können.

Meine Gesprächspartner zitieren manchmal beeindruckende Windgeschwindigkeits- und Niederschlagsdaten, um ihre Argumentation zu unterstützen. Scheinbar ist es nicht nur anstrengend und gefährlich, mit dem Fahrrad zur Arbeit zu fahren, es wirkt sich auch störend auf die Wahrnehmung elterlicher Verantwortung aus. Man bräuchte ein Auto, so erklärte man mir, um die Kinder von der Schule abzuholen, sie zu Arztterminen, Fußballspielen und Klavierstunden zu fahren. »Wenn du mit dem Rad fahren würdest, müsste deine Frau diese lästigen Pflichten übernehmen«, erklärte mir einer meiner Gesprächspartner, während mich ein anderer informierte, dass man mit dem Rad keine Einkäufe transportieren könne. Viele behaupteten, dass ich zu weit weg von der Universität wohnen würde, um mit dem Rad zur Arbeit zu fahren. Diese Liste mit kleinen Hindernissen lässt sich endlos weiterführen – zum Beispiel, dass man zu spät zum Unterricht kommt, dass man verschwitzt in Meetings sitzt, dass das Rad kaputtgeht, ganz zu schweigen von dem häufig genannten Unfall- und Verletzungsrisiko. Ich gab aber meinen Kontrahenten niemals nach. Ich war davon überzeugt, dass meine Argumente vernünftig waren, und das bin ich immer noch. Mein Ego aber litt sehr.

Ich erinnere mich, wie ich an einem Freitagnachmittag mit dem Bus heimfuhr, nachdem ich in der Kantine schwere Rückschläge hatte einstecken müssen. Meine Wunden leckend, ging ich im Kopf meine Argumente durch und war mir sicher, dass sie wasserdicht waren. Dieses Mal ging jedoch das Unbehagen, das nach einer harten Debatte bleibt, nicht weg. Irgendetwas fehlte. Ich konnte das Thema nicht auf sich beruhen lassen. Ich brauchte Tage, bis ich verstand, was fehlte: Es war kein Argument, sondern ein Fahrrad.

Nachdem ich an den Stadtrand gezogen war, fuhr ich selbst nicht mehr mit dem Rad zur Arbeit. Weder ich noch meine Kontrahenten hatten *das* als ernsthafte Schwäche in meiner Argumentationslinie gesehen. Darüber dachte ich nach, als ich mich an eine Anekdote erinnerte, in der eine Frau Gandhi um Hilfe gebeten hatte, um ihren Sohn von Zucker und Süßigkeiten zu entwöhnen. Gandhi versprach zu helfen und bat die Frau, ihren Sohn in der nächsten Woche mitzubringen. Als die Frau dann mit ihrem Sohn ankam, schrie Gandhi angeblich den Jungen an: »Hör auf, Zucker zu essen!« Die Frau bedankte sich bei Gandhi und fragte, warum er eine Woche gewartet hätte, um ihnen diese konsequente, aber einfache Botschaft mitzugeben. Warum hatte er dies nicht in der Woche zuvor sagen können? »Weil ich«, sagte er, »letzte Woche selbst Zucker gegessen hatte.«

Auch wenn diese Geschichte vermutlich nicht wahr ist, führt sie doch zu einer Frage, die einige Philosophen als grundlegend ansehen: Wann sollte man seine Argumente mit eigener Erfahrung belegen, wann sollte man seine eigenen Ansprüche durch die eigene Lebensführung, quasi in Lebensexperimenten, untermauern? Wenn man Philosophie in einem Klassenraum unterrichtet, ist es sehr einfach, auf eine solche Beweisführung zu verzichten und die eigene Erfahrung nicht heranzuziehen. Der Preis dieser Bequemlichkeit ist unter Umständen eine akademisierte Philosophie, die unter Verdacht steht, dass sie weder etwas mit den einfachen Problemen des alltäglichen Lebens zu tun hat noch mit den tiefenphilosophischen Fragestellungen, die viele ehrgeizige Philosophiestudenten in ihrem eigenen Leben so fesselnd finden.

Thoreau erfasste und befeuerte beide Verdachtsmomente mit seiner prägnanten Aussage: »Heutzutage gibt es Dozenten der Philosophie, aber keine Philosophen.« Dieser Aussage folgt seine weniger bekannte Behauptung: »Wie man einst trefflich sein Leben verbrachte, darüber hört man heute trefflich dozieren.« – »Geistreiche Gedanken,« schreibt Thoreau weiter, »machen noch keinen Philosophen. [...] Einige Probleme des Lebens muss man [...] nicht nur theoretisch, sondern auch praktisch lösen.«[1]

Man übersieht leicht die Feinsinnigkeit von Thoreaus Position. Sie wendet sich gleichzeitig an die aktive wie die theoretische Seite unserer Natur. Sie erfordert die Fähigkeit, sowohl etwas theoretisch zu erörtern und zu argumentieren als auch ein Gespür dafür zu haben, wann man aufhören muss zu diskutieren.

## *Ein Lebensexperiment*

Vor vier Jahren hörte ich auf, über das Radfahren zu diskutieren, und kaufte mir ein Fahrrad. Ich hatte meine erste Lektion über das Radfahren gelernt. Ich beschloss, die Gegenargumente zu prüfen, indem ich jeden Tag mit dem Rad zur Arbeit fuhr. Jeden Tag, egal wie die Wetter- oder Straßenbedingungen sein würden. Mein neues Fahrrad war robuster als die billigen Supermarktträder, die ich bis dahin fuhr, und ich lernte, es zu reparieren – wie sich herausstelle, eine angenehme Erinnerung an alte Zeiten. Oft genug musste ich mich nur ein wenig entspannen, ein Werkzeug in die Hand nehmen, und das Wissen, wie man einen Reifen wechselte oder eine Kette reparierte, kehrte aus meiner Jugendzeit zurück. Als ich mehr und mehr Rad fuhr, kaufte ich mir ein Mountainbike und spendierte mir schließlich ein teures Trekkingrad, das meine lieben Thoreauschen Freunde die Augenbrauen heben ließ. Meine tägliche Tour, eine 22-Kilometer-Rundstrecke, führt mich durch drei Städte, inklusive Reykjavík. Im Winter verlasse ich mich dabei auf Mitarbeiter dreier Kommunen, die meinen Weg von Schnee befreien. Es ist eine malerische Strecke, die Hälfte davon verläuft entlang der Küste. Wenn ich die Zeit habe, umrunde ich oft die Halbinseln und kann fast die ganze Strecke die Küste entlangfahren.

Ich bin nun im vierten Jahr meines Experiments und schon lange ist mir klar geworden, dass fast alles, was über das Pendeln per Fahrrad gesagt wird, falsch ist. Oft ist es nicht mehr als ein Vorurteil. Ich fasse noch einmal einige der entmutigenden Behauptungen zusammen: Reykjavík, so der erste Einwand, sei eine schlechte Stadt für Radfahrer. Es stimmt, dass die Infrastruktur der Stadt auf die Bedürfnisse von Autofahrern ausgerichtet ist – oft wird gesagt, dass Isländer, ähnlich wie Nordamerikaner, ihren Geldbeutel haben sprechen lassen und sich für das Auto entschieden haben. Trotzdem ist Reykjavík keine schlechte Stadt für Radfahrer. Die meisten Stadtviertel sind mit Radwegen erschlossen, besonders die neueren. Und sie wurden sogar nach Islands wirtschaftlichem Abschwung weiter modernisiert. Es ist auch nicht fair zu sagen, dass unsere Radwege schlecht in Schuss sind. In den ersten 525 Tagen meines Fahrradpendelns hatte ich nur zweimal Probleme, bei denen mich Schnee auf Radwegen dazu zwang, abzusteigen: wegen großer Flächen Blitzeises musste ich einmal mein Fahrrad auf der Schulter tragen und ein anderes Mal einen weiten Umweg fahren. Als ich mit meinem kleinen Experiment begann, musste ich ein Stück meiner Strecke auf einer dicht befahrenen Schnellstraße zurücklegen, um einen Fluss zu überqueren. Mittlerweile gibt es direkt neben der Schnellstraße eine Brücke für Radfahrer. Unser Hauptproblem in Reykjavík sind nicht mangelnde Möglichkeiten für Radfahrer, sondern dass die vorhandenen Möglichkeiten nicht genutzt werden. Viele, die überzeugt sind, dass vereiste Straßen Radfahren unmöglich machen, sind überrascht, wenn sie mich im Winter mit Spikes fahren sehen.

Zeitmangel wird oft als größter Hinderungsgrund angeben, nicht mit dem Rad zur Arbeit zu fahren. Mit dem Auto ist man schneller, und komfortabler ist es auch. Das Gleiche gilt für den Bus. Ich muss zugeben, dass ich mittlerweile das langsame Tempo sehr oder sogar mehr liebe, als schnell unterwegs zu sein. Dieser Einwand basiert, wie so viele nahe liegende Wahrheiten, auf einer Vereinfachung. Ich brauche mit dem Fahrrad 23 bis 50 Minuten zur Arbeit – je nachdem wie das Wetter und meine Laune sind. Nach meiner Erfahrung braucht man mit dem Auto 14 bis 45 Minuten, abhängig vom Verkehr, und 15 bis 35 Minuten mit dem Bus. Mehr als einmal war ich schneller auf der Arbeit als die Autofahrer, die in der gleichen Stadt leben und die am gleichen Morgenmeeting teilgenommen haben.

Gar nicht erst erwähnen braucht man, dass man als Radfahrer nie im Stau steht oder eine halbe Stunde aufgehalten wird, wenn ein unglücklicher und vielleicht gestresster Autofahrer einen Unfall hatte. Ein einziges Mal wäre ich wegen eines platten Reifens fast zu meiner eigenen Vorlesung zu spät gekommen. Als ich noch billige Reifen verwendet habe, hatte ich ziemlich oft einen Platten, aber eigentlich machte es mir Spaß, den Schlauch zu flicken. Irgendwann hatte ich die Nase voll und kaufte bessere Reifen. Seitdem hatte ich nie wieder einen Platten. Und ich kann nicht behaupten, dass Autofahren für mich noch ein Genuss wäre. Ich vermisse dann die frische Luft, empfinde es als stressig und bin unruhig, besonders wenn ich im Stau stehe. Wenn man mit dem Rad unterwegs ist, hat man alles unter Kontrolle. Ausgenommen von unvorhersehbaren Katastrophen weiß ich, dass ich, wenn ich will, in 30 Minuten bei meiner Arbeitsstelle sein kann – egal wie das Wetter ist. Ein Autofahrer in einer modernen Stadt kann das nicht von sich behaupten. Auf jeden Fall bin ich nicht ein einziges Mal zu spät zum Unterricht gekommen, seitdem ich mit dem Rad zur Arbeit fahre.

Ein anderer Einwand gegen Radfahren in Reykjavík ist, dass es »absolut gefährlich ist«, um einen guten Freund zu zitieren, mit dem ich gestern sprach. Das entspricht so gar nicht meiner Erfahrung. Ich hatte noch nie einen Unfall, an dem ein Auto oder ein anderer Radfahrer beteiligt waren. Ganz anders sieht es aus, wenn man sich das Reiten anschaut – früher eine Notwendigkeit, heute ein beliebter Zeitvertreib in Island. Während ich noch nie einen Radfahrer kennengelernt habe, der oder die sich ernsthaft während des Radfahrens verletzt hat, habe ich noch nie einen Reiter in Island getroffen, der sich noch nicht während des Reitens verletzt hätte. Es ist gar nicht so ungewöhnlich, von Reitern zu lesen, die sich verletzt haben oder gar gestorben sind. Aber keiner reitet zur Arbeit – das Pferd konkurriert nicht mit dem Auto – und keiner warnt einen, dass Reiten gefährlich ist. Wenn ich Unfallstatistiken anschaue, rangiert das Radfahren, verglichen mit anderen Transport- oder Sportarten, relativ weit unten. Auf einer anderen Liste war Radfahren, was Unfälle angeht, auf dem gleichen Niveau wie Golf eingeordnet. Sogar die Guten, die sich am meisten um die Luftverschmutzung sorgen, haben mit dazu beigetragen, das Vorurteil aufrechtzuerhalten, dass Radfahren in Island gefährlich sei. Reykjavík ist dafür bekannt, dass die Feinstaubemissionen, hauptsächlich verursacht durch die Spikes auf den Autoreifen, ungewöhnlich hoch sind für eine Stadt dieser Größenordnung. Auch wenn das stimmt – diese Tatsache müsste selbst überzeugte Autofahrer bekehren, dass an dem dichten Verkehr etwas geändert werden muss – fördert diese Sorge den Glauben, dass es gefährlich sei, in Reykjavík Rad zu fahren. Ist es aber nicht. Sogar an einem ruhigen und sonnigen Wintertag, wenn die Feinstaubverschmutzung am höchsten ist, ist die Belastung laut einer Studie der Universität von Island relativ gering.

Den stärksten und für viele schwerwiegendsten Einwand gegen das Radfahren in Reykjavík habe ich noch gar nicht genannt: Für viele Menschen reicht es nämlich schon aus, das Wetter zu erwähnen, und sie denken nie wieder darüber nach, mit dem Rad zur Arbeit zu fahren. Das Wetter ist ein schwieriger Faktor: Für jeden ist gutes Radfahrwetter etwas anderes. Meistens ist das davon abhängig, ob man selbst Radfahrer ist oder nicht. Fangen wir damit an, die Rahmenbedingungen meiner Kontrahenten zu akzeptieren: Regen und Wind sind schlecht für Radfahrer; ruhige klare Tage dagegen gut. Die einzige Schwierigkeit dabei ist nun, ob man sich in dieser Argumentation auf die eigene Erfahrung bezieht oder auf harte meteorologische Fakten. Ich schlage vor, beides zu betrachten. Meine eigene Erfahrung als Radfahrer ist, dass auf jeden regnerischen oder windigen Tag in Reykjavík fünf andere Tage kommen, die relativ ruhig und klar sind. Für jeden Tag, an dem es schwierig ist, mit dem Rad zur Arbeit zu fahren – die üblichen oben genannten Rahmenbedingungen zugrunde gelegt –, gibt es sieben, an denen es die reine Freude ist. Für jeden Tag, an dem mich ein Sturm oder starker Regen gebremst hat, gibt es zehn Tage, an denen ich wegen des guten Wetters und der schönen Landschaft freiwillig langsam gefahren bin. Ich hatte völlig vergessen, wie schön Wintermorgen sein können, besonders in den frühen Morgenstunden.

Es ist leicht nachvollziehbar, warum Leute, die nicht Rad fahren, denken könnten, dass das Wetter in Reykjavík für Radfahrer ungünstig sein könnte. Wenn sie an irgendeinem Zeitpunkt des Tages oder sogar nachts merken, dass das Wetter schlecht ist, schreiben sie den Tag als

Schlechtwettertag ab. Das ist jedoch ein Trugschluss. Denn niemand fährt den ganzen Tag lang mit dem Rad zur Arbeit. Selbst wenn das Wetter – die genannten Rahmenbedingungen zugrunde gelegt – schrecklich ist, kann man oft dem Schlimmsten entkommen. Der Winter 2006/2007 in Reykjavík ist ein gutes Beispiel. Von Anfang November bis Ende Januar zogen Tiefdrucksysteme von Westen mit furchterregender Beständigkeit über Island und trafen mit Windgeschwindigkeiten von 90–100 Stundenkilometern auf Reykjavík, teilweise mit Böen von bis zu 150–160 Stundenkilometern.

Jeder, der diese Zeit nicht selbst miterlebt hat, würde sagen, dass es eine schreckliche Zeit für Radfahrer gewesen sein muss. Aber in Wirklichkeit hatte ich nur an einem einzigen Morgen in diesem Zeitraum Schwierigkeiten. Nur ein einziges Mal war genau dann Sturm, als ich zur Arbeit fuhr, aber wie es der Zufall wollte, hatte ich Rückenwind. An den meisten dieser Wintertage hatte ich keine großen Probleme. Nach vier Jahren, die ich mit dem Rad zur Arbeit gefahren bin, kann ich aus Überzeugung sagen, dass die Tage, an denen man den ganzen Weg lang mit Starkregen und starkem Wind kämpfen muss, rar sind. Und soweit ich es herausfinden konnte, belegen meteorologische Daten meine Erfahrung. Beispielsweise liegt der durchschnittliche Niederschlag im August bei 62,5 mm (in Kopenhagen bei 64 mm), und im September bei 67 mm im Unterschied zu 60 mm in Kopenhagen. Die Sonnenstunden sind in diesen beiden Städten vergleichbar.[2] Die Winter sind in Reykjavík wesentlich milder als die, die die Menschen im Norden der Vereinigten Staaten oder in Skandinavien erdulden müssen.

Aber wir müssen noch nicht einmal die aufgestellten Rahmenbedingungen für gutes Radfahrwetter akzeptieren. Es ist nicht unangenehm, im Regen Rad zu fahren oder auf vereisten Straßen im Sturm. Wenn man die richtige Ausrüstung hat – sowohl was das Rad betrifft als auch für sich selbst – und sie richtig einsetzt, kann es die reine Freude sein, bei jedem Wetter Rad zu fahren. Gegen Regen oder Schnee anzukämpfen kann wunderbar sein, wenn man alle seine Muskeln spüren will. Sosehr ich ruhige und sonnige Tage auch mag, mag ich es mittlerweile viel lieber, wenn mir die frische Luft vom Nordatlantik ordentlich ins Gesicht pustet. Über ein bisschen Niederschlag freue ich mich sogar, weil man dann den Boden so gut riechen kann. Das sind essenzielle Wahrheiten, die man vergisst, wenn man die ganze Zeit drinnen hockt.

Ich habe erlebt, dass sich die persönliche Einstellung, was gutes Wetter ist, schleichend ändert, wenn man sich daran gewöhnt, den Weg zur Arbeit mit dem Fahrrad zurückzulegen. Nicht nur gewöhnt man sich an *schlechtes* Wetter, sondern der eigene Maßstab passt sich an die Realität an. Man fängt an, alle Schattierungen des Wetters, von sogenanntem *guten* zum sogenannten *schlechten* Wetter, zu genießen, und auch die Tatsache, wie veränderlich es ist, zumindest in Reykjavík.

Ich schäme mich, wenn ich an meine Vorstellung von Wetter während meiner Tage als Autofahrer zurückdenke, wie naiv und vereinfachend mein Wetter-Konzept war, im Vergleich zu dem, dem ich als kleiner Junge bedingungslos vertraute. Wenn man erst einmal ein tieferes Verständnis des Wetters hat, fällt es einem leichter, es in all seinen Varianten zu genießen, ohne das zu entwerten, was Leute normalerweise *gutes Wetter* nennen. Aber wenn man feststellt, dass einem nur noch eine Art von Wetter als die richtige erscheint, ist das vermutlich so, weil man träge und inaktiv geworden ist.

## *Philosophischer Rückenwind*

Bis jetzt habe ich noch gar nichts zu den Vorteilen gesagt. Einige sind ziemlich offensichtlich, wenn man die Vorurteile erst einmal beiseitelegt. Das Fahrrad ist ein günstiges Verkehrsmittel. Meine Aufzeichnungen belegen, dass ich zwischen September 2008 und Februar 2009 nicht eine Krone ausgeben musste, um zur Arbeit zu kommen, da ich Ersatzteile und Fahrradöl noch von meinen Sommertouren durch das isländische Hochland übrig hatte. Das tägliche Fahren ist ein guter Weg, um Fitnesstraining in den Alltag zu integrieren. Schon im ersten Jahr habe ich 18 Kilo abgenommen und war fit. Die alljährliche Grippe hatte ich seitdem auch nicht; sogar die übliche Erkältung, die mich normalerweise immer erwischt, habe ich nicht bekommen.

Ich habe außerdem entdeckt, dass Radfahren auch sehr gut zu meiner Art von Tätigkeit passt: Philosophie unterrichten und verfassen. Morgens Rad zu fahren hilft mir oft, meine Gedanken zu ordnen und zu vereinfachen; Kleinzeug und belanglose Sorgen verlieren sich irgendwo am Wegesrand. Ich begann, Nietzsches Rat zu verstehen: »[...] keinem Gedanken Glauben schenken, der nicht im Freien geboren ist und bei freier Bewegung, – in dem nicht auch die Muskeln ein Fest feiern.«[3]

Fast immer komme ich klarer, um nicht zu sagen, *mutiger* auf der Arbeit an. Auf dem Heimweg bin ich in der Lage, mich zu entspannen, wenn ich einen stressigen Tag hatte. Was ich aber, neben den vielen Gedanken am meisten am Pendeln mit dem Rad mag, ist die Zeit, die ich draußen verbringe – im Angesicht der Elemente. Ich hatte völlig vergessen, wie viel Zeit ich als Kind draußen verbracht hatte und wie langsam und fast unmerklich ich zu einem Menschen wurde, der die meiste Zeit drinnen verbringt, ein sesshafter Mensch, eine Art Möbelstück. Endlich nahm ich meinen Monolog mit den Sternen und dem Ozean wieder auf. Und ich habe wieder entdeckt, dass ich diese Erde, oder zumindest einen kleinen Teil davon, mit anderen Lebewesen teile, insbesondere mit Insekten, aber auch Vögeln, und hin und wieder werde ich von eine Robbe aus sicherer Entfernung betrachtet. Es ist albern, diese Dinge zu vergessen, aber man tut es; so wie man vergisst, wie veränderlich und vielfältig das Wetter ist. Wenn das sesshafte Leben einen zu einem Absolutisten oder einem Dogmatiker werden lässt, macht das Radfahren aus einem einen Pragmatiker. Auf jeden Fall ist das meine Erfahrung.

Die zweite Lektion, die ich vom Radfahren in der Stadt gelernt habe, ist eine altmodische, die bereits von Denkern von Sokrates bis Henry David Thoreau gelehrt wurde, und geht ungefähr so: Glaube nicht, was die anderen sagen, probiere es selbst aus. Unhinterfragte Wahrheiten stellen sich oft als bloße Vorurteile heraus. Das, was jeder akzeptiert, hat manchmal noch nie jemand probiert. Was manche als schlecht bezeichnen, ist oft gut. Was manchmal gemeinhin als unmöglich angesehen wird, ist leicht und natürlich.

Nach zwei Jahren meines Experiments wurde ich gebeten, einen Vortrag über nachhaltige Transportarten in Reykjavík auf einer Konferenz über Luftverschmutzung zu halten. Nachdem ich meinen Vortrag mit einer Aufforderung zum Radfahren beendet hatte, antwortete ein PhD-Student der Geografie, dass seine intensive Recherche ergeben hätte, dass es unmöglich sei, uns Isländer zum Radfahren zu bewegen, wir würden es schlicht nicht wollen. Stattdessen, sagte er, sollten wir in Elektro- oder Wasserstoff-Autos investieren. Dorthin würde uns die Reise in unsere grüne Zukunft führen.

Ich antwortete, dass wir nicht gezwungen wären, zwischen diesen Optionen zu wählen, dass wir in umweltfreundliche Autos investieren *und* gleichzeitig mit dem Rad zur Arbeit fahren könnten. Wenig später wurde mir klar, dass er seine Grenzen als Wissenschaftler überschritten hatte. Kein Wissenschaftler kann uns als solcher vorgeben, was möglich und was unmöglich ist, wenn es um unsere praktischen Alltagsangelegenheiten geht. Wenn einer es doch tut, dann äußert er meistens nur seine private Meinung. Aber das ist natürlich nicht leicht zu erkennen, wenn man sich nur an Zahlen und Fakten festhält.

## *Freiwillige Armut*

Ich habe nun zwei Lektionen geschildert, die ich über das Radfahren in der Stadt gelernt habe. Mein Standpunkt ist, dass eine Philosophie, wie sie Denker von Sokrates bis Thoreau begründet haben, einem helfen kann, über Vorurteile hinwegzusehen, die einen bis jetzt davon abgehalten haben, mit dem Rad zur Arbeit zu fahren. Gleichzeitig sage ich, dass Radfahren einem diese Art von Freiheit des Geistes – oder Offenheit für die Realität – geben kann, die für William James den Kern des Pragmatismus ausmacht. Aber ich habe noch etwas vom Radfahren übers Land gelernt, dessen Erklärung mir schwerer fällt, nämlich, warum mich das kahle und verlassene Innere des isländischen Hochlands so anzieht. Auch hier musste ich erst die Philosophiegeschichte heranziehen, damit mir ein Licht aufging. Und wiederum war Thoreau ein guter Startpunkt. Der oben zitierten Passage über Professoren und Philosophen stellt er folgenden erhellenden Kommentar voran: »Nur wer den freien Blick besitzt, den freiwillige Armut eröffnet, kann unparteiisch und weise das menschliche Leben betrachten.«[4]

Man kann die Spannung zwischen den beiden Wörtern *freiwillige Armut* förmlich spüren. Freiwillige Armut! Armut ist etwas, was Menschen normalerweise nicht freiwillig anstreben. Wie die meisten Sterblichen war Thoreau sich der destruktiven Kraft der Armut bewusst – der Unfähigkeit, grundlegende Bedürfnisse zu befriedigen – und seine Philosophie lehrte ihn eine Methode, diese Art der Armut zu vermeiden. Aber eine seiner zentralen Erkenntnisse war, dass eine tiefergehende Art der Armut existiert, die durch Reichtum verdeckt ist. *Walden* wendet sich an jene »Menschen, die Tand auf Tand häufen, und nicht wissen, was sie damit tun, wie sie denselben los werden können. Sie haben sich ihre eigenen goldenen oder silbernen Fesseln geschmiedet«[5]. Für diese Menschen liegt die Lösung nicht darin, mehr Dinge zu sammeln, wertlosen

Plunder anzuhäufen, sondern eher darin, Sachen wegzugeben und das Leben zu vereinfachen. Das ist etwas, zu dem man die Leute nicht zwingen kann; es ist *freiwillige* Armut.

Wenn man mit dem Rad durch das innere Hochland Islands fährt, ist es, als ob man einen Intensivkurs in freiwilliger Armut absolviert. Fährt man auf 500 oder gar 900 Meter hoch, je nachdem, wo man startet, zieht sich die Vegetation zurück und wird dünner, bis nichts bleibt außer endlose Felder grauen Sands und Steine, umgeben von grauen Bergen, grauweißen Gletschern – und oft einem grauen Himmel. Ich bin mehrmals alleine durch die graue Wüste Islands gefahren, und als ich nach Tagen auf der anderen Seite herauskam, war ich jedes Mal überwältigt von der Schönheit unserer Welt. Aber ich schätze unsere graue Wüste nicht nur für die Rolle, die sie in einem gigantischen Experiment zum Entzug der Sinneseindrücke spielen kann. Vielmehr frage ich mich, warum sie nicht auch hinsichtlich spirituellen Lebens ebenso förderlich sein sollte wie ihre berühmten Gegenstücke in Ägypten oder Palästina. Irgendetwas wird aufgewühlt tief drinnen, in den Gedanken, wenn man tagelang allein durch die graue Wüste fährt. Wenn man nichts hat und alle weltlichen Besitztümer nicht greifbar sind, ist man auf sich selbst und seine eigenen Ressourcen gestellt. So ermöglicht einem das Radfahren, sich neu zu sammeln. Wenn man ein Amateur in Sachen Leben ist, so wie ich, ertappt man sich vielleicht dabei, so etwas Albernes zu sagen wie »Jetzt verstehe ich, warum Menschen essen«. Auf jeden Fall verliert man sehr wahrscheinlich jedes Interesse an Essen und Trinken jenseits der essenziellen Nahrungsaufnahme; und auch das ist immer noch eine ganze Menge. Und wenn man andere Menschen trifft, andere Radfahrer, erinnert man sich wieder daran, wie angenehm das sein kann und wie schnell man sich mit Fremden anfreunden kann.

Thoreaus Gedanken zur freiwilligen Armut sind in der Geschichte der westlichen Philosophie nicht neu. Er hat ein altes Thema der klassischen Philosophie wiederentdeckt und es auf das Leben in einer neuen Welt angewendet. Eine Welt, die einen Wohlstand versprach, wie ihn die Menschheit bis dahin nicht gekannt hatte – und ihn letztlich auch lieferte. Sokrates' essenzielle Einsicht etwa war, dass man einem Studenten, bevor er den Prozess des Lernens beginnen konnte, etwas wegnehmen musste. Dieses Etwas war die Vortäuschung von Wissen. Sokrates entdeckte, dass Menschen vortäuschen, alles Mögliche zu wissen, obwohl sie eigentlich gar nichts wissen. Seine Studenten würden auf diese Weise ihre ersten Schritte in Richtung Weisheit als einen verwirrenden Prozess der Verarmung empfinden, einen Verlust des intellektuellen Komforts. Sokrates' enthusiastischer Anhänger in Kopenhagen, Søren Kierkegaard, kommt zu einer ähnlichen Einsicht, indem er eine Analogie zwischen Essen und Wissen zieht. »Wenn ein Mann den Mund so voll Essen hat, dass er aus dem Grunde nicht zum Essen kommen kann und es damit enden muss, dass er hungers stirbt«, sinniert Kierkegaard, »besteht dann das Ihm-Speise-Mitteilen darin, dass man ihm den Mund noch voller stopft, oder vielmehr darin, dass man dafür sorgt, etwas zu entfernen, damit er dazu kommen kann zu essen?«[6]

Meine philosophischen Lektionen bestehen in der Kunst, dem Intellekt und dem Automobil etwas von seinem Komfort wegzunehmen. Das erscheint ungerecht, da das Auto und der Intellekt schneller und effizienter sind als der Körper und das Rad. Ein entkörpertes Gehirn in einem Auto – scheinbar das moderne Ideal – kann größere mentale und physische Distanzen überwinden als jemand (ein Körper) auf einem Rad. Aber die Welt des Letzteren, das habe ich gelernt, ist bedeutungsvoller – und auch auf eine sehr angenehme Art und Weise verblüffender.

### ROBERT H. HARALDSSON

Robert H. Haraldsson ist Philosophieprofessor an der Universität von Island. Seinen PhD machte er an der Universität Pittsburgh. Er beschäftigte sich hauptsächlich mit der Philosophie und Literatur des 19. Jahrhunderts. Durch den Einfluss von Denkern wie Ralph Waldo Emerson, Henry David Thoreau, John Stuart Mill und William James hat sich sein Interesse zunehmend zu einer Philosophie als Lebensweise hingewendet, seit Neuestem Philosophie und Radfahren. Er veröffentlichte die Erlebnisse seiner Radtouren durch das Innere des isländischen Hochlands.

# FUSSNOTEN

1 *Henry David Thoreau, »Walden – oder Leben in den Wäldern«, übersetzt von Wilhelm Nobbe, Leipzig, 1922, Absatz 25.*

2 *Statistiken des Reykjavík Department of Environment and Transport.*

3 *Friedrich Nietzsche, »Ecce homo«, Kapitel »Warum ich so klug bin«, 1. Abschnitt. In: Friedrich Nietzsche, »Werke«. Kritische Gesamtausgabe, hrsg. v. Giorgio Colli und Mazzino Montinari Berlin/New York, de Gruyter, 1967.*

4 *Thoreau, »Walden«, Absatz 25.*

5 *Ebd., Absatz 28.*

6 *Vgl. Søren Kierkegaard, »Abschließende Unwissenschaftliche Nachschrift zu den Philosophischen Brocken. 1. Gesammelte Werke und Tagebücher«.*

STEEN NEPPER LARSEN

Übersetzung: Daniel Beskos

# RADFAHRER WERDEN

*Phänomenologische Betrachtungen übers Radfahren*

Mensch zu sein bedeutet, ein Leben lang eine Art von Wiedergeburt zu erfahren, deren subtilen Nachhall wir sogar in unseren Empfindungen beim Radfahren wiederfinden können. Fast täglich, zumindest im Sommer, erlebt mein Rad eine solche Wiedergeburt. Die eigentliche *Geburt*, nämlich Design, Herstellung und Zusammenbau des Rades, ist natürlich lange her, und dennoch wird es unter mir wiedergeboren, jedes Mal, wenn ich auf ihm fahre. Das Fahrrad ist wie ein spannender Traum auf Stand-by, der es immer wieder vermag, mich dazu zu bringen, mich von den Büchern und dem Computer loszureißen und der Faulheit und dem körperlichen Stillstand zu trotzen.

Mein Wissen um mein Fahrrad und mein Vertrauen in es sind in meinem Körper verankert – und meine Beine, Arme und Gedanken wiederum sind Verlängerungen meines Fahrrads, das wie ein Teil meines Organismus ist. Auf meinem Rad bin ich in der Lage, mehr zu leisten, als mir bewusst ist. Zum Beispiel achte ich nie darauf, wie man die Balance hält, und ich denke auch nicht darüber nach, wie man es schafft, in gefährlichen Situationen wie etwa in einem engen Fahrerfeld angemessen zu reagieren. Das Prinzip des *impliziten Wissens* muss von einem aktiven und denkenden Radfahrer erfunden worden sein.

## *Das Fahrrad als Verlängerung des Körpers*

Die Stelle, wo die Reifen die Straße berühren, ist die äußere Membran meines Wesens. Und die Griffe am Lenker sind die Erlaubnis, willentlich und frei zu steuern. Es ist mir möglich, die Richtung, den Gang, die Geschwindigkeit zu wechseln, meinen Launen zu folgen, auf Möglichkeiten zu reagieren, die ausgetretenen Pfade zu verlassen oder mit allem und jedem um die Wette zu fahren. Mit gesteigerter Aufmerksamkeit bemerke ich jedes Hindernis und jede Veränderung des Untergrunds. Schon bevor sich mein Bewusstsein einschaltet, verhalte ich mich automatisch, ganz nach dem Motto: *Ich trete in die Pedale, also bin ich.*

Man kann an vielem zweifeln, aber fest steht: Am Anfang war die echte Bewegung und nicht nur das symbolische Bewegen von Gedanken, das man etwa bei der Büroarbeit ausübt. In Bewegung zu sein ist unser natürlicher Zustand.

Wie gesagt, die winzige Stelle, wo die Reifen den Boden berühren, markiert die Außenhülle unseres Körpers. Der menschliche Körper reicht also über seine Grenzen hinaus, er wird verstärkt, er begibt sich in muskulär anspruchsvolle und zugleich ungewohnte, blitzschnelle Vorgänge. Aber selbst während man mit einem Puls von 170 oder 180 in die Pedale tritt, sitzt der Körper selbst recht still und hat daher die Gelegenheit zu genießen, nachzudenken und die Kraft zu sammeln, die man braucht, um ins Nichtradfahrer-Leben zurückzukehren. Das Fahrrad ist ein lebensspendendes Paradoxon.

Der Spezies *Homo sapiens* anzugehören beschränkt sich nicht auf das, was uns von Natur aus mitgegeben wurde. Mensch zu sein bedeutet auch, eine veränderliche biologische Form zu haben, ausgestattet mit einem flexiblen und lernenden Gehirn, das sich den Dingen anpasst, die wir tun, erleben und über die wir nachdenken.

Denn anders als bestimmte Grundfesten wie etwa die Evolution oder das Gesetz der Schwerkraft ist die menschliche Natur nicht fixiert, und auch der menschliche Körper ist nicht einfach nur Ballast. Während die neuronalen Verbindungen, die benötigt werden, um ein Fahrrad zu beherrschen, gebildet werden, unterliegen die Synapsen dem räumlichen Eindruck der Umgebung, der sinnlichen Wahrnehmung einer holprigen Fahrt, dem sprachlichen Austausch einer engen Fahrergruppe kurz vor dem Schlusssprint, oder der Wertschätzung, wenn man über neuen, ebenen Asphalt fährt.

All dies wird alleine durch Muskelkraft erreicht, wodurch uns bewusst wird, über welche Kraft wir verfügen und zu welchen Möglichkeiten einem die Straßen dieser Welt in Zukunft noch verhelfen könnten. Wir sind dazu gemacht, in allem nach einer Bedeutung zu suchen. Und auch während wir schnell dahinfahren, auf unseren schmalen Gelsätteln, ruhig und stoisch, auf einem Rahmen aus Stahl, Aluminium oder Carbon, können wir nicht dagegen an, Dingen und Vorgängen eine Bedeutung zuzuschreiben. Es brechen Veränderungen an, in unseren Breiten. Die letzten milden Winter in Dänemark etwa gaben uns die Möglichkeit, schon im Februar mit dem Radfahrtraining zu beginnen. Früher, in den kalten Wintern, als nur *echte Männer* Rad fuhren, war das noch nicht möglich. Mein Körper wirft in dieser Jahreszeit einen 50 Meter langen, sich ständig bewegenden Schatten über die Landschaft. Er legt sich über Mauern, Gräben und Gebüsch. Dieser Schatten, ständig in Bewegung, lässt sich nicht greifen und erzeugt immer neue Formen. Diese Bilder schreiben sich in meine Retina ein. Aber sie werden niemals öffentlich ausgestellt werden, auch nicht im *Louisiana Art Museum* in Humlebæk, obwohl das so nah an meiner Radstrecke liegt.

## *Campagnolo Ti Amo*

Mein denkendes Ich ist untrennbar mit meinem Körper verbunden, die Straßen der Welt existieren nicht auf eine *objektive* Weise, und sie sind auch nicht auf eine phänomenologische Weise *materiell* in der Welt. Erst durch mein Radfahren nehmen meine Beine diese Straßen in sich auf. Ich fahre ein weiß-rotes Stahlross von *Schrøder*, einem traditionsreichen Radhersteller aus Hellerup im Norden von Kopenhagen. Mit meiner Beininnenlänge von 102 cm *musste* ich mir ein spezialangefertigtes Rad kaufen, noch nicht mal im Internet konnte ich so große Rahmen auftreiben.

Mein Leben ist ein Leben zwischen und mit Dingen. Ich bin verwöhnt von guten, soliden *Campagnolo*-Bauteilen in italienischem Design. Mein Bewusstsein findet sich in Dingen wieder, und meine Wahrnehmung ist verankert in einem ruhelosen Körper. Mein *In-der-Welt-Sein* manifestiert sich in einem Körper auf einem Rad in Bewegung, einem Körper, der mehr kann, als er weiß. Meine Identität befindet sich in einem ständigen Prozess des Werdens, zwischen dem Rad, den Erlebnissen und einem Ozean an Interpretationsmöglichkeiten. Radfahren wird zu einem ausgedehnten, den Geist stimulierenden Rendezvous mit und in der Natur, wo uns ein universelles und altersunabhängiges Vergnügen erwartet. Nach einer Radtour ist man bereichert und verwandelt. Unser Sein wächst durch die ständigen Prüfungen, die unser Tun mit sich bringt. Das Radfahren lädt uns ein, an lehrreichen und hingebungsvollen Tätigkeiten teilzuhaben: Übung und Training, immer und immer wieder, Übung und Training.

Wir sausen durch eine Welt, der wir angehören und die wir zugleich verinnerlicht haben durch unser Wahrnehmen und Begreifen. Man fährt schnell, weil man schnell fährt. Der Wille zur Geschwindigkeit trägt seine Begründung und Rechtfertigung in sich selbst, unabhängig von allen Gesundheitstipps und der allgegenwärtigen Androhung der eigenen Sterblichkeit. Muskelkraft und Wohlbefinden vereinen sich im Radfahrer, der sich für sein Recht, Rad zu fahren, nicht rechtfertigen muss. Mit anderen Worten: Wir fahren, weil wir fahren und weil wir es wollen.

Manchmal mache ich mit meinem siebenjährigen Sohn Albert Cornelius eine gemütliche Fahrt entlang der Küste. Unsere Räder sind die Grundlage dafür, dass wir verschiedene Formen des Zusammenseins finden können. Diese Formen sind mit einem rein utilitaristischen Anspruch nicht greifbar. Der Widerspruch zwischen dem *Nutzlosen* (der Freizeit, der Ungezwungenheit) und dem *Nützlichen* (der Arbeitszeit, der Zweckmäßigkeit) löst sich auf. Um es deutlicher zu sagen: Spricht man übers Radfahren rein unter utilitaristischen Aspekten, hat man eigentlich gar nichts verstanden.

Die *primitive* Technik des Fahrrades erzieht einen zur Geistesgegenwart. Man könnte sagen, man wächst über sich hinaus (schlimm genug bei 2,01 Meter Körpergröße!), wenn man sich mit dem Metall und Gummi verbindet und seine Gliedmaßen künstlich verlängert. Das Rennrad ist die Verlängerung des Körpers und zugleich eine Art Außenhaut der Geistesgegenwart. Die intensive Anwesenheit aller Winde, wie sie durch die Arm- und Beinhaare streichen, wird verstärkt: Man hat die Notwendigkeit zum Bremsen immer im Blick; tückischer Schotter und versteckte Löcher werden schon vorausgeahnt, bevor sie in Sichtweite geraten; die Augen, die man wie einen imaginären Rückspiegel im Nacken hat, schielen argwöhnisch nach überholenden Konkurrenten, und sie »sehen« auch das Auto in der Serpentine hinter mir, während ich, in perfekter Balance und völlig angstfrei, den windigen, weißen Mont

Ventoux hinunterrase, mit 80 Kilometern pro Stunde. Der Berg wartet auf uns, und das ist weder belustigend gemeint noch ist Kritik angebracht. Der deutsche Philosoph Peter Sloterdijk schrieb in seinem Buch *Du mußt dein Leben ändern*: »Gebirge kritisiert man nicht, man besteigt sie oder läßt es bleiben.«[1] Von den Bergen dieser Welt schlägt den horizontalen Menschen ein vertikaler Imperativ entgegen: Reißt Euch zusammen, verlasst das Flachland und erobert den Gipfel!

## *Ein vielfaches Bombardement der Sinne*

Die menschlichen Sinne und die Technik des Rades arbeiten zusammen, während man die Gedanken auf eine Reise in die Vergangenheit schickt, die immer gegenwärtig ist und die Zukunft bereits aufscheinen lässt. Ich kann das vielleicht am besten am Beispiel verschiedener Fahrten illustrieren. Immer noch auf dem Mont Ventoux, werden mir die großartigen Leistungen der Radsporthelden vergangener Zeiten bewusst, die hier auf diesem kahlen Gipfel stattfanden, und mir fällt ein Kreuz ins Auge, das am Wegesrand zur Erinnerung an den hier verstorbenen englischen Radfahrer Tom Simpson aufgestellt worden ist.

Am Fuße des Berges fühle ich den warmen Wind. Er zerwühlt die blonden Haare auf meinen sonnengegerbten Beinen und Armen. Ich kann jedes Haar spüren, aber es ist unmöglich, sich auf ein einzelnes zu fokussieren, sie sind wie zahllose kleine Wellen in der flachen Brandung über dem Meeresboden der Haut. Diese kleinen taktilen Phänomene sind eine Einladung, die vielfältige und oftmals vergrabene sinnliche Sensibilität wieder zuzulassen; dann erscheinen da Buchen in voller grüner Blüte, zum Himmel hin grellgelb werdend; voll aufgeblühte weiße Holunderbüsche entlang der regennassen, schwindelerregend ansteigenden und sich windenden Straßen der wunderschönen Westküste Korsikas; eine verwirrte Wespe sticht dich unter deinem Trikot, während du mit 65 km/h irgendwo durch Sjælland radelst; ein Hund greift einen anderen an, im Hinterland von Sardinien; eine unsichtbare, aber umso hörbarere Lerche ganz oben, und der Geschmack eines furchtbaren, halb zerschmolzenen und ziemlich schmierigen Schokoriegels, heruntergespült mit (ich schwöre!) fast kochendem Wasser aus der Trinkflasche auf der Insel Lošinj im nördlichen Kroatien. Geräusche, Geschmäcke, Gerüche, Sicht- und Fühlbares sind nicht einfach Beigaben. Wenn sie alle zugleich einsetzen, entsteht ein kinästhetischer und taktiler Mehrwert. »Der taktil-kinästhetische Körper ist ein Körper, der immer in Berührung, im Einklang ist mit einem vertrauten und unmittelbaren Wissen über die Welt.«[2]

Beinah unmerklich verknüpft sich der Blick mit den Geräuschen und Geschmäcken. Die Gerüche verschmelzen mit der Welt der Ohren und Augen. Man folge nur mal einem verdrehten steilen Pfad auf lavaumgebenen Straßen, mit einem Blick auf das blaue Mittelmeer, hindurch durch Schafherden und blühende Weingärten, bis ganz nach oben ans Ende der Straße bei 1.880 Metern. Da oben kann man, bei klarem Himmel, den schneebedeckten Vulkan sehen, den Ätna. Auf dem Weg nach oben kommt man an einem kleinen Städtchen vorbei, Linguaglossa, übrigens ein seltsamer Doppelname (weil ja beide Wortteile »Zunge« bedeuten). Es klingt vielleicht doppelt, aber es könnte eine Liebeserklärung an die Sprache sein, an das, was es uns ermöglicht, zu denken, zu sprechen, zu schreiben, nicht zuletzt darüber, wie erhebend das Radfahren sein kann. Zuweilen sind die sizilianischen Straßen wahnsinnig steil und rutschig, weil Lavaströme aus der jüngsten Vergangenheit Teile der Straße bedeckt haben. Nachdem man aber den Schwindel überwunden hat, kann man den Berg hinunterrasen, ein Bad im Meer nehmen und ein kühles Bier im Schatten trinken. Überhaupt gibt es sowieso nur eine Grenze und Regel für Rennradfahrer: Nach sechs Litern Wasser, einigen Energieriegeln und unzähligen Bananen sehnt sich der Körper nach richtigem Essen – und einem Bier.

Das Hier und Jetzt hört irgendwann auf, nur noch ein Punkt auf der Zeitleiste zu sein. Man wird vielmehr eingebettet in einen ausgedehnten Moment: Die Zeit fällt aus den Angeln und erreicht einen Zustand der Vollkommenheit. Radfahren bedeutet, die gleichförmige, unbedeutende Zeit, wie wir sie sonst von Uhren kennen, hinter uns zu lassen. Natürlich zeigen der Tacho und der Pulsmesser noch die aktuellen Zahlen an, die meine Anstrengungen hinterlassen haben. Und obwohl ich weder Heiliger noch Purist bin, bin ich dennoch erstaunlich ruhig, durchdrungen von dem Wunsch, die Geschwindigkeit noch weiter zu erhöhen, und der unerschütterlichen und zugleich vergeblichen Idee, ein paar echte Berge in Dänemark aufzuschütten. Eitelkeit, Spiel und der Wille, sich hervorzutun, vermischen sich. Ein Radfahrer ist ebenso durchschaubar und nackt wie unsere nichtradelnden Freunde, die rotbäckigen Paviane im Zoo. Rad zu fahren eröffnet einem den beständigen Austausch zwischen einer Überforderung der Sinne, der Bedeutung sich verändernder Umgebungen und Umwelteinflüsse, der lebendigen Sinnlichkeit des eigenen Körpers, und, nicht zuletzt, der abschweifenden Gedanken.

## *Liberté Vélocipédique*

Wo auch immer sich ein Körper auf zwei Rädern durch die Welt bewegt, entsteht ein neues Individuum. Und die Übung bringt es zur Perfektion. Beständiges Wiederholen der Radfahrpraktiken ermöglichen eine ungewohnte Selbsteinsicht sowie ein Wissen über die einen umgebende Welt. Man vergesse nicht die Tatsache, dass etwa die Frauenbewegung des 20. Jahrhunderts auch das Recht einforderte, als Frau in Hosen auf einem Fahrrad zu fahren, um die Landschaften und Städte mit offenem Blick zu durchstreifen, wie es der französische Anthropologe Marc Augé in seinem kleinen Manifest *Éloge de la bicyclette* [3] schreibt, als Würdigung der »l'autonomie velocipédique«.

Das Fahrrad ist ein Stück Lowtech, ein fast göttlicher Inbegriff von Nachhaltigkeit, und eine absolute Grundbedingung, wenn man über die Neuordnung von Städten nachdenkt, eine Neuordnung, die ohne die gegenwärtige Überfülle von lauten, platzverschwendenden, energiefressenden Autos auskommen muss. Gerade im Gegensatz zum jahrelang vorherrschenden Monotheismus der Gasmotoren und Auspuffrohre könnte der Polytheismus des Radfahrens einen unvorhersehbaren Prozess mit vielfältigen Möglichkeiten in die Wege leiten. Die Flug- und Fluchtwege, die das Fahrrad bietet, folgen nicht den Flüssen der Waren, des Geldes, des Kapitals. Die Mobilität des Rades erinnert uns vielmehr an den alten Traum, frei wie ein Vogel zu sein, ganz anders als eine Autofahrt auf der Schnellstraße, die diese Erfahrung austauschbar werden lässt. Die *Freiheit der Straße* bedeutet viel mehr als der moderne, kreative und selbstbestimmte Arbeitsplatz, und sie ist auch viel mehr, viel reichhaltiger als die Freiheit des Konsums. Natürlich kann man ein Fahrrad beschleunigen, aber bei voller Geschwindigkeit trägt es ironischerweise zur Entschleunigung der Beschleunigungstechnologien der Globalisierung bei. Radfahren ist eine alternative Version von reichhaltiger, globaler Kommunikation. Abseits des Internets, des Computers, des Smartphones füllt sich die Lebenswelt des Radfahrers mit Sinneseindrücken und wird erfüllt von der physikalischen und klimatischen Realität *da draußen*. Keine schützenden Wände, keine digitalen Mauern, an die man sich noch lehnen kann. Unterm Helm kann man genau das genießen, was andere Menschen für tote Zeit halten, für ein notwendiges Übel, will man möglichst schnell von A nach B kommen. Der Radfahrer weiß, dass der Weg wichtiger ist als das Ziel. Es macht keinen Spaß, irgendwo hinzukommen, wenn das Hinkommen keine Qualität hat und keine Abenteuer mit sich bringt. Im Deutschen gibt es genau für diese fruchtbare Zeitspanne den passenden Ausdruck: Zwischenzeit.

Im Herbst 1991 radelten meine Frau und ich 4.000 Kilometer von Dänemark nach Sizilien, durch Deutschland und die Alpen hinauf, jeder von uns beladen mit einem schweren, wasserdichten Anhänger voller Gepäck. Mein Anhänger wog 90 Kilo, meine zweijährige Tochter Olivia mit eingerechnet. Die Reise dauerte drei Monate. Wir hatten die bequemste Übersetzung – vorne wie hinten je 32 Zähne am Kettenblatt – und schafften es damit, mit 5 km/h (so ziemlich die Mindestgeschwindigkeit, die man haben muss, um nicht umzufallen) über den Julierpass in der südöstlichen Schweiz zu kommen (2.284 Meter hoch). Meine Frau Ida überquerte den Pass auf ihrem alten, überladenen schwarzen *Centurion*-Rennrad, mit hochgereckter Faust und einem triumphierenden Gesichtsausdruck. Heute ist Olivia größer als Ida und hat den Anhängerwagen und den selbst gebastelten Sicherheitsgurt lange hinter sich gelassen, aber den stolzen und erleichterten Gesichtsausdruck ihrer Mutter, damals im Oberengadin, den werde ich nie vergessen.

*Eudaimonie*, das grundsätzliche Wohlbefinden, ist ein Gefühl, das der Radfahrer erreichen kann. Ein abenteuerlicher Radausflug und überhaupt Freizeitradeln kann als gemeinschaftliches Gegenmodell zur digitalen Welt fungieren, und gleichzeitig ist es auch im Profibereich Zeit, sich von der unsäglichen Dopingkultur loszusagen und sie zu beenden.

Andererseits sind begeisterte Radfahrer auch nicht länger Minimalisten. Radfahren ist ja nicht nur eine bescheidene Form des Transports für Menschen mit begrenzten Mitteln, sondern oft auch eine herausfordernde und teure Hightech-Angelegenheit.

Immer öfter und schneller sickert die Qualität der professionellen Spitzenfahrer und ihrer Designer zu den *normalen Menschen* durch, das Fahrrad ist zu einem hochgerüsteten, individualisierten, an den persönlichen Wünschen ausgerichteten Phänomen geworden. Und so ist es nicht verwunderlich, dass man Gefahr läuft, durchzudrehen, wenn das Fahrrad beschädigt oder gestohlen wird, denn für manche ist es so schlimm, wie einen wichtigen Körperteil zu verlieren – für manche vielleicht sogar schlimmer.

## *Reinen Tisch machen – Auf lange Sicht kann man einfach nicht betrügen*

Einerseits muss man sein Bestes geben, wenn man einen Berg hinauffährt oder gegen den Wind antritt. Andererseits kann man dann auch die Früchte dieser Anstrengung ernten, wenn man wieder hinabfährt oder wenn einem die beständige Abkühlung des Gegenwinds guttut. Beim Radfahren gibt es eine enge Beziehung zwischen Werden und Tun. Und auf lange Sicht ist es einfach unmöglich, zu betrügen.

Nur ganz selten kommt es vor, dass sich die Vorteile und Nachteile beim Radfahren die Waage halten. Weder das Wetter noch die Straße lassen sich beeindrucken von dem demokratischen Wunsch nach Ausgeglichenheit. Die unmittelbare, unmotorisierte und unvermittelte Beziehung zur Welt lassen den Radfahrer zu einem ungeschützten Gast in der Landschaft werden, dem Wind, dem Klima, der Topografie ausgesetzt. Einmal, im nördlichen Slowenien, fühlte ich diese Ungerechtigkeit. Nach einem langen Anstieg im Hochgebirge stellte sich die Abfahrt als Albtraum heraus: Jede einzelne Serpentine bestand aus zerbrochenem Kopfsteinpflaster, was die eigentlich so angenehme Abfahrt zu einem einzigen furchtbaren Bremsdisaster werden ließ.

Natürlich kann man betrügen und sich bequem Abkürzungen organisieren. Dein Partner kann dich mit dem Auto bis zur Spitze des Col du Galibier bringen, sodass du die 50 Kilometer den Berg bis Bourg d'Oisans hinunterrasen kannst, bis ins Flachland am Fuße des legendären L'Alpe d'Huez. Man kann genauso gut auf dem Rad sitzen und den ganzen Tag lang vom Windschutz der Mitfahrer profitieren, nur um sie dann kurz vor der Ziellinie im Sprint zu überholen. Man kann auch stets nur bei Sonnenschein und Rückenwind fahren – und dann eine Erholungspause einlegen, vielleicht an einem Geschäft oder Restaurant, und dort dann den Rest des Tages mit Essen und Trinken verbringen. Schlussendlich bietet Radfahren, betrachtet man es über die gesamte Lebensspanne eines Menschen, eine gerechte Anzahl von Vorteilen und Nachteilen, bei denen sich euphorische Momente, die harten Anforderungen der Strecke und die Veränderungen des Wetters beständig und unvorhersehbar abwechseln.

## *Die Sprache des Radfahrens*

Die Sprachmuster der Radkommunikation arbeiten vor allem akustisch oder mit Gesten. Einer aus der Gruppe ruft: »Schotter«, »fahr innen«, »schau vorne rechts«, »Auto« – und wenn man »Schlagloch« oder »Gitter« ruft, dann zeigt man darauf, sodass jeder hinter einem die Gefahr erkennen kann. Schräg geparkte Autos, unerwartet geöffnete Türen, aufgeschreckte Pferde, kläffende Hunde, Fußgänger, Jogger, plötzlich stoppende Fahrzeuge, Lastwagen, die aus Seitenstraßen kommen – auf alles wird durch gemeinschaftliche Handzeichen hingewiesen. Andernfalls kommt es nämlich durch solche Gefahrenquellen zu einer panikhaften Kettenreaktion in der ganzen Gruppe. Man kommuniziert schweigsam mithilfe seiner Ellenbogen und der Kraft der eigenen Muskeln. Nicht ohne Grund sprechen Neurowissenschaftler vom Menschen als von dem Tier, das eine *Wir-Absicht* hat, und das *Rad-Wir* ist stark belegt von der Sorge um die Sicherheit aller Mitglieder einer Gruppe. Rücksichtslose Fahrer werden lautstark kritisiert, und neue Fahrer, die sich unachtsam verhalten, werden, auch wenn sie es nicht mit Absicht gemacht haben, geduldig, aber mit Nachdruck in die ungeschriebenen Gesetze des Radfahrens eingeweiht.

Auch wenn man nicht gerade auf einer Freizeitfahrt ist, kommt es hin und wieder vor, etwa vor dem Start eines Rennens oder nach einer Trainingsetappe, dass Radfahrer sich miteinander unterhalten. In der freundlichen, sonnigen Hügellandschaft der Toskana traf ich 2002 einmal das Empoli-Team und verbrachte den ganzen Sonntag in Gesellschaft von 30 mir unbekannten, aber sehr gesprächigen Italienern. 2006 gesellte ich mich in Millau mit einem weiteren Dänen zu einer Gruppe von ortsansässigen Fahrern – ein Mechaniker, ein Banker, ein Metzger – und sie zeigten uns geheime Radwege in der wunderbar bergigen Landschaft rund um den Tarn-Fluss im südlichen Frankreich. Die grundsätzliche Radfahrer-Semiotik öffnet sich so einer bereichernden Form der Kommunikation. Gerade Sonntage sind gut geeignet für den Kulturaustausch unter Radfahrern – man muss nur herausfinden, wo die passenden Treffpunkte mit den potenziellen Kollegen sind (in kleinen Städten fragt man einfach irgendeinen sportlichen Typen). Mit den Jahren lernt man so die Fähigkeit, Radfahrer-Italienisch und Radfahrer-Französisch zu sprechen: *piano* heißt langsamer, *salida* meint einen steilen Anstieg, *à bloc* bedeutet: Jetzt alle los. Nach einer kurzen Vorstellung steigt man in den Rhythmus der Gruppe ein und übernimmt auch mal die Führungsarbeit – so ist man überall willkommen, unabhängig von der Nationalität, dem Geschlecht oder Alter. Training ist für alle da, und Glück bleibt in einem offenen System auch nicht aus, aber das Ganze hat natürlich seinen Preis: Man muss schon mithalten können!

## *Eine bewegende Erfahrung*

Radfahren bedeutet, sich die Landschaft aus eigener Kraft zu erschließen, wie etwa Mallorca im Frühling, wo schon auf dem Anstieg zum kleinen Städtchen Caimari die ersten Regentropfen fallen und der Asphalt so mies ist, dass man ständig Ausschau nach Schlaglöchern und Steinen halten muss. Immerhin läuft man nicht Gefahr, zu frieren, wenn man in einem angemessenen Takt in die Pedale tritt, und schon gar nicht, wenn eine Gruppe Deutscher von hinten angerauscht kommt und man versucht, wenigstens mit den beiden schnellen Frauen ganz am Ende der Gruppe mitzuhalten. Aber von Lluc über die abweisenden Bergseen und weiter durch die dunklen, frostigen Tunnel bis Puig Major verstärkt sich der Regen. Per, Jens Ove und meine Wenigkeit, ergebene Mitglieder des Kronborg Radfahr-Vereins (Helsingør), setzen unseren Weg unverdrossen fort. Wenn wir jetzt umkehren, sind wir seeeehr weit weg von jeder warmen Hoteldusche und jedem reichhaltigen, fast schon Fata-Morgana-artigen Abendessen.

Der Rat, den wir noch beim Mittagessen bekommen hatten, gerät langsam in Vergessenheit – die anderen Radfahrer sind eindeutig bessere Wetteransager als wir. Sie haben schon vorausgeahnt, dass die Wolken über den nordwestlichen Bergen bis zum Bersten mit Wasser gefüllt sein würden. Sie hatten recht. Aber wir haben ihre Intuition und Erfahrung mit großer Geste weggewischt. Jetzt schlägt die Realität zurück, und wir sind überwach, wir kämpfen, fühlen, wie sich jede Muskelfaser zusammenzieht. Jede Körperzelle friert und sehnt sich nach Hause. Eine Dreiergruppe, die es zusammengerechnet auf 170 Sommer bringt, hat sich für diesen Wahnsinnsritt entschieden, freiwillig. Man mag sich darüber wundern – oder vielleicht auch nicht. Diese Unbill und diese grundsätzlichen Fragen scheinen uns nichts anhaben zu können, denn die Antwort bleibt immer die gleiche: Man muss in die Pedale treten!

Es schüttet, die Straße wird viel zu rutschig, und unsere Fahrradschuhe füllen sich mit Wasser. Ein wohlbekanntes Gefühl stellt sich ein: Die Zehen verwandeln sich in Fische, eingesperrt in einem kalten Aquarium. Sie mögen vielleicht noch Teile unseres Körpers sein, aber sie durchlaufen eine Verwandlung und werden zu etwas Fremdem. Unsere Brillen bräuchten eigentlich Scheibenwischer, aber natürlich haben sie keine.

Dreimal muss ich auf verschiedenen Hügeln inmitten der Asphalt-Wüste auf meine edlen Mitstreiter warten. Unser Trio ist weit weg von zu Hause und der bequemen städtischen Zivilisation, und die Kälte, dieser unwillkommene und mächtige Gegner, dominiert den ansonsten freundlichen und ruhigen Frühlingstag. Wir sind bis auf die Knochen durchgefroren. Die dramatische Transformation der eigenen Existenz ist nicht immer eine schöne Geschichte – aber sie ist verdammt real und unbestreitbar da.

### *Eine Talfahrt, die ihrem Namen alle Ehre macht*

Wir haben das Gefühl, die Abfahrt dauert noch länger als der Anstieg. Andererseits auch kein Wunder, wir müssen ja auch ständig die Bremsen einsetzen, um Rutschpartien und Stürze zu verhindern. In meine Augen laufen Ströme von Wasser und Schweiß und engen mein Gesichtsfeld immer weiter ein. Wir fahren langsam durch die Kurven, das Tempo ist lächerlich. Mein rechtes Auge brennt, es ist kurz davor, sich komplett zu schließen, und meine Hände zittern so unkontrollierbar, dass ich anfange, mir einzubilden, die Lenkergabel oder sogar der Rahmen sei gebrochen, so wie bei meinem alten Winterfahrrad, das vor Kurzem an einem abgelegenen und wirklichen unpassenden Ort in Dänemark gebrochen ist, nachdem es mir über 50.000 Kilometer lang treu gedient hatte. Ich habe mich in einen zwei Meter langen absurden Eiszapfen verwandelt, jenseits von Raum und Zeit. Ich versuche vergebens, den Gang zu schalten, aber keiner meiner Finger funktioniert mehr. Beide Hände scheinen fest mit den Bremsgriffen verschweißt zu sein. Bisher unbekannte Chemikalien laufen aus meinem Helm aus und mir in die Augen, und ich muss kurz stoppen, um mich mit meinen nassen Händen und den Überresten meiner Handschuhe abzuwischen. Zuletzt muss ich meine Brille doch abnehmen, was bedeutet, dass ich den Rest der Abfahrt halb blind fahre. Endlich kommen wir unten an und entdecken ein Restaurant mit einer kalten, überdimensionierten und verlassen wirkenden Glasveranda, und es scheint fast so, als ob der Erlöser in der Form von hässlicher Architektur einen Rettungsplan für uns erschaffen hätte. Aber um die Ästhetik sorgen wir uns nicht mehr, nur darum, dass es hier drin viel wärmer ist als da draußen. Und wir können heißen schwarzen Tee und dampfenden Kaffee bestellen!

## *Ein kollektiver Schauder*

Nächstes Bild: Ich zittere so sehr, dass ich die Tasse nicht anheben kann, ohne etwas zu verschütten. Sprachlos und perplex schiele ich zu Per und Jens Ove rüber, und zu meiner Überraschung haben sie dasselbe Problem. Absurde Bilder heften sich in meinem inneren Auge fest, ein seltsames Szenario ist das: Drei erwachsene Männer verrenken ihre Hälse in Richtung Tisch und versuchen, mit ihren Mündern die Tassen zu erreichen und die stärkenden Flüssigkeiten einzuschlürfen. Wir versuchen zu sprechen, aber die Äußerungen klingen wie sinnloser, unverständlicher Quatsch. Wir stellen fest, dass wir auch die gleichen Sprachdefekte haben – vielleicht haben wir aus heiterem Himmel Alzheimer bekommen? Oder leiden wir alle auf einmal an Delirium tremens? Wer weiß. Wir wissen nur, dass uns eiskalt ist und dass wir feststellen müssen, dass sich der Tisch langsam mit kleinen Bächen aus Tee und Kaffee füllt – peinlich, aber wir können es nicht ändern. Der Tisch erinnert nun ein bisschen an die Straßen da draußen im Flachland, als Miniaturausgabe, die Regenströme in kleinerem Maßstab. Aber hier drin ist es warm, also bestellen wir uns eine weitere lebensspendende Runde Getränke, und langsam, ganz langsam, gewinnen wir unsere Kräfte zurück. Paradoxerweise haben uns dieses Erlebnis und die Erholung davon zugleich zehn Jahre älter und wieder jünger werden lassen, sodass wir am Ende nun genauso alt sind wie zuvor – nur auf eine merkwürdige Weise abgeklärter und fraglos munterer. Durch solche ungeplanten physischen und metaphysischen Transformationen wird das Leben herausgefordert und bereichert – alles durchs Radfahren.

Zum Glück lässt der Regen nach, während wir zum letzten Anstieg und zu den vielen kleinen Kurven südlich von Sóller fahren. Die Autos nehmen den Tunnel für sich in Beschlag, und wir versuchen, uns wieder aufzuwärmen, während wir die leere Straße hochfahren, die nach Palma führt. Das schaffen wir auch, und als wir dann endlich das wohlverdiente Bad im Hotel nehmen können, zeigt unser Tacho an, dass wir an diesem Donnerstag im April 2009 ganze 152 Kilometer gefahren sind. Aber das allein sagt einem natürlich nichts über die Widerstände und Hindernisse auf diesem Weg. Wir müssen dafür viel eher unserer lebendigen Erinnerung lauschen, die ihre ganz eigene Geschichte erzählt. Und diese Geschichte steckt in den Beinen und Muskeln des Radfahrers.

## STEEN NEPPER LARSEN

Steen Nepper Larsen ist Privatdozent für Philosophie und Soziologie am GNOSIS Reseach Centre der Universität Aarhus, Dänemark. Er versucht, Kritische Theorie und Phänomenologie neu zu kombinieren, und engagiert sich außerdem in den Forschungen zu einer Zusammenarbeit zwischen Philosophie und Neurowissenschaften. Er fragt sich, ob es überhaupt Grenzen der neuronalen Plastizität, also der Fähigkeit des Gehirns, zu lernen, gibt. Er befasst sich außerdem mit einer kritischen Beurteilung der aktuellen Strömung des *Cognitive Capitalism*, in dem Kreativität, soziale Interaktion, der Wille zum Teilen und Kommunizieren usw. als Waren angesehen und ausgebeutet werden. Als Rennradfan ist er in den letzten 20 Jahren auf seinem rot-weißen *Schrøder*-Rad über 120.000 Kilometer gefahren. Außerdem nimmt er jeden Morgen ein Bad im Öresund, auch im Winter.

## FUSSNOTEN

1 *Peter Sloterdijk, »Du mußt dein Leben ändern«, Frankfurt am Main, Suhrkamp 2009, Seite 251.*

2 *Maxine Sheets-Johnstone, »The Roots of Thinking«, Philadelphia, Temple University Press 1990, Seite 16.*

3 *Marc Augé, »Éloge de la bicyclette« Paris, Payot 2008, Seite 29.*

PETER M. HOPSICKER

Übersetzung: Stefanie Ericke-Keidtel

# RAD FAHREN LERNEN

*Two-Wheeled Sensations – Lebensgefühl auf zwei Rädern*

Jeder Typ Fahrradfahrer, ob Anfänger, Experte, Liebhaber oder Radsportler, hat seine Reise auf dieselbe Art und Weise begonnen. Wir sind aufgestiegen, haben den Lenker ergriffen, sind in die Pedale getreten und haben eine fremde Welt betreten, die sich durch einen erhöhten Schwerpunkt, einen andauernden Einsatz des Gleichgewichtssinns und eine ständige Vorwärtsbewegung auszeichnet. Und obwohl dieser erste Versuch, Fahrrad zu fahren, oftmals ein bleibender und erinnerungswürdiger Moment ist, lässt sich dieses Erlebnis nur schwer in Worte fassen.

Das heißt nicht, dass es keine Versuche gegeben hätte, es zu beschreiben. Tatsächlich haben sich viele Radfahrer aus einer ganzen Reihe von Blickwinkeln daran versucht. Manche haben auf spirituelle Metaphern zurückgegriffen: »Du suchst nach diesem magischen Moment, der dafür sorgt, dass oben bleibt, was fallen müsste«, erinnert sich ein Radfahrer. »Und dann, eines Morgens ... war das *Wunder* geschehen. Ich fuhr. Ich wollte meine Füße niemals wieder absetzen, aus Angst, dass das Wunder nicht noch einmal geschehen würde.«[1] Andere verwendeten weltlichere Darstellungen und beschrieben die ersten Eindrücke des Fahrradfahrens »als sei man von nichts unterstützt [...] außer von geheimnisvollen Mächten und simplem Glück«[2]. Wieder andere verwiesen auf die gescheiterten Versuche der Wissenschaft, zu erklären, »wie ein sechsjähriges Kind Fahrrad fährt«[3]. Vielleicht liegt unsere Unfähigkeit, die Erfahrung des Radfahrenlernens zu beschreiben, in der fehlenden philosophischen Aufmerksamkeit, die diesem nahezu universellen Phänomen zuteilwird. Die Literatur des Radfahrens ist voller Geschichten von der perfekten Fahrt, von Strategien des Windschattenfahrens, körperlichen Trainingsprogrammen und dramatischen Wettbewerben. Aber die nähere Betrachtung der ersten Radfahrerfahrung, dem Erlernen des Fahrradfahrens an sich – das all diesen Dingen zugrundeliegt – bleibt oft außen vor. Will man sich dem Phänomen des Radfahrenerlernens nähern, gelangt man schnell zu den elementaren körperlichen Fertigkeiten – der Handhabung eines zweirädrigen Fortbewegungsmittels durch das Balancieren, das Treten der Pedale, das Lenken und Bremsen. Dennoch verrät das Erlernen des Fahrradfahrens uns mehr als diese rein praktischen Fähigkeiten. Das Rad wurde durch sein unkompliziertes, einheitliches Design und seine nahezu universelle Benutzung zu einem grundlegenden menschlichen Werkzeug, das unsere körperliche Entwicklung dahingehend schult, was Scott Kretchmar das *sinnliche Leben* nennt. Auf ganz einfache Weise ermöglicht uns das Fahrrad, uns tiefer mit unserer ästhetischen, sinnenreichen Existenz zu konfrontieren – einer mit Gerüchen, Gefühlen, Formen, Farben, Geräuschen, Rhythmen, Spannungen, Höhepunkten und Auflösungen angefüllten Existenz.[4]

Es ist diese an Sinneseindrücken reiche Welt, die wir seit dem Zeitpunkt unserer Geburt erfahren, erlernen und verinnerlichen müssen. Wie sonst könnten wir den Herausforderungen unseres Lebens entgegentreten? Dennoch ist diese Entwicklung keine Selbstverständlichkeit. Es ist etwas, das wir entdecken, entwickeln und pflegen müssen. Ironischerweise ist es aber auch etwas, das wir nicht aktiv verfolgen müssen. Die jüngsten Fortschritte in den Bereichen der Kommunikation, der Fortbewegung und der Technik beschränken häufig unsere sinnliche Interaktion mit der Welt, was im Gegenzug eine »Diskrepanz zwischen unserem sensorischen Potential und unserem Versagen, dieses Potential zu entwickeln« schafft. Kretchmar warnt davor, dass technologischer Luxus dazu führen kann, dass unsere menschlichen Fähigkeiten, »mit den Augen zu sehen, mit den Fingern zu berühren und mit dem Muskelgedächtnis zu fühlen«, abstumpfen.[5] Wirklich körperlich gebildet zu sein verlangt jedoch, dass wir reichhaltige und vielfältige Erfahrungen des Fühlens, Riechens, Schmeckens, Tastens und Hörens entwickeln. Es ist eine Schulung, die für viele von uns durch das Radfahren kontinuierlich weiterentwickelt und ausgebaut werden kann.

Im Folgenden soll das Fahrradfahren an sich genauer untersucht werden, und es soll beschrieben werden, was mit denjenigen passiert, die sich dem sinnlichen Leben des Radfahrens hingeben – also den Bewegungen und Gefühlen, den Distanzen und Geschwindigkeiten, den Bildern und Geräuschen. Angelehnt an David Sudnows Methode in *Ways of the Hand* benutze ich die persönliche Beschreibung, um diese Entwicklung darzustellen. Ähnlich wie bei Sudnow »gilt mein Interesse der Beschreibung, nicht der Erklärung, einer phänomenologisch motivierten Untersuchung der Natur (des menschlichen Körpers) von dem Standpunkt des Ausübenden«[6]. Dies meint nicht nur die anfänglichen Fertigkeiten, die nötig sind, um mit einem Fahrrad umzugehen, sondern auch die gesteigerten Veränderungen in unserer sinnlichen Wahrnehmung. Das Rad kann uns *körperlich* zu einem *sinnlicheren* Leben erziehen.

## *Die Radfahr-Methode*

Die Fähigkeit, uns mittels des Fahrrads ein reicheres Verständnis der sinnlichen Welt nahezubringen, beginnt mit unseren anfänglichen Versuchen, dieses Gerät zu fahren. Wie oben bereits erwähnt, gibt es dennoch nur wenige aktuelle Schriften über die Erfahrung des Fahrradfahrenlernens. Bislang wenig beachtet wurden in diesem Zusammenhang allerdings die Radfahrer der ersten Stunde im späten 19. Jahrhundert, die keine Ahnung von den Mechanismen dieser neuen Erfindung hatten und sie auf sehr unverfälschte Art beschrieben. Der amerikanische Essayist Mark Twain war einer dieser frühen Fahrradfahrer, und wie viele andere stellte auch ihn die Beherrschung dieses Gefährts vor eine beträchtliche Herausforderung.[7] Bei ihren Versuchen, diese neumodischen zweirädrigen Apparate zum ersten Mal zu benutzen, konnten diese ersten Radfahrer nicht auf Anleitungsbücher oder wohlerprobte Methoden zurückgreifen.[8]

Es überrascht also nicht, dass die meisten Radfahrer einfach auf pure Entschlossenheit vertrauten. Sie kauften aus reiner Neugier ein Fahrrad, brachten es mit demjenigen, der es ihnen verkauft hatte, oder mit dem Freund, der sie zum Kauf überredet hatte, nach Hause und machten sich dann unter der Anleitung dieser Person daran, in regelmäßigen

Abständen aufzusteigen und wieder herunterzufallen, bis sie es schließlich durch bloßes Probieren meisterten.

Durch diese *Radfahr-Methode*, wie Twain es nannte, wurden die nötigen Fertigkeiten schnell bekannt: Auf dem Gerät die Balance halten, es antreiben, lenken, allein aufsteigen (für Twain der schwierigste Schritt), und schließlich das Erlernen des *freiwilligen Abstiegs*, im Gegensatz zum *unfreiwilligen Abstieg*, den Twain, wie er gestand, bestens beherrschte.[9]

Es gestaltete sich zunächst schwierig, diese Fähigkeiten zu einem geschmeidigen, runden Fahren zusammenzuführen. Einer der ersten Fahrradfahrer gebrauchte Worte wie *taumelnd*, *wackelnd*, *unsicher*, *langsam* und *tapsig*, um seine Versuche zu beschreiben, und verglich sich mit »einem Ertrinkenden, der sich verzweifelt an eine schaukelnde Planke klammert«[10].

Viele Anfänger fuhren nur wenige Meter, bis sie *unfreiwillig abstiegen* und wiederholt »das Vergnügen hatten, wieder mit der Erde Bekanntschaft zu machen«[11], anstatt ihre Zeit auf dem Sattel zu genießen. Ihr Körper war einfach noch nicht geschult, mit dem Fahrrad umzugehen.

Ihre Beschreibungen heben jedoch eine der wichtigsten körperlichen Fähigkeiten für das Radfahren hervor. Fahranfänger müssen ihre natürlichen Gefühle und Reflexe überwinden und sie durch das sinnliche Paradoxon des Rades ersetzen. Twain betont dessen Schwierigkeit: »Was immer es auch war, das nötig war (um Rad zu fahren) – meine Natur, Gewohnheit und Erziehung brachten mich dazu, es auf die eine Art zu versuchen, während irgendeine unveränderliche und unerwartete physikalische Gesetzmäßigkeit verlangte, es genau entgegengesetzt zu tun.« Es sind diese anfänglich paradoxen Gefühle von Balance und Ungleichgewicht, die die Anfänger am meisten herausfordern. Twain beschreibt seine Kämpfe noch weiter: »Wenn ich nach rechts kippte, riss ich aus einem natürlichen Impuls den Lenker hart auf die andere Seite, verstieß so gegen ein Gesetz und fiel erst recht hinunter. Das Gesetz erforderte nämlich genau das Gegenteil – der Vorderreifen muss in die Richtung gedreht werden, in die du fällst.«[12] Die Physik zwingt den Fahrer also dazu, seinen natürlichen Impuls, sich vom Fall wegzudrehen, zu überwinden, um das Fahrrad zurück unter den Schwerpunkt des Fahrers zu bekommen. Das geglückte Überwinden dieses Rad-Balance-Paradoxons wird oft von einem *Aha-Moment* begleitet – ein Moment, der vielleicht zu der profundesten Erinnerung eines aufstrebenden Fahrradfahrers wird.

Ein Fahrer beschrieb dies als »eine wahrhaftige Erfahrung [...], die einen Menschen so lebhaft beeindruckt, dass er nie den Ort vergisst, an dem sie sich zugetragen hat«[13]. Dieser Aha-Moment kennzeichnet den Punkt, an dem die Fähigkeit, Rad zu fahren, plötzlich wunderbar einfach wird. Er mag auch der Zugang zu dieser körperlichen *Fahrerziehung* sein, und er öffnet erstmals unsere Augen für eine reichere, sinnlichere Welt.

Aus dieser ersten physischen Aha-Empfindung des erreichten Gleichgewichts folgen alle anderen Gefühle. Twain erlebt durch seine Radfahr-Abenteuer seine zunehmende körperliche Entwicklung hin zum sinnlichen Leben. Er merkt, dass er über das Fahrrad Nuancen und Feinheiten in seiner Umgebung wahrnimmt, die ihm vorher verborgen blieben: die Steigung der Straße, die Beschaffenheit des Weges, die Entfernung zwischen ihm selbst und dem Bordstein oder vorbeifahrenden Wagen, Kutschen oder Zügen. »Ich hatte die Straße seit Jahren gekannt und immer angenommen, dass sie vollkommen eben war«, schreibt Twain, »aber das war sie nicht, wie das Fahrrad mich nun zu meiner Überraschung wissen ließ [...] Das Rad bemerkt eine Steigung, wo dein untrainiertes Auge keine sieht; und es nimmt jedes Gefälle wahr.« Von seinem neuen Blickpunkt aus veränderte sich Twains Wahrnehmung der Welt von der eines Fußgängers zu der eines Radfahrers.[14]

Auch andere Radfahrer berichten davon: »Ich wusste, dass ich in einer leicht hügeligen Landschaft wohnte«, berichtet einer, »aber ich hatte mir nicht erträumt, dass es immer bergauf ging ... bis auf dort, wo es bergab ging, und wer könnte sagen, was schlimmer war.«[15] Ähnliche Erweckungsmomente sind bis heute zu beobachten. Moderne Radfahrer nehmen ebenfalls wahr, dass manche Straßen »eben und flach aussehen [...] aber wenn deine Beine der Motor sind, fühlst du jeden Anstieg und jedes Bergab.«[16] Diese Beispiele zeigen, dass das Radfahren schnell und klar auch winzigste Details der Straßen vermittelt, die der Fahrer vorher nicht wahrgenommen hat.

Man kann hier erkennen, wie das Radfahren unsere sinnliche Wahrnehmung schult und bereichert. Zuallererst lehrt uns das Fahrrad das Halten des Gleichgewichts. Es ist offensichtlich, dass man das Gleichgewicht braucht, um das Fahrrad aufrecht zu halten, aber das Rad lehrt uns auch die Art von Gleichgewicht, die wir fürs Treten der Pedale brauchen, fürs Steuern, Bremsen, Auf- und Absteigen. Um Radfahren erfolgreich als Ganzes zu beherrschen, muss man zunächst diese einzelnen Fertigkeiten erlernen und sie dann miteinander kombinieren. Diese Koordinationsfähigkeit ist vermutlich ebenso schwierig wie die bei anderen komplexen Sportarten wie Golf, Tennis oder Abfahrtsskilauf. Und dennoch sagen wir, wenn uns etwas leicht erscheint, es sei ja *wie Radfahren*. Der Aha-Moment des gefundenen Gleichgewichts beim Radfahren ist vielleicht profunder und beeindruckender als die anderen Erlebnisse.

Twain und die anderen nahmen, als sie erst einmal in der Lage waren, Rad zu fahren, die Nuancen ihrer Umgebung wahr – die Steigungen und Gefälle und die damit einhergehenden Veränderungen des Herzschlags und des Atems. Dies geht bereits über die simple Handhabung des Rades hinaus und ist der Anfang in einer fortwährenden Folge von Lektionen, die uns das Rad beibringt. Um diese kontinuierliche Schulung zu illustrieren, werde ich einige meiner persönlichen Erfahrungen als aktuelles Beispiel dafür geben, wie das Fahrrad uns noch weiter an das sinnliche Leben heranführen kann.

## *Lektionen aus dem Sattel*

Genaue Erinnerungen an die ersten Radfahrversuche bleiben oft etwas nebulös. Wie wahrscheinlich viele andere Fahrer habe auch ich eine etwas bruchstückhafte Erinnerung an diese erste Erfahrung. An einiges kann ich mich allerdings erinnern. Ein Detail meiner anfänglichen Versuche etwa blieb mir klar im Gedächtnis und zeigt, wie sehr das Radfahren meine Augen für eine neue Welt von Zeit und Distanz, Herzschlägen und Muskelkraft, von Anstrengung und Erhebung, Geschwindigkeit und Wind geöffnet hat.

Mein Unterricht fand auf dem Bürgersteig direkt vor meinem Haus statt. Wie bei Twain und vielen anderen hatten auch meine ersten Fahrversuche eher etwas von Überleben als von wirklichem Radfahren. Ich fuhr im Zickzack zwischen den beiden Kanten des Bürgersteigs hin und her, veränderte die Geschwindigkeit aufs Geratewohl, wechselte zwischen Gleichgewicht und Ungleichgewicht – ich fokussierte mich ganz auf das Fahrrad. Komischerweise sind mir die Konstruktion und die Beschaffenheit des Bürgersteigs noch bildhaft im Gedächtnis. Der Bürgersteig war in Quadratmeter unterteilt, die durch fünf Zentimeter breite Fugen voneinander getrennt waren. Diese Fugen zeigten mir meine Geschwindigkeit und die zurückgelegte Distanz an. Als meine

Geschwindigkeit zunahm, wurden die Abstände zwischen den Stößen kleiner. Tatsächlich konnte ich meine frühen Erfolge als Radfahrer akkurat in Metern messen.

Obwohl diese Erinnerung komisch erscheinen mag, deutet sie doch auf eine frühe Bereicherung meiner sinnlichen Welt hin. Wenn ich zu Fuß ging oder im Auto fuhr, konnte ich zwar die Schritte zählen, auf den Kilometerzähler des Autos sehen oder die Zeit messen, aber ich beurteilte Distanz und Geschwindigkeit nur auf der Basis von *Punkt A nach Punkt B*. Ich ging oder fuhr von einem Ort los und kam an einem anderen an – die Entfernung wurde in ihrer oberflächlichsten Form wahrgenommen. Im Gegensatz dazu erschloss sich mir auf dem Rad dieselbe Strecke unter ganz neuen Gesichtspunkten. Meine Fahrradtour um den Block wurde nicht mehr nur an meinem Erfolg gemessen, wieder sicher zu Hause anzukommen. Vielmehr nahm ich jetzt all die Punkte zwischen den beiden Ausgangspunkten wahr – leichte Stöße, wenn die Reifen über Ritzen und andere Unebenheiten auf dem Bürgersteig rollten; das rhythmische Geräusch, wenn man über die verschiedenen Abschnitte der Bodenplatten fuhr; die Intensität des Windes, der in meinen Ohren widerhallte; das Summen des Leerlaufs; das Herzklopfen in meiner Brust; die Temperatur meiner Haut, die von der Anstrengung erhitzt und von der Geschwindigkeit gekühlt wurde. Das Fahrrad führte zu einer tiefergehenden Beziehung zwischen mir und meiner physischen Umwelt. Es trug dazu bei, diese sinnlichen Erfahrungen in meine Erinnerung zu brennen – etwas, das bis heute passiert, wenn ich eine dieser *liebsten, perfekten* oder *wunderschönen* Fahrten erlebe.

Drei Jahrzehnte später hilft mir das Fahrrad immer noch, das sinnliche Leben auf verschiedenste Art und Weise zu erfahren. Vor einigen Jahren ließ ich mich auf mein erstes Rennen über 160 Kilometer (im Englischen ein sogenanntes *century race*, also ein Einhundert-Meilen-Rennen) ein. Ich war vorher nicht viel gefahren. Ich war, anders ausgedrückt, im Grunde ein Fußgänger. Meine erste Trainingsfahrt für dieses Event bestand aus 40 Kilometern auf einem nahezu ebenen Fahrradweg entlang einer stillgelegten Eisenbahntrasse.[17] Ich ging es zu schnell an und meine Beine verwandelten sich bald in Gummi. Ich atmete schwer. Mein Herzschlag hämmerte in meiner Brust und pochte in meinen Ohren. Mein visueller Fokus oszillierte zwischen einem 60 Meter von meinem Rad entfernten Punkt und dem Fahrradcomputer, der meine

Schinderei mitleidslos in Zehntelkilometern maß. Meine Trainingsstrategie zerfiel schlichtweg dazu, das Rad einfach vorwärtszubewegen. Zweieinhalb Stunden später hatte ich meine erste Lektion im Langstreckenfahren hinter mich gebracht. Entmutigt merkte ich, dass ich bei dieser Geschwindigkeit die 160 Kilometer erst nach zehn Stunden Radfahren zurückgelegt haben würde! Mein Verständnis von Distanz, das ich als Fußgänger hatte, stimmte offensichtlich nicht mit dem Distanzkonzept überein, das ich brauchen würde, um im Langstreckenfahren zu überleben. Ich maß meine Fahrten immer noch in einzelnen Bürgersteinplatten.

Dennoch trat an die Stelle dieser scheinbar unüberwindbaren Entfernung von 40 Kilometern (von 160 ganz zu schweigen) bald eine neue Wertschätzung für die spezielle Atmosphäre des Langstreckenfahrens. Mit dem Training wurde ich körperlich für die Feinheiten langer Fahrten gestärkt. Meine Beine wurden stärker, mein Fitnesslevel steigerte sich, und ich wurde zu einem smarteren Fahrer, der sich auf eine konstante Anstrengung konzentrieren konnte, statt nur auf die Höhen und Tiefen von Anstrengung und Erholung zu reagieren. Ich wurde immer weniger von den Anstrengungen überwältigt.

Ich begann vielmehr, die Zeichen meines Körpers – mein pochendes Herz, das Geräusch meines Atems in meinen Ohren – als Messgerät für mein Trainingstempo zu nutzen. Ich nahm die feinen Nuancen der Strecke bewusster wahr – sinnliche Orientierungshilfen entlang des Weges, die meine Fahrt unterteilten: Eine ausgewaschene Biegung beim Pfad am Fluss; der kurze Kessel kühler Luft in der von Pinien gesäumten Bodensenke; der Geruch dieser Pinien, Wildblumen, verrottender Vegetation; die Geräusche des fließenden Wassers, der Wind in den Bäumen, die unter den Reifen knirschende Oberfläche des Pfades. Die Zeit, die ich für die komplette Fahrt brauchte, wurde zunehmend weniger. Am Ende schaffte ich die 160 Kilometer in etwas unter sieben Stunden.

Im Gegensatz zu meiner physischen Erziehung auf ebener Strecke haben mich Steigungen und Abfahrten etwas andere Lektionen gelehrt. Wenn man einem harten Aufstieg gegenübersteht, beginnen die physiologischen Lehren sofort. Meine Fahrt wird zu *tough love* – einer Hassliebe, die Muskeln, Sauerstoff und Kalorien rationiert. Ich kann spüren, wie jeder Muskel in meinem Bein sich einzeln zusammenzieht. Meine Lunge erfüllt meine Ohren mit ihrer rhythmischen Folge von Atemzügen. Mein

Herz hämmert in meiner Brust. Meine Augen sind nässende Schlitze. Meine Schultern und Arme schmerzen vom Drücken und Ziehen des Lenkers. Meine Nasenlöcher beben, während mein Körper verzweifelt nach ein bisschen mehr Sauerstoff schreit. Die Anstrengungen meines Körpers dominieren die Empfindungen dieser Erfahrung. Es ist eine körperliche Erziehung, die ich in meinem nicht-radfahrenden Leben selten spüre.

Mit der Zeit nahm ich weitere einzigartige Qualitäten des Bergauffahrens wahr. Mein visueller Fokus etwa passt sich der Anstrengung wie auch der langsameren Geschwindigkeit an. Meine Sicht verengt sich erheblich, denn anders als bei weniger anstrengenden Fahrten dekonstruiert sich meine Wahrnehmung nun und zerteilt die Landschaft in eine Reihe von Segmenten und Einzelpunkten. Mein Blick wandert zwischen der Straße direkt vor meinem Rad und den Meilensteinen hin und her, die die quälende noch verbleibende Distanz unterteilen – ein weiß gestrichener Zaun zur Rechten, der den flacheren Teil des Aufstiegs säumt; ein schattiger Bereich, der die Hälfte der Strecke markiert; der vierte Briefkasten auf der linken Seite, der den Gipfel anzeigt. Während ich über dem Lenker hängend in die Pedale trete, bemerke ich die Kontraste in der Straßenoberfläche und wie sich diese Unterschiede bei einem Tempo von 8 km/h bemerkbar machen. Ich sehe Steinchen, Insekten und Schutt langsam an meinem Vorderrad vorbeiziehen. Ich höre das Metall meines Fahrrades unter meinen Anstrengungen stöhnen und quietschen. Mein langsames Tempo und meine Anstrengungen enthüllen kleine Details, die bei schnelleren Geschwindigkeiten und entspannterem Fahren unbemerkt bleiben. Die Zeit dehnt sich aus. Mühsames Treten, langsam kriechend rauf und rauf und rauf. Die Fahrt dauert ewig.

Im Gegensatz zur fragmentierten Aufmerksamkeit beim Bergauffahren bringt das Bergabfahren die Dinge zusammen. Bergabfahren bedeutet über die Feinheiten der Straße zu schweben und zu gleiten. Man fühlt die Straße durchs Fahrrad hindurch als ständiges elektrisches Summen. Im Gegensatz zu den langsamen, bedeutungsvollen Knarzgeräuschen beim Bergauffahren ist das Geräusch des Bergabfahrens das betäubende Geheule des Windes in meinen Ohren – ein Geräusch, das manchmal das mit immer größerer Geschwindigkeit lauter werdende Schnurren des Leerlaufs übertönt. Diese hörbaren Veränderungen, kombiniert mit den taktilen Erfahrungen, wenn die Räder über die Straße rollen, zeigen mir, dass es notwendig ist, mich an die Herausforderungen dieser Geschwindigkeit anzupassen.

Mein Blick passt sich dieser Geschwindigkeit ebenfalls an. Denn anders als beim Bergauffahren verschiebt sich mit zunehmender Geschwindigkeit auch mein Blick hinweg vom Fahrrad. Ich schaue weit in die Ferne, um mögliche Gefahren auf dem Weg abzuschätzen und zu planen, wo ich wende und bremse. Ich traue mich nicht, den Blick auch nur kurz von der Straße abzuwenden. Die Welt rauscht einfach zu schnell vorüber. Ich muss aufpassen, was als Nächstes kommt. Meine Augen wandern schnell von einer möglichen Gefahr zur anderen – ein Riss im Bodenbelag, eine Stelle voller Kies, ein Ast. Ich konzentriere mich nur auf das, was vor mir liegt. Die Dinge, die rechts und links an mir vorbeiziehen, bedeuten wenig, und jene, die ich hinter mir lasse, noch weniger.

Ähnlich wie mir die Anblicke, Geräusche und Gefühle beim Bergauffahren die Anstrengungen des Anstiegs nahebringen, vermischen sich die sinnlichen Erfahrungen des Sehens, Hörens und Fühlens beim Bergabfahren zu einer speziellen Empfindung, die meine Geschwindigkeit anzeigt. Während mein Herz und meine Lungen es genießen, sich kurz von den vorangegangenen Strapazen zu erholen, kann sich mein Verstand einen solchen Luxus nicht erlauben. Ich muss permanent mögliche Fahrwege, Bremsstrategien und aerodynamischere Positionen ausloten. Die Zeit zieht sich zusammen. So wie Wasser, das sich abwärts fließend schnell den Weg des geringsten Widerstandes sucht, verschwindet der Berg zügig hinter mir.

Wie vielen Radfahrern geht es auch mir so, dass jede Fahrt, jedes neue Abenteuer abseits der täglichen Pendlerroutine, mir etwas Neues über meine körperliche Beziehung zu meiner Umgebung enthüllt. Sei es das freie Treten auf gerader Ebene, die Schufterei beim Hochfahren eines Berges oder das Herunterrauschen einer Abfahrt, immer entsteht eine erhöhte Sinnlichkeit zwischen Fahrern und ihrer Umgebung. Zudem entwickeln wir einen scharfen Sinn für die Beschaffenheit unserer Umgebung, der uns vorher, ohne die Benutzung des Fahrrades, unbekannt war. Durch die zunehmenden physischen Herausforderungen beim Radfahren – die unsere Wahrnehmung von Zeit, Distanz und Geschwindigkeit verändern – werden wir dazu weiter geschult: Unsere physiologische Wahrnehmung von Anstrengung und Erholung wird verstärkt; unser Geist wird zu Entscheidungen und Reaktionen befähigt, unsere Gefühle bei Herausforderung und Erfolg werden gesteigert. Dies ist eine Entwicklung, die für viele von uns mit einem jugendlichen Übergangsritus beginnt – dem Tag, an dem unser *Wunder* passiert. Und es ist etwas, das alle Fahrradfahrer, auf jeder Stufe, bei jeder Fahrt erleben und das uns unser Potenzial für ein sinnliches Leben immer mehr erfahren lässt.

## *Die richtigen Worte finden*

Wie für andere bleibt es auch für mich eine Herausforderung, meine körperlichen Erfahrungen, die ich während des Radfahrens gemacht habe, zu beschreiben – vor allem dem Nicht-Radfahrer. Meine Worte reichen oft nicht heran an das, was ich wirklich während meiner Fahrten gefühlt, gesehen, geschmeckt oder gerochen habe. Ich weiß immer mehr über das Radfahren, als ich ausdrücken kann. Das hält mich jedoch nicht davon ab, meine Freunde mit den Beschreibungen einer *schönen Fahrt* zu erfreuen – die Geschmeidigkeit und Leichtigkeit der Erfahrung; das organische Gefühl einer Fahrt, die von Anfang bis Ende stimmig ist, wenn die Herausforderungen einer Route mit der Effizienz meiner Anstrengungen zusammenfallen; die Befriedigung, die ich fühle, wenn meine Leistung am Ende viel größer scheint als meine vorangegangenen Mühen. Aber ich scheitere oft daran, meine Erlebnisse zu kommunizieren. So flüssig die Fahrt ist, so sehr stolpere ich über meine Worte. Ich kriege die Fahrt hin. Die Sinnlichkeit der Fahrt fühlt sich sehr realistisch an. Und trotzdem finde ich nicht die Sprache, um sie in klaren Worten zu beschreiben.

Aber es gibt sehr wohl klare Beschreibungen. Wir müssen sie nur finden und anwenden. Kürzlich ergab sich für mich eine solche Gelegenheit. Während ich auf meinem heimischen Trainingsweg für ein weiteres 160-Kilometer-Rennen trainierte, hatte ich die Möglichkeit, durch die Erfahrungen eines zehnjährigen Jungen existenziell auf mich selbst zurückzublicken – und mir zu vergegenwärtigen, welche Lektionen mir das Rad über die Jahre beschert hat.

Während meiner Fahrt hielt mich eine Mutter an und fragte mich, ob ich einen rot gekleideten Jungen auf einem roten Fahrrad gesehen hätte. Das hatte ich nicht, aber ich versicherte ihr, dass ich ihn in ihre Richtung schicken würde, falls er mir begegnete. Einige Kilometer von seinen Eltern entfernt traf ich ihn. »Bist du Timmy?«, fragte ich. Er bejahte.

Ich sagte: »Weißt du, deine Eltern suchen dich am anderen Ende des Weges.« Seine Augen weiteten sich. Sofort sprang er wieder auf sein rotes BMX-Rad und trat energisch in die Pedale, um zu seiner Mutter zu fahren, in die mir entgegengesetzte Richtung. Ich sah ihm nach, wie er mit schnellen Bewegungen davonstob. Er schien nicht zu realisieren, dass er inzwischen fast 15 Kilometer von seinen Eltern entfernt war. Ich drehte um und schloss zu ihm auf. »Bist du sicher, dass du allein zurückfahren kannst?«, fragte ich. Er bejahte. Ich war aber noch nicht überzeugt und hakte nach. »Möchtest du, dass ich mit dir zurückfahre?« Seine Tränen zurückhaltend, bejahte er abermals. Während wir über die nächsten 14 Kilometer mit durchschnittlich 8 km/h fuhren, fragte er mich sicher 36 Mal: »Wie weit ist es noch?« und: »Sind wir gleich da?« Timmy hatte eindeutig kein Gespür für die Distanz. Tatsächlich war seine körperliche Ausbildung von Entfernung, Geschwindigkeit, Überblick und Krafteinteilung – sein *sinnliches Radfahr-Leben* – noch eindeutig unterentwickelt. Ich habe Hoffnung für ihn als zukünftigen Radfahrer. Aber für den Moment erschien er mir einfach als Vision meiner selbst, wie ich drei Jahrzehnte zuvor über den segmentierten Bürgersteig fuhr.

## PETER M. HOPSICKER

Peter M. Hopsicker ist Assistenzprofessor für Bewegungswissenschaft an der Pennsylvania State University in Altoona. Seine Forschungsgebiete erstrecken sich auf die Philosophie des Geistes in der Bewegungslehre, auf moralische Entwicklung durch Sport, auf das Streben nach einem guten Leben durch physische Aktivität und auf die Geschichte des Sports in den Adirondack Mountains. Als bekennender Nicht-Rennfahrer wurde ihm schon oft von anderen Peloton-Fahrern an den Kopf geworfen, dass er »für einen Freizeitfahrer ganz schön gut fährt«.

# FUSSNOTEN

1. *Paul Fournel, »Need for the Bike«, Lincoln, University Press 2001, S. 26.*
2. *Jeffery Hammond, »Riding for Nefertiti,« in »Bicycle Love: Stories of Passion, Joy, and Sweat«, herausgegeben von Garth Battista, Halcottsville, NY, Breakaway Books 2004, S. 101.*
3. *Bill Strickland, »The Quotable Cyclist«, New York City, Breakaway Books 1997, S. 172f.*
4. *Scott R. Kretchmar, »Practical Philosophy of Sport and Physical Activity«, in: »Human Kinetics«, Champaign, IL 2005, S. 248ff.*
5. *Ebd., S. 249.*
6. *Phänomenologie ist eine philosophische Strömung, die sorgfältige Beschreibungen heranzieht, um die Art und Weise zu erfassen, in der sich uns die Dinge im alltäglichen Leben offenbaren. Vgl. David Sudnow, »Ways of the Hand: The Organization of Improvised Conduct«, Cambridge, MA, Harvard University Press 1978, S. XIII.*
7. *Mark Twain, »Taming the Bicycle« in »The Complete Works of Mark Twain: What is Man?«, New York, Harper 1917, S. 285-296.*
8. *Paul Pastnot, »My First Wheel« Outing 4/2 (1884): S. 138-140; Chris Wheeler, »My Initiation to the Bicycle: A Tale of the Tavern Talkers,« Outing 10/4 (1887): S. 370-376.*
9. *Twain, »Taming the Bicycle,« S. 288-289.*
10. *Ernest Ingersoll, »My First Bicycle Tour: The Adventures of a Learner,« Outing 26/3 (1895): 205-207.*
11. *Pastnot, »My First Wheel«, S. 139.*
12. *Twain, »Taming the Bicycle«, S. 287.*
13. *Pastnot, »My First Wheel«, S. 138.*
14. *Twain, »Taming the Bicycle«, S. 293.*
15. *Jean Porter Rudd, »My Wheel and I« Outing 26/2 (1895): S. 126.*
16. *Jamieson L. Hess, »Confessions of a RAGBRAI Addict.« Vgl.: http://www.compuphoria.com/cycle/ragbrai.html.*
17. *Vgl. www.trailstorails.org*

CATHERINE A. WOMACK und PATA SUYEMOTO[1]
Übersetzung: Donata Rigg

# RAD FAHREN WIE EIN MÄDCHEN

## *Die Startlinie*

Frauen sehen sich, was das Fahrradfahren betrifft, einem harten Kampf gegenüber – in mehr als nur einer Hinsicht. Abgesehen davon, dass sie weniger fettarme Muskelmasse und einen höheren Anteil an Körperfett als Männer haben, haben Frauen mit althergebrachten sozialen Schranken zu kämpfen, die sie davon abhalten, Sportlerinnen zu werden. Probleme des Zugangs und der Finanzierung für Frauensport, sozialer Druck, körperlich nicht aktiv sein zu sollen, und der Mangel an Vorbildern sind nur einige der vielen Punkte, die Mädchen und Frauen vielfach von der Teilnahme am Sport abhalten. Ein viktorianischer Schriftsteller beschrieb Radfahren als »eine träge und unanständige Übung, die Mädchen sogar zu Prostitution verleiten könne«[2]. Man fragt sich, ob er sich Sorgen darüber gemacht hat, ob ein Fahrrad sie schneller dahin bringe als das Gehen. Tatsächlich spielte das Fahrrad eine wichtige Rolle in der feministischen Bewegung, weil es als Mittel der unabhängigen Bewegung zur Verfügung stand, wodurch weniger einschränkende Bekleidung eingeführt und sogar das Fahrraddesign beeinflusst wurde.

Es besteht kein Zweifel daran, dass Frauen in allen Bereichen zu den Freizeit-, Pendler- und Wettbewerbsradfahrern aufschließen. Diese Entwicklung bringt einige Fragen mit sich: Wie verändert der Zustrom von Frauen auf Rädern das Fahrradfahren – als Sport, als Zeitvertreib, als

Lebensstil? Und wie verändert das Radfahren die Art, in der Frauen über sich selbst denken – als Athletinnen, Teamkolleginnen, Vereinsmitglieder, Expertinnen und sogar als Frauen?

Wir erkunden einige dieser Fragen, indem wir uns anschauen, was feministische Ethiker darüber sagen, wie Frauen alle Arten von menschlichen Tätigkeiten verändern können und es bereits getan haben. Wir werden zahlreiche Auswirkungen auf das Radfahren feststellen, von dem, wer oder was als Radfahrer gilt, bis hin zu den Regeln und Werten, denen Radfahrer folgen. Wir werden auch sehen, wie sich das Radfahren auf die Frauen, die daran teilhaben, auswirkt. Wir schauen uns Rennberichte an, um die unterschiedlichen Blickwinkel von Frauen und Männern aufs Radfahren zu untersuchen, und auch, wie sich einige der Werte, die Frauen und Männer haben, unterscheiden. Zum Schluss stellen wir die Überlegung an, wie sich das Radfahren verändern kann, damit es mehr im Einklang mit sogenannten *weiblichen* Werten ist.

## *Runde eins. Wo Fahrradfahrpraxis auf feministische Ethik trifft*

Fahrradfahren hat, wie jeder andere Sport auch, seinen Anteil an ethischen Dilemmas. Es sind viele öffentliche Diskussionen über Doping im Profiradsport geführt worden, aber es gibt auch vielerlei profanere Fragen, denen sich Radfahrer gegenübersehen: Trainingszeit mit Familienzeit in Einklang zu bringen, Verpflichtungen abzuwägen, die ein Engagement in einem Radfahrerverband mit sich bringt, Mannschaftstreue, Persönlichkeitskonflikte, auch die Wahl darüber, wie viel des verfügbaren Einkommens überhaupt fürs Fahrrad ausgegeben werden soll.

Bevor man entscheiden kann, wie man sich in diesen Situationen verhalten sollte, muss man entscheiden, wie man überhaupt zu einer Entscheidung kommt. Das heißt, man muss herausfinden, welche Regeln man befolgen sollte, um das Richtige zu tun. Genau das bedeutet das Studium der Ethik – die Eigenschaften von Handlungen herauszufinden, die sie zu richtigen oder falschen (oder neutralen) machen.

In der westlichen Philosophie gibt es drei Hauptzugänge zur Ethik: den *Konsequentialismus*, die *Deontologie* und die *Tugendethik*. Werfen wir einen Blick auf diese drei Theorien, und sehen wir uns im Anschluss an, wie sich die feministische Ethik von diesen Sichtweisen unterscheidet.

So werden wir verstehen, wie die feministisch-ethischen Prinzipien für das Radfahren gelten.

Die *konsequentialistische Ethik* legt den moralischen Wert einer Handlung auf ihre Konsequenzen oder den Zustand der Dinge, die, als Resultat dieser Handlung, zustande kommen.[3] Viele Spielregeln, die wir im Zusammenhang mit dem Radfahren beobachten – wie wenn man »Links!« ruft, wenn man jemanden überholt, oder dass man die gelbe Linie während eines Straßenrennens nicht überquert –, folgen dem konsequentialistischen Ansatz. Sie sind aufgestellt worden, um vor Schaden, einem moralischen Übel, zu schützen, oder um Wohlergehen zu fördern, ein moralisches Gut. Wenn ich die gelbe Linie überfahre und ein Auto ausweichen muss, um zu vermeiden, dass es mich anfährt, dann verursacht meine Handlung möglicherweise Schaden an anderen. Ein Radrennen für einen guten Zweck zu veranstalten oder Geld zu sammeln wird als gute Handlung betrachtet, weil es anderen zugutekommt (und persönlich befriedigend ist). Der Konsequentialismus sagt uns etwas sehr Grundlegendes darüber, was wir im Leben wertschätzen: den eigentlichen Grundzustand unserer Existenz. Wenn uns Handlungen oder Strategien Leid und Not verursachen, neigen wir dazu, sie zu vermeiden oder sie als nicht wünschenswert einzuordnen, sogar jene dafür zu beschuldigen, die sie herbeigeführt haben.

Es gibt aber Aspekte von Moral, die der Konsequentialismus übersieht. Ein *Deontologist* sieht den moralischen Wert von Handlungen in den Gründen und Prinzipien, die den Handlungen zugrunde liegen.[4] Um das Beispiel der gelben Linie zu benutzen: Die Deontologie hält daran fest, dass das Überfahren der Linie moralisch falsch ist, weil es die allgemeinen Grundsätze verletzt, die Straßenrennen überhaupt erst ermöglichen; diese Regeln bewusst zu brechen, wird immer als falsch betrachtet, für jeden und zu jeder Zeit. Auch wenn die Handlung einen anderen Nutzen herbeiführen könnte (wie das Aufschließen zu einem Teamkollegen, der unsere Hilfe später gebrauchen kann), wird es als falsch angesehen, weil es eine Verletzung eines universell gültigen Gesetzes gegen das Übertreten der Spielfeldgrenzen darstellt. Wenn ich mich aber bei einem Rennen für einen guten Zweck anmelde, dann beruht der Grund, warum dies als gute Handlung erachtet wird, in den Prinzipien der Verpflichtung gegenüber den weniger Begünstigten (erinnern wir uns an die goldene Regel – *Handle gegenüber anderen so, wie du möchtest, dass man dir gegenüber handelt).* Die Deontologie funktioniert gut, um die Unterschiede zwischen Fällen von absichtlichem und unabsichtlichem Handeln zu erklären; wenn ich im Peloton von einem anderen Fahrer über die gelbe Linie geschoben werde, wird der/die Offizielle mich nicht bestrafen (wenn er/sie den Zusammenstoß sieht), weil es nicht das Ergebnis meines Handelns und meiner Absicht war.

Wenn ich mich andererseits bei einem Rennen für einen guten Zweck anmelde, nur um süße schnelle Jungs auf Rennrädern kennenzulernen, ist meine Handlung moralisch nicht wertvoll, weil ich sie nicht aus dem richtigen Grund vollziehe (nämlich meiner Pflicht, anderen zu helfen, wenn ich kann).

Die *Tugendethik* bietet einen anderen Zugriff auf das Wesen der Moral; sie schiebt uns die Frage zu: Was macht eine Person zu einer guten oder schlechten?[5] Die Antwort liegt in der Auffassung von Tugend. Die gute Person verkörpert Tugenden oder einen guten moralischen Charakter. Die Person, die sich einer gemeinnützigen Aufgabe verpflichtet, strebt an, wohltätig und mitfühlend zu sein. Und eine Person, die sich bemüht, ehrlich zu sein, wird Betrug, Diebstahl und viele andere moralisch falsche Tätigkeiten vermeiden. Der Radfahrer, der regelmäßig Leute in den Kurven schneidet, am Hinterrad des Vordermanns klebt, anstatt im Wechsel die Führung zu übernehmen, oder bei Gruppenerholungsfahrten angreift, spiegelt die Präsenz des Umgekehrten wider (das Gegenteil von Tugend): Egoismus, Mangel an Mitgefühl, oder Stolz, um einige zu nennen. Die Regeln für guten Sportsgeist und die Etikette im Profiradsport sind gemacht, um Fahrern dabei zu helfen, rücksichtsvoll, sicher, kompetent und vertrauenswürdig zu sein. Wenn Vereine Fahrer darum bitten, Flickzeug dabeizuhaben und zu wissen, wie man es benutzt, tragen sie zur Förderung von Tugenden wie Selbstgenügsamkeit und Klugheit bei.

Da wir nun die Tugend als ein wichtiges Element von Moralvorstellungen untersuchen, wollen wir nicht nur auf das Handeln des Einzelnen schauen, sondern auch auf soziale Praktiken, die über einen langen Zeitraum hinweg entstehen. Vieles, was wir tun, ist keine unzusammenhängende Menge an einzelnen Entscheidungen à la *Tu das, tu das nicht*; vielmehr ist es ein Bündel an Gewohnheiten, Mustern, Traditionen und Bräuchen, denen wir uns mit anderen verpflichten. Die traditionelle Tugendethik achtet Tugenden wie Unabhängigkeit, Autonomie, Intellekt,

Wille und Mut hoch. Damit lässt sich vielleicht gut beobachten, wie Generäle, Weltführer oder auch Tour-de-France-Fahrer Tugend verkörpern. Aber was ist mit Müttern, Lehrern oder Freizeitradfahrern? Natürlich verkörpern auch sie Tugenden, aber andere, wie etwa gegenseitige Abhängigkeit, Gemeinschaft, Verbundenheit, Teilen, Gefühl und Vertrauen. Feministische Ethiker behaupten, diese letztgenannten Tugenden würden übersehen oder unterbewertet, dabei sind auch sie unerlässlich für das Aufrechterhalten von stabilen sozialen Gruppen.

Eine Version der feministischen Ethik – die Ethik der Anteilnahme – betont die Bedeutung von Anteilnahme als einer Grundeigenschaft von Moral.[6] Tugenden, die die Wichtigkeit von Beziehungen hervorheben – im Gegensatz zu den individualistischen Tugenden –, bilden die Grundlage dieser Theorie. Ausgehend von den weiblichen Erfahrungen und Praktiken wie Mutterschaft, Fürsorge, Lehre und Gemeinschaftsbildung, berücksichtigt die Ethik der Anteilnahme die Komplexitäten der Lebenslagen, in denen wir uns befinden, und ihre vorgeschlagenen Lösungen für moralische Konflikte stehen jenen der traditionellen Sichtweise manchmal entgegen. Zum Beispiel legen die meisten Moraltheorien großen Wert auf Gerechtigkeit und Fairness, indem sie die unvoreingenommene Behandlung von anderen fordern. Die Ethik der Anteilnahme aber betont die Bedeutung von besonderen Beziehungen (zu Eltern, Freund, Kindermädchen/Pflegerin, Lehrer, Teamkollege) und die besonderen Verpflichtungen, die wir denen gegenüber haben, mit denen wir enge emotionale Verbindungen teilen. Auch wenn das Radfahren in mancherlei Hinsicht ein Einzeltätigkeit und ein Einzelsport ist, erfordern seine Ausübung und sein Gedeihen eine besondere Beteiligung an der Gemeinschaft und den Verlass auf andere. Von der Rennplanung über das Training bis hin zur Wartung des Fahrrads und der Frage, wie Pendler behandelt werden, würde, so behaupten wir, die Anwendung von Prinzipien der Ethik der Anteilnahme andere Wege als jene vorschreiben, die von der traditionellen Moraltheorie gutgeheißen werden. In Runde drei werden wir einige Beispiele für die Veränderungen der Radfahrkultur geben.

Nach feministischer Ethik sind die weiblichen Tugenden nicht nur entwertet worden, sondern auch die Art, wie ihre Ausübung definiert wird (zum Beispiel, wer oder was als ein ordentlicher Radfahrer gilt), scheint von männlichen Maßstäben bestimmt zu sein. Catharine MacKinnon argumentiert, dies sei ein um sich greifendes Phänomen in allen Bereichen der modernen Gesellschaft: »Die Physiologie des Mannes definiert die meisten Sportarten, seine gesundheitlichen Bedürfnisse definieren den Versicherungsschutz in hohem Maß, seine gesellschaftlich geplanten Lebensläufe definieren die Erwartungen am Arbeitsplatz und die Muster für eine erfolgreiche Karriere, seine Perspektiven und Anliegen definieren Qualität in der Wissenschaft, seine Anwesenheit definiert die Familie, seine Unfähigkeit miteinander klarzukommen – seine Kriege und seine Herrschaft – definieren die Geschichte, sein Bild definiert Gott, und seine Genitalien definieren Sex.«[7]

MacKinnons Worte mögen bedrohlich und verwirrend erscheinen. Aber sie legen uns nahe, dass es sich lohnt, einen Blick auf die Rad fahrende Welt zu werfen, um zu sehen, welche Aspekte des Radfahrens männliche und welche traditionell weibliche Tugenden widerspiegeln. Tatsächlich veranschaulichen Radfahrpraktiken von Frauen oft sehr gut weibliche Tugenden und können so dazu beitragen, das alltägliche Radfahren zu verändern und zu verbessern, auf dass es Fahrern jedes Niveaus zugutekomme. Wir wollen uns nun einigen Geschichten aus Rennberichten zuwenden, um zu sehen, was männliche und weibliche Radfahrer dazu zu sagen haben, was sie tun und wie sie sich selbst sehen.

## *Runde zwei. Worte von unseren Teamkollegen*

In Amateurradmannschaften ist es eine übliche Praxis, E-Mail-Rennberichte an den Verein oder an die E-Mail-Liste des Teams zu schicken. Wir haben ein paar Beispiele dieser Berichte gesammelt, zusammen mit einigen Überlegungen darüber, wie diese Information die Unterschiede zwischen traditionell männlichen und weiblichen Radfahrerpersönlichkeiten und -werten verdeutlicht.

Bei Mountainbikerennen gab es vorteilhafterweise Berichte aus gemischten Teams, mit individuellen Beiträgen von Männern und Frauen. Die meisten männlichen Fahrer hatten klare Ziele bezüglich ihres Rennens; die Ziele der Frauen schienen bescheidener (ins Ziel zu kommen, nicht verletzt zu werden) als die der Männer (die persönliche Bestleistung zu überbieten, einen Podiumsplatz zu erringen). Die meisten Berichte der Frauen enden mit einer optimistischen Bemerkung, weisen darauf hin, was sie gelernt haben, wie gut sich andere Teamkollegen geschlagen haben und wie viel Spaß es macht, trotz der offensichtlichen Strapazen und der beim Mountainbiking nicht ausbleibenden Schrammen und Kratzer. Es gab viele ermutigende E-Mail-Antworten auf die Rennberichte der Frauen von anderen Frauen, vor allem von erfahreneren Fahrerinnen, die von ihren eigenen Unfällen oder technischen Problemen berichteten und darüber, wie sie sie bewältigten. Sie lobten die neuen Teamkolleginnen fürs Dabeigewesensein und dafür, dass sie ihren Zielen gerecht wurden, und bestärkten so ihre gemeinsame Identität als Radsportlerinnen, egal auf welchem Platz sie das Rennen beendeten.

In einem Bericht, der von zwei Anfängerinnen geschickt worden war, erzählte die erste, die wir Ann nennen, von einem Sturz vornüber über den Lenker in der zweiten Runde, der sie etwas benommen zurückließ, aber sie war trotzdem entschlossen, das Rennen zu beenden.[8] Ihre Zielankunft war fünf Minuten nach ihrer eigenen Vorgabe, aber sie berichtete, dass sie zufrieden mit dem Rennen gewesen sei, weil sie einige Hindernisse (buchstäblich) überwunden und das Rennen bis zum Ende geschafft habe. Die andere Frau – nennen wir sie Barbara – wollte vor einer anderen Mitstreiterin (genannt *Hammer Girl*) ins Ziel kommen und beschrieb detailliert die Schwierigkeiten, denen sie sich ausgesetzt sah (einschließlich eines Unfalls, bei dem sie sich das Knie verletzte), und wie sie weitermachte und im Finish noch den ersten Platz herausholte.

In einer Antwort schrieb eine Profifahrerin: »Gut gemacht!! Hervorragender Wettbewerbsgeist von euch beiden – Ann, fürs Aufrappeln und Ins-Ziel-Kommen nach deinem Sturz, und Barbara, für den Killerinstinkt, vor Hammer Girl zu bleiben!!« In einem anderen Bericht hob eine Frau, die ein schlechtes Rennen gehabt hatte, nichtsdestotrotz die positiven Aspekte hervor: »Ich hab es geschafft, zwei der älteren männlichen Fahrer zu überholen. Muss die kleinen Siege zählen.« Sie schloss: »In der dritten Runde ging es nur noch ums Überleben und darum, ins Ziel zu kommen. Was ich geschafft habe. Das erste XC-Rennen hinter mich gebracht. Verglichen mit meiner Leistung letztes Jahr haben sich meine Fähigkeiten wirklich verbessert. Keine Stürze, bin alles gefahren. Musste nicht einmal mit dem Fuß auf den Boden. Für mich ist das eine Leistung.«

Die Rennberichte der Männer, die wir untersucht haben, beinhalten viel stärker strukturierte Einzelheiten über die Strecke ebenso wie über ihre Position unter den Fahrern. Wir stellten fest, dass Frauen dazu neigten, in einem persönlichen Stil über die Strecke und das Rennen zu schreiben und zu betonen, was schwer war oder leicht, lustig oder beängstigend. Man beachte die Vielzahl von Details in diesen Profirennberichten; zuerst der des Mannes:

»Unser Feld startete mit 13 Jungs und ich hielt mich auf der fünften Position auf einem engen Pfad, der auf den Feldweg führte. Es gab etwas Geschiebe um die Position ... wir wussten alle, die Einzelspur war kurz vor uns. Bob startete einen Last-Minute-Angriff und ging als Erster in die Einzelspur. Ich befand mich irgendwo an siebter Stelle, bis wir auf ein paar Steigungen trafen. Ich konnte eine Vierergruppe sehen ... Ich dachte, das könnte die Führungsgruppe sein. Mit ein bisschen Anstrengung gelang es mir, auf den kurzen, welligen Hügeln anzuschließen ... Es gab einen führenden Typen, zu dem ich normalerweise während eines technischen Abschnitts aufschließen würde, aber er zog weit davon und hatte zuweilen eine Minute Vorsprung. Ich wusste, das Rennen war fast vorüber, also hielt ich die Geschwindigkeit bis zum Ende, kam als fünfter meiner Klasse ins Ziel und schaffte es insgesamt unter die besten zehn. Ich war aus dem Häuschen!«

Hier der Bericht der Frau:

»Ich habe es nicht geschafft, das ganze Feld aufzurollen, war aber vollkommen zufrieden damit, mich an der Anfangssteigung an drei meiner Konkurrenten dranzuhängen. Als Nächstes stürzte ich aber über ein Wasserrohr am Boden. Ich verlor ziemlich viel Zeit, während mir ein anderer Fahrer wieder aufhalf. Später konnte ich etwas Zeit gutmachen, sodass ich die Führenden, als wir die zweite ausgedehnte Steigung anfuhren, immer noch sehen konnte ... aber ziemlich weit vorne. Ich war auch skeptisch gewesen, ob ich dazu in der Lage wäre, die lange Bergabfahrt so schnell wie andere aus meinem Feld zu fahren, und ich denke, die Skepsis war auch berechtigt. Wenn du denkst, du bist langsam, dann bist du auch langsam. Die erste Runde war also ein echtes Desaster ... Ich litt und bemitleidete mich einfach selbst. In der letzten Runde beschloss ich, nicht mehr so zu jammern und ein paar kleine Erfolge zu retten. Ich gewann die erforderliche Angriffslust zurück, um die Einzelspur auf dem unteren Streckenabschnitt sauber und gut zu fahren. Schließlich sah ich eine andere Frau, die vorneweg fuhr, schloss zu ihr auf und überholte sie an der letzten großen Steigung. Dann fuhr ich die lange Bergabfahrt gut genug, um vor der Fahrerin zu bleiben, die ich gerade überholt hatte. Ich kam als siebte von neun im Gesamtfeld ins Ziel und als fünfte von sechs unter den Profis (als zweite von zwei in meiner Altersklasse). Nichts Besonderes, aber ich habe etwas darüber gelernt, was auf diesen Skigebietsstrecken physisch zu erwarten ist, und über die mentale Zähigkeit, derer es bedarf, um sich in einem XC-Rennen hervorzutun (was noch ein weiter Weg für mich ist).«

Viele der Berichte von Frauen, die gewonnen haben, scheinen trotz dieses Resultats etwas im Widerspruch zum Wettbewerbscharakter von Radrennen zu stehen. Wir haben diese Haltung in den männlichen Berichten nicht gefunden. Eine Fahrerin, die als Erste in ihrer Kategorie ins Ziel fuhr, drückte ihre Ambivalenz darüber aus, einen Vorteil aus dem Sturz einer Gegnerin gezogen zu haben: »Sie folgte mir in die zweite Runde, stürzte aber, als sie den ersten Baumstamm überquerte. Ich meinerseits trat ordentlich in die Pedale, um mir einen Vorteil zu verschaffen (kalt und herzlos!), und konnte einen Vorsprung herausholen.«

Im gleichen Rennen berichtete ein Mann aus der Profikategorie, der auch als Erster das Rennen beendete, dass er eine Vielzahl an Radrenntaktiken benutzt habe, einschließlich bewusst irritierendes, unnützes Geschwätz. Er bot an, mit anderen Fahrern zusammenzuarbeiten, um sich zu erholen, und plante seinen Ausreißversuch auf einem Abschnitt, von dem er wusste, dass er auf ihm überlegen war.

»Ich machte ihnen Komplimente in meiner ruhigen, einlullenden Sprechweise, darüber, wie schnell sie waren und wie sehr sie mich fertigmachten. Dann erwähnte ich, dass wir zusammenarbeiten sollten, um das Rennen unter Dach und Fach zu bringen. Natürlich bluffte ich, aber hoffte, sie würden es mir abkaufen, und ich könnte mit genügend Abstand entwischen, sodass sie schließlich aufgeben würden ... Wir fuhren zusammen eine nächste Runde ... und dann überholte ich an einem engen, kurvenreichen einzelspurigen Abschnitt ... Als ich wieder rauskam, hatte ich einen ordentlichen Abstand und beschloss, dass die Zeit gekommen war. Ich legte noch einen drauf und fuhr alleine weiter.«

Wir stellten fest, dass die Rennberichte der Männer individualistischer waren, sie beschrieben andere Fahrer als Hindernisse, um die es herumzukommen galt, als Quellen der Gefahr oder als anspornende, aber unpersönliche Ziele. Sie berichten von der Zusammenarbeit mit anderen, aber nur, insofern es der Einzelleistung hilft. Die Berichte der Frauen waren persönlicher, weil sie Ereignisse beschrieben, wie sie sich an sie erinnerten, als sie geschahen. Sie kommentierten ihre Reaktionen und Gefühle über einzelne Aspekte des Rennens. Sie äußerten sich oft zu einer Leistung einer Gegnerin in Form von Lehren oder Zielen für sich selbst. Beide Gruppen berichten von positiven Verbindungen zu Mannschaftsmitgliedern und -freunden, aber nur in den Berichten der Frauen findet sich ein Bild der großen Verbundenheit zur Fahrerinnengruppe als ganzer.

Vergleichen Sie die beiden folgenden Berichte zum selben Rennen – Ladies first:

»Diese Strecke hielt einfach genug technische Schwierigkeiten für mich bereit, um von der Gewinnerin etwas zu lernen ... wir kamen zu einem richtigen Steingarten, und sie flitzte mühelos durch ihn durch, während ich von allem, was herumlag, abprallte, und dann sah ich sie verschwinden, während der unvermeidliche Schnitzer geschah, der mich vom Rad absteigen ließ. Ach herrje. Eine zen-ähnliche Lehrstunde des Tages war: *Sauberes Fahren ist schnelleres Fahren, sogar wenn es bedeutet, die Dinge ein bisschen verlangsamen zu müssen.*«

Hier der Bericht des Mannes:

»Von da an ballerten wir. Joe schloss auf ... und wir handelten ein paar Mal die Plätze aus. Während einer ansteigenden Kurve mit einer Böschung hatte er einen schlechten Wechsel, ha, was für ein Roadie! Ich kam ein wenig davon, bis mein Sattel mich traf ... und zurückkippte. Nicht das, nicht jetzt! ... Ich litt eine Meile lang ... Ich entschied, ranzufahren und ihn zu justieren. Da fahren die Plätze eins, zwei und drei vorbei, Attacke, Jungs! Hier kommt Jim, verdammt, ist der schnell heute. Als ich wieder aufstieg, war er auf und davon, verschwand komplett, direkt vor mir auf einer Geraden!«

Aus diesen Berichten zogen wir anregende Muster. Die Schilderungen der Männer offenbaren ihr Streben nach individualistischen Tugenden: Mut, Stärke, Sachkenntnis und Wettbewerbsfähigkeit. Sie scheinen sich selbst in Isolation von oder im Gegensatz zu anderen Fahrern zu begreifen (zum Beispiel, wenn sie die Köpfe unten halten und so hart wie möglich arbeiten, oder wenn sie sich auf einen Gegner festlegen, den sie abfangen oder von dem sie sich absetzen wollen). Ihre Charakterisierungen scheinen auch greifbar im Rennen angesiedelt zu sein, indem sie sich auf Details der Strecke oder ihre dortige Leistung konzentrieren. Während sie die Entwicklung zwar erwähnen, scheint die Betonung aber auf der unbedingten Äußerung, wie sie es gemacht haben, zu liegen – sie sprechen über ihr Rennen als *zufriedenstellend* oder *enttäuschend* oder *erfolgreich* oder *lustig*.

Die Frauenberichte zeichnen ein anderes Bild von Identität und Zielsetzungen. Zunächst einmal betonen sie Beziehungstugenden: Wachstum und Entfaltung als Fahrerinnen (sowohl konkret im Rennen als auch auf lange Sicht), Fortbildung (Lektionen, die man von anderen lernt, sind wichtig) und Verbindungen zu anderen – sowohl zu ihren Gegnerinnen als auch zu ihren Teamkolleginnen. Ihre Berichte legen die Betonung stärker auf emotionale und auf Erfahrung beruhende Fähigkeiten als auf die analytische Schilderung der Veranstaltung und des Streckenverlaufs. Sie sind guten Mutes, wenn es darum geht, Hindernisse zu überwinden, und können dem Rennen unabhängig von ihrer Leistung etwas abgewinnen. Zusammenfassend scheinen weibliche Beziehungstugenden stärker in den Rennberichten von Frauen vorzukommen.

### *Runde drei. Andere Linien, dieselbe Strecke*

Wir haben gesehen, wie weibliche Tugenden, die Basis einer Ethik der Anteilnahme, in vielerlei Hinsicht in den Ausführungen der untersuchten weiblichen Fahrberichte dargestellt werden. Ist es möglich, Beziehungstugenden in den Sport selbst einzubetten – in die Art, wie er organisiert, durchgeführt und gelehrt wird? Einige feministische Sportwissenschaftlerinnen sagen: Ja. In einem Bericht der *Feminist Majority Foundation* über Frauen und Sport bestätigen Fachleute, was sie ein *Partnerschafts-Modell des Sports* nennen: »Partnerschaftliche Modelle des Sports betonen Gesundheit, Zusammenarbeit und Vergnügen stärker als die Philosophie des Gewinnens um jeden Preis, die so viele Sportverletzungen verursacht hat, sogar bei Kindern.«[9] Glover und Anderson beschreiben das Modell folgendermaßen: »Teamkollegen, Trainer und sogar gegnerische Spieler betrachten einander eher als Kameraden als als Feinde. Sportler mit unterschiedlichen Spielstärken respektieren einander eher als gleichrangig, als dass sie sich in einer Hierarchie einstufen, und sie kümmern sich umeinander und um ihren eigenen Körper.«[10]

Die Forschungen über die subjektiven Erfahrungen von Mädchen und Frauen im Sport eröffnen Anhaltspunkte darüber, wie sportliche Beziehungen restrukturiert werden könnten, um eine Ethik der

Anteilnahme zu unterstützen; in der wissenschaftlichen Literatur findet man alternative Modelle von Sport, die dafür entworfen wurden, sowohl weibliche Teilhabe zu ermutigen als auch die Grenzen von Sport zu erweitern. Beim Radfahren gibt es viele etablierte Programme, die Dinge wie Weiterentwicklung, Betreuung, Teambildung und Gemeinschaft betonen. Viele Vereine bieten Frauenfahrten und Beratungsgruppen für Frauen an. Förderer sponsern immer mehr Frauen in Straßen- und Crossrennen, einschließlich Einsteiger- oder Jedermannrennen nur für Frauen.

Talbot stellt einander zwei unterschiedliche Modelle von Sportverbänden gegenüber, wobei das eine auf strategischer Planung beruht und das andere auf Entfaltung von Gemeinschaft, und sie behauptet, das Letztere fördere größere Geschlechtergleichheit. Die strategische Planung ist gekennzeichnet von Entscheidungsfindungsprozessen, die von oben nach unten laufen, sie wird durch Rationalität und Ordnungsliebe bestimmt, und die Vorgaben werden tendenziell von den Hauptakteuren des Verbandes aufgestellt.[11] Hauptanliegen sind Endergebnisse, die die Investition von Zeit und Geld in genau vorgeschriebenen Plänen legitimieren.

Vereine und Rennorganisationen, die sich auf den Aufbau von ausgewählten Mitgliedern konzentrieren, um an Top-Amateur- und Profi-Veranstaltungen teilnehmen zu können, fallen tendenziell in diese Kategorie. Die Kriterien für Erfolg sind oft sehr eng gefasst und ergebnisorientiert – wie viele Top-Ten-Finishes, wie viele gewonnene Rennen, welche Sponsoren sind angemeldet usw.

Das Gemeinschaftsentwicklungsmodell verschiebt das Augenmerk weg von einer kleinen Anzahl von Spitzensportlern, -veranstaltungen oder -sponsoren und arbeitet von unten nach oben, um Leuten dabei zu helfen, ihr Leistungsvermögen, ihre Führungsqualitäten auszubilden und die Qualität der Beteiligung am Sport zu verbessern. Eine Umgebung zu schaffen, in der die Menschen einander und sich selbst vertrauen können, in der sie tolerant gegenüber Vielfalt, Irrationalität und Leidenschaft sind und eher zu Dingen ermuntert als angetrieben werden – das sind die Hauptziele dieses Ansatzes. Der *Bostoner Radfahrerverband für normale Leute* ist ein gelebtes Beispiel für dieses Modell: Er plant Fahrten für diejenigen, die vom Radfahren begeistert sind und für die Elastan- und Dura-Ace-Bestandteile nicht unbedingt verpflichtend sind, er ist offen für alle, frei, und seine Fahrten schließen Snackpausen, Fotoaktionen und gesellige Plauderei mit ein.

Wenn wir uns unsere Einführung in die Ethik ins Gedächtnis rufen, so ist das erste Modell individualistisch und regelbezogen, fokussiert auf die Bewertung von Ergebnissen und auf eine verbandsübergreifende Einheitlichkeit der Verfahrensweise hin entworfen. Das zweite Modell setzt den Schwerpunkt auf die Entwicklung von Beziehungen, die die Frage nach der Entscheidungshoheit zugunsten einer Konsensbildung, der Einbindung unterschiedlicher Sichtweisen und einer weniger hierarchischen Führungsstruktur verschieben. Welches Modell in der Praxis das erfolgreichere ist, ist eine Frage, die auf Erfahrung beruht – es muss in die reale Welt eingeführt werden, um überprüft werden zu können. Das zweite Modell aber spiegelt klar die Tugenden einer anteilnehmenden Ethik in seinem auf Beziehung beruhenden und emotionalen Ansatz wider. Donovan schreibt, wie dieses Modell allgemein in der Gesellschaft funktionieren kann: »Eine auf Anteilnahme beruhende Ethik erfordert ein Bewusstsein über die Umstände einer Situation. Machtverhältnisse – Unterschiede, die in Klassen-, Rassen-, sexuellen und ethnischen Unterschieden verwurzelt sind – ebenso wie persönliche Hintergründe werden nicht ignoriert [...], vielmehr im ethisch-politischen Entscheidungsprozess berücksichtigt und es wird ihnen ein angemessenes Gewicht verliehen.«[12] Strukturelle Veränderungen dieser Art lassen eine Entwicklung weiblicher Maßstäbe im Sport, in diesem Fall im Radfahren, zu. Wenn wir uns von einem Modell des Radfahrens, das von oben nach unten und von außen durch die Siegvorgaben von Teams und Sponsoren geprägt ist, weg bewegen, hin zu einem Modell, das Einzelne befähigt und ihre Erfahrungen wertschätzt, schaffen wir Raum für diejenigen, die nicht Teil des alten Jungsvereins gewesen sind. Wenn Frauen an Sportarten, die traditionell männlich dominiert sind, teilnehmen und andere Werte und ethische Vorstellungen einbringen und dann diese Werte in ihrer Praxis ausleben, schaffen sie Veränderung im Sport. Schon die einfache Handlung, eine andere Form des Rennberichts zu schreiben, repräsentiert den Abschied von traditionellen Definitionen, was es heißt, ein Radfahrer zu sein. Frauen erschaffen, faktisch, ein alternatives Modell für die Fahrrad fahrende Gemeinschaft, eines, in dem »Radfahren wie ein Mädchen« gefeiert wird.

## *Letzte Runde. Wie Fahrerinnen das Radfahren verändern*

Frauen beteiligen sich an allen Facetten des Radfahrens – auf der Straße, im professionellen Fahrerfeld, auf der Rennbahn und in der Stadt. Laut einer Studie über die allgemeine Bevölkerung der Vereinigten Staaten allerdings fahren Männer mehr als doppelt so häufig Fahrrad wie Frauen. Einzelberichte von Fahrerinnen zeigen, dass das Verhältnis von männlichen zu weiblichen Vereinsfahrern bei mehr als zehn zu eins liegt.[13] Und dennoch bahnen sich Frauen ihren Weg in fast alle Ebenen des Radfahrens. Durch diesen Einfluss sind einige neue Praktiken und Werte entstanden – immer mehr Vereine bauen ihre Teams aus, indem sie Rennfahrer (beiderlei Geschlechts) auf Einstiegsniveau fördern; weibliche Juniorinnen werden beraten, trainiert und unterstützt; Renngruppen für Frauen wachsen an Größe, Wettbewerbsfähigkeit und Qualität; und es gibt Fahrten und Veranstaltungen ausschließlich für Frauen.

Das Ergebnis dieses Einflusses ist nicht nur eine stärkere Beteiligung, sondern auch die Entstehung eines wechselseitigen Diskurses darüber, was es heißt, ein Radfahrer zu sein. Die weiblichen Tugenden und die Ethik der Anteilnahme arbeiten den traditionell männlichen Werten beim Radfahren entgegen, und wir glauben, dass das, wenn auch langsam, die Beschaffenheit des Sports verändert. Es ist aber auch keine Einbahnstraße – Frauen verändern den Sport, verändern sich durch ihn aber auch. Wenn Frauen für sich einen Platz im Radfahren schaffen, verhandeln sie ebenso mit bereits etablierten Normen und Werten, was insgesamt in einer Verwandlung des Sports und des Selbst mündet. So können Frauen einerseits als Sportlerinnen Stärke und Kraft entwickeln, zugleich aber auch gemeinschaftliche Strukturen vorantreiben, die die Teams und die Gemeinschaft fördern.

Wir schließen mit einer Geschichte darüber, wie eine Frau diese Art von Verwandlung erfährt – Selene Yeager, bekannt aus dem *Bicycling Magazin*, beschreibt es folgendermaßen:

»Es war der Tag des *Monkey-Knife*-Rennens, bei dem sich die Fahrer auf den schlimmsten Anstiegen der Gegend herausfordern. Die Route war 112 Kilometer lang und bestand aus 13 Runden – ein Wahnsinn, der einem die Lunge zum Platzen und die Beine zum Ausbrennen bringt. Während einiger Runden fühlte ich mich stark; während anderer leer. Schließlich schaffte ich es, einen Abschnitt zu gewinnen, im nächsten Zweite zu werden und in jeder Runde in Reichweite der Topfahrer zu bleiben. Ich schob mich auf den letzten Podiumsplatz. Danach, bei Bier und Pizza, machte einer einen fiesen Witz über *Radfahren wie ein Mädchen*. Spielerisch gab ich ihm einen Klaps auf den Kopf. ›Nein, wirklich‹, sagte er. ›Du hast diesen Ausdruck für mich neu definiert. Ich dachte die ganze Zeit: *Ich halte mich eigentlich ganz gut*, aber dann hast du angefangen, wie ein Mädchen zu fahren und mich bemitleidenswerten Idioten abgehängt.‹

Das fasste es zusammen. Manchmal heule ich. Manchmal werde ich vom Selbstzweifel durchlöchert. Manchmal fühle ich mich unbesiegbar. An manchen Tagen weiß ich nur zu gut, dass ich es nicht bin. Ich fahre wie ein Mädchen, mit allem, was das heißt.«[14]

## CATHERINE A. WOMACK

Catherine A. Womack ist Dozentin für Philosophie am Bridgewater State College in Boston mit Schwerpunkt auf öffentlicher Gesundheitsversorgung. Hier widmet sie sich der Frage, wie persönliche Identität und Verhaltensänderungen durch soziale Strukturen und Umwelteinflüsse miteinander verbunden sind. Aktuell arbeitet sie an einer Studie, wie persönliche Ess- und Bewegungsgewohnheiten von sozialen Gruppen am Arbeitsplatz beeinflusst werden. Ihre Aktivitäten auf dem Fahrrad – wenn sie nicht gerade Schlaglöchern, Autotüren und Taxis in Cambridge ausweicht – konzentrieren sich auf Mountainbike- sowie Querfeldeinrennen, das Organisieren von Straßenrennen für Frauen und auf das Anbrüllen von Radfahrern, die rote Ampeln missachten.

## PATA SUYEMOTO

Pata Suyemoto ist Privatgelehrte und arbeitet zu feministischen Ansätzen von Erziehung, Forschung, zu Fragen der kulturellen Herkunft und Andersartigkeit. Sie arbeitet daneben auch als Fahrradcoach an der *Bicycle Riding School*; und sie ist eine begeisterte Radfahrerin, die glaubt, dass Radfahren viele Lehren fürs Leben bereithält – Ausgewogenheit, Freiheit und Revolution.

# FUSSNOTEN

1. *Catherine möchte dem Northeast Bike Club für seine Unterstützung, Beratung, Begleitung, Nötigung danken – alles wichtige Werkzeuge, um gute Rad- und Rennfahrer hervorzubringen. Sie dankt in erster Linie Rachel Brown, die sie für diese Sache begeistert hat. Außerdem vielen Dank an ihren Trainer, Steve Weller von Bell Lap Coaching, für seinen Sachverstand, seine Ermutigung und seinen grenzenlosen Enthusiasmus für das Leben auf zwei Rädern.*

   *Pata möchte ihrem Partner David danken, dass er ihr das Geschenk des »bici« gegeben hat, und ihrer Tochter Niko, weil sie sie liebt, auch wenn es ihr peinlich ist, wenn ihre Mutter Elastan trägt.*

2. *S. Scraton und A. Flintoff (Hg.), »Gender and Sport: A Reader«, London, Rotledge 2002, S. 58.*

3. *Vgl. Jeremy Bentham, »An Introduction to the Principles of Morals and Legislation«, Oxford: Clarendon Press 1907; und John Stuart Mill, »Utilisarianism«, herausgegeben von Roger Crisp, Oxford, University Press 1998.*

4. *Vgl. Immanuel Kant, »Grundlegung zur Metaphysik der Sitten«, herausgegeben von Theodor Valentiner, Stuttgart, Reclam 1961/1984.*

5. *Aristoteles, »Nikomachische Ethik«, Buch II–IV, Übersetzung von Eugen Rolfes, Hamburg 1985.*

6. *Vgl. Nel Noddings, »Caring: A Feminine Approach to Ethics and Moral Education«, University of California Press, Berkeley, 1984; Carol Gilligan, »In a Different Voice: Psychological Theory and Women's Development«, Magisterarbeit, Harvard University Press, Cambridge 1993.*

7. *Catharine MacKinnon, »Feminism Unmodified: Discourses on Life and Law«, Magisterarbeit, Harvard University Press, Cambridge 1994, S. 36.*

8. *Alle Namen wurden zum Schutz der Radfahrer und auch der Autorinnen verändert. Wir versprechen aber, dass es sich um reale Rennberichte handelt.*

9. *Feminist Majority Foundation, »Empowering Women in Sports«, in »The Empowering Women Series«, 4/1995. Online erhältlich unter: feminist.org/research/sports/sports8a.html.*

10. *D. Glover und L. Anderson, »Character Education: 43 Fitness Activities for Community Building«, in »Human Kinetics«, Champaign, IL 2003, S. 18.*

11. *M. Talbot, »Playing with Patriarchy: The Gendered Dynamics of Sports Organizations«, in »Gender and Sport«, herausgegeben von Scraton Flintoff, S. 279.*

12. *J. Donovan, »Feminist Theory: The Intellectual Traditions«, New York, Continuum 2000, S. 10.*

13. *J. Pucher und J. Renne, »Socioeconomics of Urban Travel: Evidence from the 2001 NHTS«, in »Transportation Quarterly 57«, 2003, S. 49-78.*

14. *Selene Yeager, »Hanging Tough«, in »Bicycling Magazine«, online unter: http://www.bicycling.com/training-nutrition/training-fitness/hanging-tough*

ZACK FURNESS
Übersetzung: Roberta Schneider

# CRITICAL MASS GEGEN DIE AUTOMOBIL-KULTUR

*Wir behindern den Verkehr nicht ...*

1992 begannen Fahrradfahrer in San Francisco, sich während der Rushhour des letzten Freitags jeden Monats zusammenzufinden, um das Radfahren zu feiern und der Öffentlichkeit durch ihre gemeinsame Fahrt eine Botschaft zu übermitteln: »Wir behindern den Verkehr nicht, wir *sind* Verkehr!« Als mobile Party und Demonstration ohne Anführer hat die *Critical-Mass*-Bewegung Heerscharen von Radfahrern mobilisiert, unglaubliche Kontroversen erzeugt und dazu beigetragen, die Vorstellungen über das Fahrrad als Verkehrsmittel in Hunderten von Städten rund um den Globus zu verändern.[1]

Einzigartigerweise lenkt dieses zum weltweiten Phänomen gewordene monatliche Ereignis die bitter benötigte Aufmerksamkeit auf das Fahrrad im Stadtverkehr, während es gleichzeitig den Radfahrern die seltene Gelegenheit gibt, etwas zu tun, was sie (eigentlich) nicht tun sollten: die Straße erobern und mit Freunden und Fremden mitten auf der

Fahrbahn Rad fahren. Indem sie den Radfahrern Gelegenheit bietet, mit Spontaneität, Verspieltheit und einer dominanten Nutzung des öffentlichen Raums zu experimentieren, ist die Critical-Mass-Bewegung eine entscheidende Methode, die letztendlich einen notwendigen Dialog über die Rolle des Fahrrads in einer zunehmend von Autos beherrschten Welt in Gang setzt.

## *Hintergrund und (Des)organisation*

Critical Mass ist aus dem gemeinsamen Engagement von Radfahrern rund um die Bucht von San Francisco hervorgegangen, die Verbindungen zur *San Francisco Bike Coalition*, sozialen Bewegungen und der größtenteils subkulturellen Fahrradkurierkultur, die in den 1980ern und 90ern florierte, hatten.[2]

Der *Commute Clot*, wie die Aktion anfangs hieß, sollte zunächst Leute, die das Rad als Transportmittel nutzten, mit anderen Radfahrern, die sichtbare Präsenz auf den städtischen Straßen anstrebten, zusammenbringen.[3] Trotz des Fehlens einer Organisationsstruktur oder eines übergeordneten Credos zogen diese monatlichen Zusammenkünfte immer mehr Teilnehmer an. Die ersten Fahrten lockten etwa 50 oder 60 Personen, aber ein paar Jahre später gingen die Zahlen in die Hunderte und Tausende.

Da die ersten Fahrten dazu gedacht waren, das Fahrradfahren zu feiern, war es – und ist es noch – üblich, mit Verkleidung, dekorierten Fahrrädern, Schildern, Geräten zur Lärmerzeugung und in manchen Fällen mit Musikanlage und Livebands zu fahren. Die Halloween-Fahrten zum Beispiel zeichnen sich stets durch sehr durchdachte Feste und Mottos aus. Die Critical-Mass-Fahrten wurden außerdem dazu genutzt, Fahrradfahrern zu gedenken, die von Autos getötet wurden, und schlossen sich gelegentlich mit politischen Protestveranstaltungen und *Reclaim-the-Streets*-Aktionen zusammen. Bei Letzteren handelt es sich um Guerilla-Straßenpartys, bei denen der autofreie Raum und der Festakt an sich gefeiert werden.[4] Nie hat »Krieg« so viel Spaß gemacht.

Ohne Satzung, zentralisiertes Netzwerk oder formelle Zugehörigkeit zu irgendwelchen Organisationen hat sich die Bewegung bis Ende der 1990er auf Hunderte von Städten ausgebreitet und konnte bei einzelnen Veranstaltungen Zehntausende Teilnehmer verzeichnen.[5] Im April 2008 beispielsweise beteiligten sich etwa 80.000 Radfahrer an einer Fahrt durch Budapest.

Critical Mass ist in erster Linie eine direkte Aktion, eine anarchische Veranstaltung, in der die Fahrten nicht von öffentlicher Seite gemaßregelt werden und die Fahrer durch Selbstbestimmtheit, Autonomie und eine nicht hierarchische Struktur motiviert werden. Radfahrer Michael Klett erklärt es so: »Bei Critical Mass gibt es keine Anführer, keine Veranstalter, oder, doch, wir sind alle die Veranstalter – aber wir tragen keine Verantwortung ... und das war der Schlüssel zum Erfolg.«[6] Seine Unterscheidung zwischen Anführer und Veranstalter ist sinnvoll, weil sie die aktive Rolle betont, die die Teilnehmer der Veranstaltung spielen sollten. Fahrradfahrer treffen sich am letzten Freitag jedes Monats an einer verabredeten Stelle (in der entsprechenden Stadt), um gemeinsam zu entscheiden, welche Strecke sie fahren werden; die Vorschläge werden per Wortmeldung eingebracht und manchmal in Form einer Karte herumgereicht, bevor abgestimmt wird. Gelegentlich wird bereits vorab über die Route entschieden, aber diese Praxis muss häufig spontanen Entscheidungen den Vorrang lassen.

Viele Vorgehensweisen der Critical-Mass-Bewegung haben sich bei den ersten Fahrten in San Francisco herausgebildet; hierzu gehört zum Beispiel die Praxis des *Corking*, bei dem sich die Radfahrer auf einer stark befahrenen Kreuzung aufstellen, um den Verkehr zu blockieren bzw. wie ein Korken zu verstopfen, während das Hauptfeld vorbeiradelt. Diese Taktik soll die Masse der Fahrer zusammenhalten, während Ampeln überfahren werden, und so – auch wenn praktisch gesetzeswidrig – die Sicherheit der Radfahrer maximieren (durch Schutz in der Menge) und den Ärger für die Autofahrer minimieren (indem dafür gesorgt wird, dass die Masse zügig vorbeizieht). Anstatt Verkehrsengpässe zu erzeugen, sorgen diese *Korken* tatsächlich für mehr Raum. Trotzdem stößt diese Strategie – wie die Bewegung insgesamt – auf ein gemischtes Echo, das von begeisterter Unterstützung über Gleichgültigkeit bis hin zu offener Feindseligkeit reicht. So haben zum Beispiel in einigen Städten Polizisten Radfahrer tätlich angegriffen und Massenverhaftungen veranlasst, und Autofahrer haben von Fäkalsprache bis hin zum Einsatz körperlicher Gewalt nichts unversucht gelassen, um die Radfahrer zurückzudrängen. Mehrere Male haben Autofahrer, die erbost über die vorübergehende Inbeschlagnahme »ihrer« Straßen waren, sogar mit ihren Autos

Teilnehmer angefahren (Juli 2007 in Chicago und Juli 2008 in Seattle). Gleichzeitig haben die Fahrten verschiedene Arten von aggressiven Radfahrern, vornehmlich junge weiße Männer, angezogen, die Autofahrer belästigen, Streit mit ihnen anfangen oder sich an Autos ausagieren. Aktivisten in San Francisco haben diese Sorte von Teilnehmern in den 1990ern zu Recht als *Testosteron-Brigade* bezeichnet.[7] Mehr als zehn Jahre später treten diese und andere verbitterte Radfahrer noch immer gelegentlich auf, aber die große Mehrheit der Fahrradfahrer hat einfach Spaß und tut ihre Meinung kund.

## *Interpretationen*

Teils ist der schlechte Ruf der Critical Mass wohl im Scheitern derer, die versuchen, die Bewegung einzuordnen und zu definieren, begründet; die Wissenschaftlerinnen Susan Blickstein und Susan Hanson schreiben, dass Critical Mass »als Protest, als eine Art Straßentheater, als Methode, den Weg zur Arbeit zu bestreiten, als Party und als sozialer Raum«[8] bezeichnet wurde. Diese schwammige Definition wird von Teilnehmern, die Critical Mass als »monatlich stattfindende Pro-Fahrrad- und Anti-Auto-Aktion«, als Rebellion, als Bewegung, als revolutionären Akt oder auch als »einfach nur eine Fahrradfahrt« bezeichnen, angenommen und erweitert.[9]

Die Unfähigkeit der Leute, auf den Punkt zu bringen, was Critical Mass *ist*, spiegelt nicht unbedingt die Unsicherheit (obwohl eine solche existiert) beziehungsweise die Meinungsverschiedenheiten über die Bedeutung und den Zweck der Aktionen wider. Seltsamerweise ist das kein Zufall; Critical Mass wurde absichtlich so konzipiert, dass die Veranstaltungen von den Teilnehmern selbst interpretiert, geformt und aktiv definiert werden müssen, ob sie wollen oder nicht. Der altgediente Critical-Mass-Teilnehmer und Fahrradaktivist Jym Dyer schreibt:

»Die Teilnehmer werden ermutigt, ihre Ideen umzusetzen, und die Nichtteilnehmer (inklusive denjenigen, die aus verschiedenen Gründen nicht Rad fahren wollen) werden ebenfalls ermutigt, ihre Ideen einzubringen ... also seid darauf vorbereitet, eure Botschaft zu diskutieren und eure Argumente zu verteidigen!«[10]

*Xerokratie*, also *per Fotokopie bestimmen*, ist beispielhaft für die Critical-Mass-Bewegung und beruht auf der Voraussetzung, dass jeder drucken, fotokopieren oder sich anderer Medien bedienen kann (und sollte), die für die Bewegung plädieren oder sie erklären. Diese Herangehensweise nach Art der Graswurzelbewegung schafft einen interessanten Raum, in dem die Radfahrer ihre Meinung äußern, ihre Vorstellungen diskutieren und dem Event gemeinsam Bedeutung verleihen, indem sie direkt kommunizieren und Schriften, Kunstwerke, Karten und andere selbst hergestellte Medien verbreiten, die teils während der Fahrt verteilt werden und teils auf den zahllosen Webseiten der Critical-Mass-Bewegung im Netz zirkulieren. Grafiken, die die Critical-Mass-Bewegung und die Benutzung des Fahrrads zelebrieren, sind häufig anzutreffen, vor allem Bilder, auf denen das Fahrradfahren mit Umweltschutz, Autonomie und Kritik an der Erdöl- und Automobilindustrie verbunden wird. Die Xerokratie ist also nicht nur ein Mittel, um die Wahrnehmung der Fahrradbenutzung bei Teilnehmern und der Öffentlichkeit (durch Fakten, Statistiken, Bilder und persönliche Erfahrungsberichte) zu formen, sondern auch ein Weg für die Radfahrer, aktiv und nach eigenem Ermessen »die Energie und den Schwerpunkt von Critical Mass zu lenken«[11].

Auch wenn die Teilnehmer ihre Vorstellungen darüber, was Critical Mass ist und was nicht – und darüber, was die Bewegung macht und was nicht – klar ausdrücken, so liegt es doch in der Natur der Veranstaltung, dass sie zu völlig unvorhersehbaren Interpretationen einlädt. Eben aus diesem Grund sind die Critical-Mass-Aktionen umstritten: Für ihre Befürworter symbolisieren sie alles von *Macht der Pedale* über *Macht des Volks* bis hin zur Wiederinbesitznahme des öffentlichen Raums, während Kritiker der Bewegung sie oft als Sinnbild der Desorganisation und Gesetzlosigkeit sehen ... oder gar als Autofahrer-Hass.

Unter Fahrradfahrern gibt es eine anhaltende Kontroverse darüber, ob Critical Mass hilfreich oder schädlich für die Fahrradbewegung und das Bild des Radfahrens in der Öffentlichkeit ist; beispielhaft hierfür ist die belegte E-Mail-Schlammschlacht zwischen Befürwortern, Teilnehmern und Kritikern (vornehmlich Vertretern des *Vehicular Cycling*) von Critical Mass an der US-amerikanischen Westküste im Jahre 1999.[12] Die Debatte – die mindestens so viele Runden gemacht hat wie ein japanischer Keirin-Fahrer – dreht sich immer wieder um den hitzigen Streit über die Frage, ob Critical Mass legal sei, und darüber, wie die Bewegung, die Fahrer und letztendlich alle Fahrradfahrer in der Öffentlichkeit präsentiert und *re*präsentiert werden.

Die Massenmedien haben die Wahrnehmung der Critical-Mass-Bewegung seit ihrer Gründung deutlich verändert, namentlich dadurch, dass sie das *Fahrrad-gegen-Auto*-Drama schüren, an dessen Entstehung die Journalisten selbst maßgeblich beteiligt waren, indem sie seit den 1980ern Fahrradfahrer routinemäßig als Störenfriede und Gefahr für die Sicherheit dargestellt haben – und das, obwohl allein in den Vereinigten Staaten jährlich zehntausende bei Autounfällen ums Leben kommen und weitere hunderttausende in mehr oder weniger schwere Unfälle mit Kraftfahrzeugen verwickelt werden.

Heute bekommt das Nachrichtenpublikum ähnliche Geschichten aufgetischt, in denen die Critical-Mass-Aktivisten – wie zuvor die Fahrradkuriere – als Unruhestifter, Snobs, Fanatiker, chaosliebende Anarchisten, Kriminelle und sogar potenzielle Terroristen dargestellt werden, die es verdienen, von verdeckten Ermittlern überwacht zu werden.[13]

Natürlich gibt es eine kleine Minderheit von aggressiven (und in seltenen Fällen auch gewalttätigen) Radfahrern, die für einen Teil der schlechten Presse verantwortlich sind, die sich im Laufe der Jahre angesammelt hat, doch auch die Journalisten haben genügend aufrührerische Geschichten über die Bewegung produziert, um ein Olympia-Velodrom damit zu füllen. Das lässt einen leicht vergessen, dass es letztendlich lediglich um eine kurze Radfahrt geht, die nur einmal monatlich stattfindet.

Diese und andere Faktoren sorgen dafür, dass Diskussionen über Critical Mass dazu neigen, in ein stark vereinfachendes Pro und Contra abzugleiten, bei dem es darum geht, ob die Bewegung *gut* oder *schlecht* für das Fahrradfahren sei, unter Außerachtlassung der Tatsache, dass Critical Mass auch dann einen positiven Einfluss auf die breite Befürwortung des Fahrradfahrens haben kann, wenn die Bewegung negativ wahrgenommen wird. So kann zum Beispiel der Umstand, dass Critical Mass als *radikal* wahrgenommen wird, Straßenverkehrsämtern und Stadtverwaltungen als Anreiz dazu dienen, verstärkt das Gepräch mit Aktivisten zu suchen, die ihnen *gemäßigter* erscheinen. Sozusagen die *Guter-Bulle-böser-Bulle*-Taktik auf Rädern.

In der Tat haben viele Gruppen, die die Radbenutzung vorantreiben wollen, sich die Umstrittenheit der Critical-Mass-Bewegung zunutze gemacht, um an Einfluss zu gewinnen und sich mehr Gehör für ihre Ansichten und Handlungsvorschläge zu verschaffen.[14] Amy Stork,

Mitbegründerin des Pro-Fahrrad-Netzwerks *Shift* in Portland, Oregon, sowohl begeisterte Fahrradfahrerin als auch Spezialistin für Strategische Kommunikation, sagt zu diesem Thema:

»Ich schätze Critical Mass wirklich, da es gut ist, einen radikalen Flügel zu haben, wenn man einen Kulturwandel bewirken will, denn dieser bewegt die Leute dazu, sich in die Mitte zu begeben. Wenn die Leute Critical Mass sehen und ihnen die Bewegung radikal vorkommt, dann erscheint ihnen die Errichtung eines Fahrradweges vernünftig. In Gegenden, wo es Critical Mass nicht gibt, kommt ihnen ein Fahrradweg radikal vor.«[15]

Martin Wachs, Professor für Bauingenieurwesen und Stadtplanung an der Universität Berkeley in Kalifornien, weist in seiner Bewertung der Fahrrad-Infrastruktur San Franciscos wiederholt auf diesen Punkt hin und vermerkt, dass der Druck, den Critical Mass und andere Fahrrad-Aktivisten in den späteren 1990ern ausgeübt haben, eine entscheidende Rolle beim Bau des 147 Millionen Dollar teuren Fahrradweges auf der Bay Bridge zwischen San Francisco und Oakland gespielt hat: »Er wurde mitaufgenommen, weil eine hartnäckige, wohlorganisierte und regelrecht unausstehliche Gruppe von Aktivisten sich nicht von dem Thema hat abbringen lassen.«[16] Kurz gesagt, auch wenn die Diskussion darüber, ob die Critical-Mass-Bewegung den Interessen der Radfahrer förderlich ist oder ihnen schadet, weder unvernünftig noch unwichtig ist, so ist sie doch nur eine Herangehensweise – und zwar nicht unbedingt die optimale – um zu verstehen, wie und warum dieses (und jegliches andere) gemeinsame Handeln Bedeutung gewinnt.

## *Einflüsse und Auswirkungen*

Dass die Critical-Mass-Bewegung ein Reizthema für die Amerikaner ist, liegt unter anderem darin begründet, dass ihre Aktionen einige der vorherrschenden kulturellen Normen und für selbstverständlich gehaltenen Privilegien in Bezug auf Mobilität, die Nutzung des öffentlichen Raums und die heilige Kuh der westlichen Gesellschaften, das Auto, kritisch hinterfragen. In dieser Hinsicht gehört die Critical-Mass-Bewegung zu jener Gattung des Fahrradaktivismus, der seine Ursprünge in den späten 1960ern und den frühen 1970ern hat, als Gruppen wie *Dutch Provo* (Amsterdam), *Alternative Stad* (Stockholm) und *New York City's*

*Transportation Alternatives* (neben weiteren US-amerikanischen Gruppen) anfingen, sich aktiv Gedanken über Städte zu machen, in denen Mobilität sich nicht an den Räumen, Geschwindigkeiten und Bewegungsbahnen der Autos orientiert.

Damals wie heute wurde das Fahrradfahren weniger als *Allheilmittel* gesehen denn als Mittel zum Zweck. Ein Mittel zum Zweck, das die übergeordneten, zusammenhängenden Probleme angeht: Luftverschmutzung, Abhängigkeit vom Erdöl, schrumpfende öffentliche Freiräume und jahrzehntelange uneingeschränkte politische Unterstützung für die Automobilindustrie sowie eine Stadtplanung, die sich um das Auto dreht. Aufbauend auf die neuerliche Beliebtheit des Radfahrens in der Freizeit, die immer wichtiger werdende Umweltbewegung und die Ölkrise in den frühen 1970ern bestand diese Strömung des Fahrradaktivismus aus Menschen, die pragmatisch in die Gestaltung der städtischen Landschaft eingriffen – indem sie Rad fuhren, sich politisch engagierten und eine gute Dosis theatralischen Protests einbrachten –, um für eine nachhaltigere Form des Lebens in den Städten zu werben. Es war ein einfacher Ausdruck dessen, was Henry Lefebvre in die berühmte Formulierung *Recht auf Stadt* gefasst hatte und das sich am besten als das gemeinsame Recht der Menschen darauf, mitzubestimmen, wie ihre Städte (und ihre Wohnstätten) strukturiert sind und wie die Abläufe darin beschaffen sind, beschreiben lässt. Dabei ist wichtig, dass Reichtum oder Grundbesitz keine Bedingungen für die Teilhabe des Einzelnen sind. Es ist eine Art, auszudrücken, dass Bürger und Bewohner der Stadt ein angeborenes Recht darauf haben, sich an den spannenden, herausfordernden und grundlegend politischen Prozessen, die eine Stadt zur Stadt machen, zu beteiligen.

Die wachsende Popularität von John Foresters Konzept des *Vehicular Cycling* – der Auffassung, dass es »für Radfahrer am besten ist, wenn sie sich verhalten wie Autofahrer, und im Gegenzug auch als solche behandelt werden« – markierte in den 1980ern eine deutliche Abkehr von dem Konzept, das Fahrradfahren als Teil eines umweltschützerischen und politischen *Rechts auf Stadt* zu begreifen, und eine Hinwendung zu einem Denkmuster, das einfach nur das Recht aufs Fahrradfahren betonte.[17] Denn auch wenn das Vehicular Cycling ohne Frage eine für Radfahrer in Städten erstrebenswerte Fähigkeit ist, so steht doch eine eher konservative Weltanschauung dahinter, die leidenschaftlich von all jenen unterstützt wird, die sich um jeden Preis von denen unterscheiden wollen, die sie selbst als *Autogegner* wahrnehmen. Fortschrittliche Stadtplaner, Umweltschützer, sogenannte *politische* Fahrradaktivisten und sogar Leute, die einfach nur Fahrradwege jenseits der Straße wollen, werden oft in die *Autogegner*-Schublade gesteckt.

Glücklicherweise sorgte das Wiederaufleben der reformorientierten städtischen Fahrradbewegung in den 1990ern für eine Abkehr von einer auf Erhalt des Status quo der Automobilkultur ausgerichteten Befürwortung des Radverkehrs. Critical Mass war und ist hilfreich, um darauf aufmerksam zu machen, dass es eine Weltanschauung gibt, die das Fahrrad als ein Mittel sieht, das Automobil neu zu überdenken, und nicht, um es lediglich zu imitieren. Grundsätzlich dient Critical Mass dazu, bei den Menschen ein Interesse am Radfahren zu wecken und Radfahrer zu ermutigen, sich auf politisierte Weise mit Verkehrsfragen zu befassen.[18] Sprich, die monatlich stattfindende Aktion bringt Fahrradbefürworter zusammen, regt andere Radfahrer dazu an, mit örtlichen Fahrradaktivisten in Kontakt zu treten, und stellt außerdem ein wichtiges Netzwerk dar, das strategisch sinnvoll ist und überdies Gemeinschaft erzeugt.[19] Dave Horton, Wissenschaftler und Radfahrer, hält Critical Mass für ein wichtiges Mittel, um »die aktivistische Identität der Einzelnen« zu verstärken und eine breitere politische Gemeinschaft aufzubauen:

»Die Einzelnen teilen eine Alternativkultur, aber sind nicht in der Lage, aufgrund von gemeinsamen Werten und Zielen und einer ähnlichen Lebensweise gemeinsame Projekte zu entwickeln, solange sie einander nicht kennen. Critical Mass hat – und das ist auch jetzt von Zeit zu Zeit noch so – die Gemeinsamkeiten zwischen ihnen sicht- und greifbar gemacht und das anonyme Nebeneinanderherleben einer imaginierten Gemeinschaft in eine sinnstiftende, vielversprechende Teilnahme an einer echten direkten Gemeinschaft verwandelt.«[20]

Die aus diesen Netzwerken stammenden Fahrradaktivisten haben in der Tat eine entscheidende Rolle dabei gespielt, öffentliches Interesse für das Fahrradfahren zu wecken und neue Wege bei der Popularisierung der Radbenutzung zu beschreiten. So hat Critical Mass quasi im Alleingang das Interesse an der Nutzung von Fahrrädern als (Verkehrs-)Mittel des öffentlichen Ausdrucks geweckt bzw. wiederbelebt. Das ist an der Vielzahl von kreativen Fahrraddemos und Protestfahrten ersichtlich, die entstanden sind, seitdem Critical Mass in den 1990ern bekannt geworden ist – von den düsteren Gedenkfahrten und den *Ghost-Bike*-Installationen, die an von Autos getötete Radfahrer erinnern sollen, bis hin zu dem verspielten *World Naked Bike Ride*, der von dem Aktivisten und Künstler Conrad Schmidt als Protest gegen die *Unanständigkeit* des Öls ins Leben gerufen wurde. Besonders die oft humorvolle Natur der Critical-Mass-Bewegung hat den Fahrradfahrern gezeigt, wie sie Satire und Witz einsetzen können, um die Ungerechtigkeiten, Widersprüche und die aberwitzige »Logik« der Kfz-Kultur hervorzuheben. Zu den bekanntesten Beispielen gehören der Bau und die öffentliche Verwendung des *Green Hummer* – eines pedalangetriebenen Fahrzeugs mit den aberwitzigen Ausmaßen eines Hummer-SUV, das Aktivisten aus Savannah in Georgia hergestellt hatten – und das Ins-Leben-Rufen des *PARK(ing) Day*, einer inzwischen jährlich stattfindenden Veranstaltung, bei der Aktivisten Miniaturparks errichten, indem sie auf kostenpflichtigen städtischen Parkplätzen Rasen ausrollen und Bänke sowie eingetopfte Bäume aufstellen.

Indem Critical Mass das Fahrradfahren als etwas anderes als einen Sport, eine Beschäftigung für Kinder oder einfach nur als Mittel, sich in Form zu halten, präsentiert, hat die Bewegung auch dazu beigetragen, das Image des Fahrradfahrens in der Öffentlichkeit und die damit verbundenen Assoziationen und Klischees zu verändern. Charles Komanoff und andere altgediente Fahrradaktivisten haben dies in den letzten Jahren vermerkt und argumentieren, dass Critical Mass nicht nur neues Interesse am Radfahren in der Stadt erzeugt hat, sondern auch dafür gesorgt hat, dass sich das Fahrrad »weg aus der Spinner-Ecke hin in eine Region, die den 99 Prozent, die sich nicht als Radfahrer sehen, attraktiver erscheint«[21], bewegt.

Der Spaß, die Aufregung und sogar das Rebellische von Critical Mass haben zur Verbreitung der Vorstellung beigetragen, dass Fahrradfahren tatsächlich cool sein kann (ob man es glaubt oder nicht). Das ist ein nicht zu vernachlässigender Punkt, wenn man bedenkt, dass die wohl berühmtesten Radfahrer in den USA neben Lance Armstrong die fiktiven Figuren *Pee-wee Herman* und *40-Year-Old Virgin* sind. Denn auch wenn Umweltschutz, Geldersparnis und Spaß Faktoren sind, die Einfluss auf die Radfahrgewohnheiten der Leute haben, kann man doch mit Sicherheit sagen, dass die meisten Leute nicht anfangen werden, Rad zu fahren, weil es sich in der Theorie gut anhört oder besser für die Umwelt ist (so traurig das auch sein mag). In der Tat spielen kulturelle Normen eine erhebliche Rolle bei den Verkehrsgewohnheiten, und Critical Mass ist eine der Einrichtungen, die Menschen eine Gelegenheit bieten, neu zu überdenken, was es eigentlich heißt, ein *Radfahrer* zu sein. Solche Maßnahmen verändern nicht unbedingt die sozialen Stigmata, die häufig mit dem Fahrradfahren im Erwachsenenalter assoziiert werden (wie Armut oder Verschrobenheit), aber sie sind gerade da unerlässlich, wo der Spitzname *Radfahrer* ausschließlich in Verbindung mit Hotpants aus Elastan, verrückten alten Professoren oder in die Jahre gekommenen Jungfrauen verwendet wird.

Critical Mass kann auf keinen Fall die formelle Verfechtung des Radfahrens ersetzen, und die Bewegung bietet auch beim besten Willen keine Lösung des Verkehrsproblems. Viele Teilnehmer sind zugegebenermaßen unpolitisch oder chaotisch, und die Bewegung trägt kaum dazu bei, die sozialen und wirtschaftlichen Gegebenheiten der Automobilkultur zu modifizieren oder etwas an all dem, womit sich die gegenwärtige Stadtplanung herumzuschlagen hat, wie Asphalt, Straßen und so weiter, zu ändern. Aber Critical Mass ist in der Lage, Voraussetzungen zu schaffen, unter denen Menschen aktiv Fahrräder einsetzen, um öffentliche und soziale Räume neu zu denken, zu verstehen und letztendlich auch zu nutzen. Und – das ist vielleicht das Wichtigste – die Bewegung bietet Menschen, die auf stark befahrenen Straßen an den Rand gedrängt werden, eine Gelegenheit, das *Unmögliche möglich zu machen* und in das einzutauchen, was der Radfahrer Charles Higgins als *vergnügliches Abenteuer auf Rädern* beschreibt:

»Obwohl sie den Blutdruck von einigen Pendlern in der Rushhour in die Höhe treiben, sorgen die Critical-Mass-Aktionen für einen Wandel in der Vorherrschaft über die Straßen – wenn auch nur für ein paar Minuten. Tonnen von Stahl und Glas werden durch eine rollende Gemeinschaft von Menschen ersetzt, die miteinander reden und den Schutz der Menge erleben können ... Die Critical-Mass-Aktionen bieten Durchschnittsbürgern die Gelegenheit, sich gemeinsam mit anderen Radfahrern auf der Straße zu versammeln, die normalerweise eine Bedrohung für sie darstellt.«[22]

Menschen, die häufig bei Critical Mass mitmachen, bezeugen die Stärke dieser Erfahrung, da sie deutlich über den bloßen Akt des Radfahrens hinausgeht. Matthew Roth von der New Yorker *Time's Up!* schreibt, dass es »eines der wenigen authentischen Erlebnisse, die ich in einer Gruppe hatte« ist, während Radfahrer Isral DeBruin aus Wisconsin darüber sinniert, wie es seinen Ortssinn beeinflusst hat:

»Ich habe angefangen, Gefallen daran zu finden, Milwaukee von der Straße aus zu betrachten, indem ich mich schneller bewegt habe als ein Fußgänger, aber ohne Glas oder Motorengeräusch zwischen mir und den Gebäuden. Ich habe angefangen, Dinge zu sehen, die ich nie zuvor bemerkt hatte, und habe die Stadt auf eine ganz neue Weise empfunden. Ich konnte die Straßen fühlen. Ich konnte ihre Beschaffenheit fühlen.«[23]

An einer gemeinsamen Erfahrung mit einer Gruppe von anderen Radfahrern teilzuhaben und sein Recht auf eine per Rad befahrbare Stadt auszudrücken, kann ein tiefgreifendes Erlebnis sein, vor allem für jemanden, der keine Kontakte zu oder einfach kein Interesse an offiziellen Fahrradorganisationen, Vereinen oder traditionellen Fahrradveranstaltungen hat. Sie kann als Heranführung an eine größere Gruppe von Fahrradfahrern dienen, genauso wie sie die eigene Hingabe ans Radfahren oder die Selbstwahrnehmung als Radfahrer zu bestätigen, zu erneuern oder weiterzuentwickeln vermag. Kurz gesagt kann sie den Menschen einen Grund dafür geben, Rad zu fahren und stolz darauf zu sein. Ayleen Crotty, eine altgediente Fahrradaktivistin und eine der Moderatorinnen der *Bike Show* beim Sender KBOO in Portland, Oregon, sagt, die Critical-Mass-Bewegung sei, obwohl sie auch ihre Grenzen habe, doch ein »Forum für Radfahrer, um sich zu treffen, sich unterstützt und ermutigt zu fühlen ... um zu wissen, dass sie nicht allein sind«[24].

Indem sie einen einzigartigen Raum schaffen, in dem Gemeinschaften von Radfahrern durch ihre geteilte Liebe zum Fahrrad in Erscheinung treten, erfüllen die Critical-Mass-Aktionen eine wichtige Ritualfunktion, die dem Wahlspruch *Ride daily, celebrate monthly* greifbaren menschlichen Ausdruck verleiht. Das ist wohl der wertvollste Aspekt der Veranstaltung und zufälligerweise einer der Punkte, die Kritiker häufig übersehen, wenn sie Critical Mass anhand von Kriterien, die eher dafür geeignet wären, ein altes Radio zu bewerten, beurteilen – wenn sie nämlich fragen, ob Critical Mass eine deutliche Botschaft an ein passives Publikum sendet. Denn letztendlich liegt der Wert von Critical Mass nicht darin, was der Öffentlichkeit dadurch vermittelt wird, sondern darin, was die Aktionen mit denen machen, die jeden Monat daran teilnehmen.

## ... wir sind (immer noch) Verkehr

Wenn die Critical-Mass-Bewegung ausschließlich anhand ihres Vermögens beurteilt wird, den Thesen ihrer unerschütterlichsten Unterstützer gerecht zu werden, kann man sie wohl kaum als erfolgreich bezeichnen. Doch trotz der schlechten Presse und der Neigung vieler, sie entweder als Ruhestörung oder als bloße Straßenparty abzutun, ist Critical Mass viel mehr als einfach nur eine Protestform oder eine Fahrt zum Spaß. Für eine kurze Zeit unterbrechen Fahrradfahrer die Vorherrschaft der Automobile auf der Straße und versuchen etwas zugegebenermaßen Utopisches zu demonstrieren: Eine Vision der Macht der Pedale und eine am Menschen orientierte Gemeinschaft in Aktion. Darüberhinaus haben Fahrradfahrer diese Erfahrung oft dazu benutzt, die Funktion und die Nutzung des öffentlichen Raums aktiv infrage zu stellen und dabei die Politik der Kfz-Kultur von einer Seite zu beleuchten, die der Öffentlichkeit normalerweise vorenthalten wird. Critical Mass wird keine Revolution auslösen oder das Post-Automobil-Zeitalter einläuten, kann aber im besten Fall ein Ausdruck von Solidarität, Leidenschaft und kritischem Denken sein, welche die Grundlagen für das Gedeihen eines jeden fortschrittlichen Impulses sind; Critical Mass bringt andere dazu, zu überlegen, was möglich ist ... und was möglich wäre.[25] Zumindest ist Critical Mass ein Ausdruck schöpferischen Widerspruchs und ein öffentliches Experimentieren mit Freude in einem Zeitalter, in dem Apathie und Zynismus in Bezug auf echten Wandel (nicht den, der von Politikern und Werbern angepriesen wird) weit verbreitet sind. Selbst wenn diese Momente des Dissens nur kurz sind und gelegentlich schlecht ausgeführt und missverstanden werden, geben sie den Menschen doch die einzigartige Gelegenheit, sich zu fragen, wie sie ihre Stimmen, ihre Körper und sogar ihre Fahrräder einsetzen können, um ihr gemeinsames *Recht auf Stadt* zu leben.

## ZACK FURNESS

Zack Furness ist Assistenzprofessor für Kulturwissenschaften am Columbia College Chicago, in Pittsburgh aufgewachsen und Autor eines Buches zum Thema Fahrradaktivismus und Verkehrspolitik, *One Less Car* (2010). Und obwohl er ein entschiedener Befürworter des Fahrradfahrens ist, denkt er, dass es sich die Radgemeinschaften zu einfach machen; außerdem ist er weitaus mehr beeindruckt von alten Damen auf einem Cruiser als von Hipstern ohne Bremse. Furness fühlt sich nie *vehicular*, wenn er Rad fährt und er würde gerne jede zehnte Straße in Chicago in einen Gemeinschaftsgarten oder einen Spielplatz verwandeln. Seine Figur unterscheidet sich sehr von der der Models im *Bicycling Magazin*, und er besitzt auch keine Kleidung aus Elastan.

## FUSSNOTEN

1   Chris Carlsson, »Critical Massifesto« in »Critical Mass Essays, Flyers, Images from San Francisco, 1992–1998«. Online einzusehen unter www.processedworld.com/tfrs_web/history/Index.html. (Zuerst veröffentlicht im Juni 1994).

2   Rebecca Reilly, »Nerves of Steel«, Buffalo, Spoke & Word Press 2000; Travis Hugh Culley, »The Immortal Class: Bike Messengers and the Cult of Human Power«, New York, Villard 2001.

3   Jym Dyer, »Flocculating in the Streets of Berkeley«, Terrain, August 1993.

4   Vgl. John Jordan, »The Art of Necessity: The Subversive Imagination of Anti-Road Protest and Reclaim the Streets« in »DiY Culture: Party and Protest in Nineties Britain«, herausgegeben von George McKay, London, Verso 1998, S. 129-151.

5   Die Aktion in Budapest im Jahr 2008 lockte schätzungsweise 80.000 Radfahrer an, während bei Veranstaltungen in den Jahren 2006 und 2007 jeweils mehr als 30.000 Teilnehmer zu verzeichnen waren. Vgl. Zsolt Balla, »Critical Mass Wheels Away« in »The Budapest Sun«, 23. April 2008.

6   Michael Klett, »A Uniquely Democratic Experiment«, in »Critical Mass, Bicycling's Defiant Celebration«, herausgegeben von Chris Carlsson, Oakland, AK Press 2002, S. 90.

7   Vgl. Steven Bodzin, »Politics Can Be Fun« in »Critical Mass«, herausgegeben von C. Carlsson, S. 103.

8   Susan Blickstein and Susan Hanson, »Critical Mass: Forging a Politics of Sustainable Mobility in the Information Age«, in Transportation 28, 4 (2001), S. 6.

9   Bernie Blaug, »Crit Mass«, in »Critical Mass«, herausgegeben von Carlsson; Charles Higgins, »Critical to Recall Real 'Mass' Appeal«, San Francisco Guardian, 30. Juni 2000.

10  Dyer, »Flocculating in the Streets of Berkeley«.

11  Klett, »A Uniquely Democratic Experiment«, S. 90.

12 »Critical Mass Flame War«. Online unter www.monkeychicken.com/fwar.htm.

13 Beispiele siehe: Alex Storozynski, »End the Anarchy: Critical Mass Deserves a Police Escort to Keep It Safe«, a.m., New York, 5. November 2004; Elizabeth Press, Andrew Lynn und Chris Ryan, »Still We Ride«, Tandem Production, 2005 (Film).

14 Blickstein and Hanson, »Critical Mass«, S. 360.

15 Amy Stork, Interview mit dem Autor, 6. August 2004. Siehe auch Dave Snyder, »Good for the Bicycling Cause«, in »Critical Mass«, herausgegeben von Carlsson, S. 112.

16 Martin Wachs, »Creating Political Pressure for Cycling«, Transportation Quarterly 52, 1 (1998), S. 6.

17 Vgl. John Forester, »Effective Cycling«, Cambridge, MA, MIT Press 1993.

18 Adam Kessel, »Response to Boston CM Critics«, Chicago Critical Mass, 9. April 2000 Online unter chicagocriticalmass.org/about/faq/adamkessel.

19 Dyer, »Flocculating in the Streets of Berkeley«.

20 Dave Horton, »Lancaster Critical Mass: Does It Still Exist?« in »Critical Mass«, herausgegeben von Carlsson, S. 63-64. Vgl. Guy Debord, »Report on the Construction of Situations and on the International Situationist Tendency's Conditions of Organization and Action«, in »Situationist International Anthology«, herausgegeben von Ken Knabb, Berkeley, CA, Bureau of Public Secrets 1981, S. 25. Ursprünglich veröffentlicht in Paris im Juni 1957.

21 Charles Komanoff, »The Need for More Cyclists. Remarks to the Bicycle Education Leadership Conference/League of American Bicyclists in New York City, May 3rd 2005«. Online unter www.cars-suck.org/littera-scripta/LAB-talk.html.

22 Jeff Ferrell, »Tearing Down the Streets: Adventures in Urban Anarchy«, New York, Palgrave 2001, S. 115; Higgins, »Critical to Recall Real 'Mass' Appeal«.

23 Mindy Bond, »Matthew Roth, Bicycle Enthusiast, Time's Up,« Gothamist, 29. April 2005; Isral DeBruin, »Critical Mass: A Personal Perspective,« University of Wisconsin-Milwaukee Post, 5. September 2006.

24 Ayleen Crotty, persönliche Korrespondenz, 3. Januar 2007.

25 David Pinder, »Commentary: Writing Cities against the Grain,« Urban Geography 25, 8 (2004), S. 794.

HOLGER DAMBECK

# DEM PARADIES SO NAH

Ich bin schon in vielen Städten Rad gefahren, aber nirgends habe ich mich dabei so wohl gefühlt wie in Kopenhagen. Eine Rushhour, die auf dem Sattel gute Laune macht, so etwas gibt es ansonsten wohl nur noch in Amsterdam oder Münster. In Kopenhagen trifft eine intelligent geplante Infrastruktur auf Menschen, die das Rad mit einer Selbstverständlichkeit und Freundlichkeit nutzen, die ihresgleichen sucht.

Die Nørrebrogade gilt als der dicht befahrenste Radweg der Welt. Sie führt vom Norden direkt ins Kopenhagener Zentrum, rund 40.000 Radler sind auf ihr jeden Tag unterwegs, penibel erfasst von einem eigens aufgestellten Fahrradzähler. Morgens zwischen acht und neun Uhr ist der Radverkehr so dicht, dass man zu dritt nebeneinander fährt. Es gibt sogar eine grüne Welle extra für Radfahrer, damit diese zügig vorankommen. Für den normalen Autoverkehr ist die Straße schon seit Jahren gesperrt, der Platz reichte einfach nicht mehr für extra breite Radwege und Fahrspuren zugleich.

Die Ampel an der Königin-Luise-Brücke, etwa 600 Meter vor dem Zentrum, erzeugt jeden Morgen einen veritablen Drahteselstau. Binnen kürzester Zeit entsteht eine immer längere Radfahrertraube, die sich dann beim Umschalten der Ampel in Bewegung setzt. Die Leute ganz am Ende der Traube schaffen es mitunter nicht, im ersten Anlauf über die Kreuzung zu kommen, sie brauchen zwei Grünphasen. Die Stadt muss immer wieder Radwege verbreitern und Ampelschaltungen anpassen, damit der Radverkehr nicht am eigenen Erfolg erstickt.

Was macht Kopenhagen besser als Berlin, Köln oder Hamburg? Warum schwingen sich dort viel mehr Menschen als hierzulande jeden Morgen auf den Sattel? Ich glaube, es liegt auch an der guten Laune, die sich beim Radeln durch Kopenhagen einstellt.

Verkehrsplaner interessieren sich normalerweise nicht für Emotionen. Sie denken in Durchflussmengen, Fahrwegbreiten, Ampelschaltungen. Die Planer in Kopenhagen tun das ebenfalls. Aber die Stadt befragt ihre Radfahrer auch regelmäßig nach ihren Befindlichkeiten. Wie sicher fühlen sie sich? Was stört sie? Wovor haben sie Angst? Was gefällt ihnen?

Die Antworten, nachzulesen alle zwei Jahre im *Bicycle Account*, liefern ein aufschlussreiches Stimmungsbild. Beispielsweise ist der Anteil der Radfahrer, die sagen, dass sie sich sicher fühlen, in den letzten Jahren von 50 auf fast 70 Prozent gestiegen. Gleichzeitig ist die Zufriedenheit mit der Breite der Radwege gesunken. Die Ursache dafür ist offensichtlich: Der Radverkehr hat kontinuierlich zugenommen. Ein Weg, der noch vor ein paar Jahren ausreichte, ist nun zu eng, weil er inzwischen fast durchgängig zweispurig befahren wird.

Ein hohes subjektives Sicherheitsempfinden – das ist der entscheidende Faktor dafür, um mehr Menschen dazu zu bringen, aufs Rad zu steigen. In Städten ohne gute Infrastruktur gilt Radfahren für die wenigen, meist männlichen Pedaleure als das letzte große Abenteuer, das die Großstadt noch zu bieten hat. Eingekeilt zwischen Autos führen sie einen Kampf ums Überleben. Wenn sie bei Rot gekonnt über die Kreuzung huschen, dürfen sie sich wie Helden fühlen.

In solch einer Umgebung wagen sich nur wenige Frauen mit einem Velo auf die Straße. Sie nehmen Gefahr nicht als Herausforderung wahr, sondern als das, was sie ist: ein Hinderungsgrund fürs Radfahren. Kopenhagen ist da ganz anders: Frauen stellen dort sogar die Mehrheit der Radler. Ein eindeutiges Zeichen dafür, dass die subjektiv empfundene Sicherheit sehr hoch ist.

Und damit sind wir bei einem entscheidenden Unterschied zu den meisten deutschen Städten. Zwar gibt es dort inzwischen auch viel mehr Radwege, spezielle Ampeln und separate Spuren auf der Straße. Doch sicher fühlt man sich damit nicht automatisch.

Bei der Radinfrastruktur folgen Verkehrsplaner in Deutschland nämlich etwas anderen Prinzipien als ihre Kollegen in Dänemark und Holland. Sicherheit hat hierzulande die höchste Priorität, wogegen erst einmal nichts einzuwenden ist. Um Unfälle zu vermeiden, beten Planer wie auch der Allgemeine Deutsche Fahrrad-Club (ADFC) stets dasselbe Mantra: Das Fahrrad gehört auf die Straße.

In der Tat sprechen Unfallstatistiken genau dafür und gegen abseits der Straße geführte Radwege. Sind die Radfahrer von Bäumen oder parkenden Autos verdeckt, verschwinden sie aus dem Blickfeld der Autofahrer – und auch aus deren Bewusstsein. Schwere, mitunter auch tödliche Abbiegeunfälle sind die Folge.

Kommunen hierzulande haben deshalb viele Dutzende Kilometer Radspuren am rechten Fahrbahnrand angelegt – also direkt auf der Straße. Wenn auf dem Asphalt genug Platz ist, sind die Kosten dafür gering. Es genügen ein weißer Strich und ein zusätzliches Verkehrsschild. So macht eine Radspur nicht nur Unfall- und Verkehrsforscher glücklich, sondern auch die Kämmerer – eine typische Win-win-Situation.

Nicht jedoch für die Radfahrer. Die Radspur mag zwar objektiv ihre Sicherheit erhöhen, subjektiv jedoch nicht. Nicht nur, dass die Radspuren immer wieder von haltenden oder gar parkenden Autos blockiert werden, die Radler somit zum Ausweichen auf die Fahrbahn zwingen. Die Radfahrer werden auf ihrer Spur im schlimmsten Fall von zwei Seiten bedrängt. Links rauschen Lkw an ihnen vorbei, rechts öffnen sich immer mal wieder Türen parkender Autos. Entspanntes Radfahren sieht anders aus.

Derartige Radspuren findet man in Kopenhagen oder Amsterdam kaum. Dort gilt ein anderes Prinzip: Radfahrer gehören nicht auf eine dicht befahrene Straße, sondern auf einen Radweg. Und dieser ist baulich sowohl vom Fußweg als auch von der Straße abgetrennt, etwa durch eine hohe Bordsteinkannte. Dann kommt auch kein Autofahrer auf die Idee, darauf zu fahren oder zu halten. Und auch Konflikte zwischen Radlern und Fußgängern werden vermieden.

Obwohl Radfahrer beispielsweise in Holland von den großen Straßen komplett verschwunden sind, ist Radfahren dort trotzdem sicherer als in keinem anderen Land der Welt. Denn die Biker sind nur visuell verschwunden, im Kopf der Autofahrer aber weiterhin präsent. Jeder Autofahrer weiß, dass er beim Rechtsabbiegen aufpassen muss, und tut es auch. Übrigens auch deshalb, weil er meist selbst regelmäßig radelt. Das Fahrrad hat in Dänemark und in den Niederlanden eben einen ganz anderen Status als in Deutschland. Hierzulande ist es eher ein Aufregerthema – man denke nur an die von Bundesverkehrsminister Peter Ramsauer angestoßene Debatte über *Kampfradler*. Für die Dänen und die Holländer ist das Rad etwas ganz anderes – kein Streitobjekt, sondern eine Art kleinster gemeinsamer Nenner.

Beispiel Kopenhagen: Dort steigen vom Banker bis zum Studenten alle aufs Rad. Selbst der dänische Kronprinz Frederik kutschiert seinen Nachwuchs im Cargobike durch den Park. In den Niederlanden schwingt sich mit Mark Rutte auch der Premierminister regelmäßig aufs Fahrrad und lässt sich dabei von Journalisten fotografieren. Was hierzulande als exotisch gilt, ist zwischen Antwerpen und Amsterdam völlig normal.

Interessant ist auch die Motivation, warum beispielsweise Kopenhagener überhaupt das Rad benutzen. Die am häufigsten genannten Antworten lauten: Es ist am schnellsten. Es ist bequem. Und es ist billig. Das ist sehr pragmatisch gedacht – von Ideologie keine Spur. Der Umweltschutz ist kaum mehr als eine erwünschte Nebenwirkung. Die Kopenhagener radeln nicht, weil sie die Welt retten möchten, sondern weil sie zügig und ohne Nerverei ins Büro kommen wollen.

Eine wichtige Rolle spielt in Dänemark auch das Kostenargument: Parken ist im Zentrum Kopenhagens viel teurer als in deutschen Metropolen. Hinzu kommt die hohe Steuer auf Neuwagen, die den Preis eines Autos im Vergleich zu Deutschland etwa verdoppelt. Je teurer Autofahren ist, umso attraktiver wird das Rad.

Die hohen Autopreise sind sicher auch ein Grund für den Cargobike-Boom in Kopenhagen. Mit diesen dreirädrigen Transporträdern chauffieren viele Eltern erst ihre Kinder in die Kita und dann den Großeinkauf nach Hause. Lastenräder fungieren als vollwertiger Autoersatz. Das legendäre *Christiania-Bike* wurde 1984 in Kopenhagen erfunden. Später kamen Hersteller wie *Nihola* oder *Triobike* hinzu. Schätzungen zufolge gibt es in der dänischen Hauptstadt etwa 20.000 Cargobikes.

Dort und auch in Amsterdam ist der Drahtesel heute omnipräsent. Radfahrer haben die Zentren regelrecht okkupiert – gemeinsam mit Fußgängern. Aber das war nicht immer so. In den Siebzigerjahren gab es in Kopenhagen wie auch in Amsterdam Bestrebungen, die Stadt für den

Autoverkehr umzukrempeln. Amsterdam wollte die idyllischen Grachten zuschütten, um Platz für breite Straßen zu gewinnen. In Kopenhagen war Ähnliches geplant mit den schmalen Seen, die nordwestlich des Zentrums liegen.

Beide Metropolen hätten dieselbe Entwicklung nehmen können wie fast alle Städte Europas, in denen vor hundert Jahren noch massenhaft Rad gefahren wurde. Doch in Amsterdam wie Kopenhagen formierte sich der Widerstand gegen die radfeindliche Stadtplanung. Die Proteste waren erfolgreich, vielleicht auch, weil das Rad in beiden Ländern schon immer Teil der nationalen DNA ist. Ganz im Unterschied zu Deutschland, wo man sich immer noch als Autonation definiert, obwohl die Hersteller deutschen Kunden immer weniger Autos verkaufen.

Trotzdem war das Fahrrad kein Selbstläufer – weder in Amsterdam noch in Kopenhagen. Immer wieder gab es Streit um Straßenraum, der Autofahrern weggenommen und Radfahrern zugeschlagen wurde. Doch im Nachhinein betrachtet, haben sich die Radler fast immer durchgesetzt. Räder beanspruchen viel weniger des knappen Raums der Städte – und daher gab es kaum noch Argumente gegen sie.

Letztlich geht es um die Frage, wie Menschen in modernen Großstädten leben wollen. Soll der öffentliche Raum nach den Bedürfnissen der Autofahrer gestaltet werden? Das bedeutet: breite Straßen und riesige Parkflächen. Oder soll die Stadt ein attraktiver Ort sein, an dem sich Menschen gern aufhalten?

Architekten wie Jan Gehl aus Kopenhagen wissen, dass Lebensqualität entsteht, wenn Menschen dazu animiert werden, möglichst viele Wege zu Fuß oder auf dem Rad zurückzulegen. Und wenn es öffentlichen Raum gibt, der nur ihnen vorbehalten ist. Das Stresslevel sinkt, die Leute bewegen sich, sie beobachten einander, plaudern, flirten. Das klingt banal, aber es ist genau das, was uns Menschen bewegt. Gehl hat die Einführung großer Fußgängerzonen in Kopenhagen begleitet – inzwischen berät er Metropolen wie Melbourne, New York und Montreal beim Umbau zu *Städten für Menschen*, wie er sagt.

Deutsche Städte hinken den Metropolen in Dänemark und den Niederlanden mindestens 15 bis 20 Jahre hinterher. Nicht allein bei der Infrastruktur. Das Klima auf der Straße ist rauer, Autofahrer und Radfahrer betrachten einander eher als Gegner denn als gleichberechtigte Straßenbenutzer. Mancher Radfahrer nimmt sich nicht einmal selbst als Verkehrsteilnehmer ernst und pfeift auf rote Ampeln und Vorfahrtsregeln. Die Gelassenheit, die dänische und holländische Radler an den Tag legen, fehlt.

Keine Frage: Es wird noch viel Streit geben von Hamburg bis München um Parkplätze, die zugunsten der Räder geopfert werden müssen, und Fahrspuren, die zu Radwegen umgebaut werden.

Aber am Ende wird es sich für alle Beteiligten lohnen: Die Lebensqualität der Städte wird steigen, Lärm und Staus werden weniger und das Fahrrad wieder als das gesehen, was es ist: eine der besten Erfindungen der Menschheit.

## HOLGER DAMBECK

Holger Dambeck hat Physik studiert und arbeitet als Wissenschaftsjournalist. Er schreibt am liebsten über seine zwei Leidenschaften: Mathematik und Fahrräder. In seiner *Pedalritter*-Kolumne auf *SPIEGEL ONLINE* geht es um innovative Technik, Verkehrspolitik und die Psychologie des Radfahrens.

HEATHER L. REID

Übersetzung: Blanka Stolz

# MEIN LEBEN ALS PHILOSOPHIN AUF ZWEI RÄDERN

*Mein letztes Rennen*

Das letzte Rennen meiner Radsportkarriere bin ich vor über 20 Jahren gefahren, ich erinnere mich noch sehr gut daran. Es war ein Bahnradrennen, ein Sprintduell im *7-Eleven-Velodrome* in Los Angeles, das mittlerweile abgerissen wurde. Meine Gegnerin und ich wollten bei den Olympischen Spielen von 1988 teilnehmen, bei denen Bahnradrennen der Frauen erstmals olympische Disziplin war. Das Straßenrennen der Frauen war seit 1984 olympisch, und ich hatte mich auch damals schon für die *Olympic Trials* qualifiziert, dieses Mal war ich jedoch erfahrener und besser vorbereitet. Nachdem ich einige Jahre zuvor das College absolviert hatte, hatte ich mein Leben – mehr oder weniger – dem Radsport gewidmet. Während meiner ganzen Collegezeit bin ich aktiv Rennen gefahren und gewann sogar eine nationale studentische Meisterschaft. Durch das Radfahren habe ich viel über Training, Ernährung, Strategie und mentale Vorbereitung gelernt; vor allen Dingen habe ich mich selbst kennengelernt. Und es gab eine Frage, die ich mir bei diesem Rennen selbst stellte: Bin ich gut genug, um eine *Olympionikin* zu sein?

Das Rennen bestand aus drei Runden auf einer 333-Meter-Bahn. Sprintläufe fangen fast immer langsam an, da man die Höchstgeschwindigkeit nur für etwa 200 Meter halten kann – wenn man zu früh beschleunigt, fährt die Gegnerin in den Windschatten und katapultiert sich so zum Sieg. Also muss man sie entweder in die Führung zwingen (tatsächlich stoppen einige Bahnradfahrer und balancieren auf dem stillstehenden Rad), oder man muss das Rennen von vorne kontrollieren. Ich konnte meine Kraft zu Beginn explosionsartig abrufen, war aber nach hinten raus nicht die Schnellste. Also habe ich mich gleich nach dem Startschuss an die Spitze gesetzt, vor und unterhalb meiner Gegnerin, um sie effektiv auf der oberen Bahn zu halten.

Je höher die Bahn, desto weiter die Runde, d. h. wenn meine Gegnerin beschleunigte, um mich auf der oberen Bahn zu überholen, konnte ich leicht vorne bleiben. Und wenn sie langsamer wurde, um sich unter mich fallen zu lassen, konnte ich auf eine tiefere Bahn wechseln und ihr den Weg versperren. Um sie zu beobachten, musste ich das ganze Rennen zu ihr zurückschauen – das hatte ich trainiert. Ich konnte sehen, wie sehr es sie verunsicherte, so beobachtet zu werden.

Zu Beginn der dritten Runde schien sie sehr nervös. Sie begann auf der oberen Bahn zu beschleunigen und ich hielt ihre Geschwindigkeit, um vorne zu bleiben. Dann, vor der letzten Kurve, startete ich einen Überraschungsangriff. Ich hatte nicht genau geplant, wo ich starten würde. Ich hatte mir überlegt, dass, wenn ich mich selbst überrasche, ich sicher sein kann, sie auch zu überraschen. Es funktionierte: Ich konnte spüren, wie sie erschrak, als ich einen Sprung nach vorne machte und sie so kurz vor der letzten Kurve um mehrere Meter zurückfiel. Als ich um die Kurve fuhr, nahm ich den Druck von den Pedalen, um sie zu zwingen, den längeren Weg im Wind zu fahren statt in meinem Windschatten. Ich konnte sie laut atmen hören und sah sie aus dem Augenwinkel über meinem Hinterrad. Auf der Zielgeraden gab ich noch mal richtig Gas – überzeugt von meiner knappen Führung gab ich alles. Ich hatte ein perfektes Rennen hingelegt, ich war auf dem Weg ins olympische Team! Dann hörte ich etwas, was sich anhörte wie ein Zug, der von hinten heranrast, und kurz vor der Ziellinie fuhr sie an mir vorbei.

Man könnte nun denken, ich hätte am Boden zerstört sein müssen. So viel Zeit und Mühe hatte ich diesem einen Ziel gewidmet. So viele Kilometer, so viel Schweiß, so viele Opfer – alles umsonst. Stattdessen überraschte mich ein seltsames Gefühl der Zufriedenheit. Es fühlte sich nicht so an, als ob die ganzen Jahre der Mühe umsonst gewesen seien, im Gegenteil. Ich war ein gutes Rennen gefahren – vielleicht sogar das perfekte Rennen. Ich kannte meine Stärken und Schwächen und habe meine Karten so gut ich konnte gespielt – meine Gegnerin war einfach schneller. Demnach hatte sich meine Frage beantwortet: Ich war keine Olympionikin.

In all den Jahren, in denen ich versuchte, eine olympische Athletin zu werden, kultivierte ich eine Art *olympische Seele*. Radfahren war das Medium, durch das ich mich selbst kennenlernte und hochfliegende Ideale verfolgte. Es war mein Weg zu Weisheit und Tugend. Es war eine gelebte Philosophie. Jetzt bin ich Professorin für Philosophie – untergetaucht in Büchern, Vorlesungen und Konferenzen fahre ich immer noch Rad in dem Streben nach Weisheit. Der Unterschied ist, dass ich jetzt verstehe, dass Radfahren für mich Philosophie ist. Damals wusste ich nur, dass ich sogar mit einer Niederlage zufrieden war.

## *An der Startlinie*

Wenn man sich entscheidet, Radrennen zu fahren, ist die erste Frage, die man sich stellt: Werde ich gut darin sein? Sicherlich gibt es einige Athleten, die sich dieser Frage mit mehr Selbstbewusstsein nähern als andere, aber keiner stellt sich an der Startlinie mit dem sicheren Gefühl des Sieges auf.

Ich war in allen möglichen Sportarten eine gute Athletin. Ich war also halbwegs selbstsicher, als ich mich entschied, Radrennen zu fahren. Aber wenn es darauf ankam und die Startpistole das Signal gab, musste ich mich, so wie jeder andere auch, dem Ungewissen stellen.

Alleine, wie man sich an der Startlinie aufstellt, ist eine politische Entscheidung. Rundstreckenrennen, sogenannte *Kriterien*, beginnen schnell, jeder will ganz vorne sein und jeder drängt zur Startlinie, sobald das Rennen aufgerufen wird. Manche fahren am Fahrerfeld vorbei, um sich dann von vorne einzureihen – dazu muss man schon eine Menge Chuzpe haben und es funktioniert nur, wenn die anderen Fahrer einen respektieren. Nobodies, die das versuchen, werden nicht gerne gesehen. Manchmal ruft die Rennleitung Weltmeister oder Olympiasieger zuerst an die Startlinie – darüber beschwert sich keiner, egal wie hart man um einen Platz ganz vorne gekämpft haben mag. Diese Fahrer haben das, wonach der Rest von uns strebt – den Beweis ihrer Klasse. Aber wenn sich das Fahrerfeld an der Startlinie versammelt hat, in diesen stillen Momenten bevor die Startpistole losgeht, müssen sich sogar Champions unsicher fühlen.

An der Startlinie sind wir alle Philosophen. Philosophie wurzelt naturgemäß in Unsicherheit. Der Begriff *Philosoph* bedeutet auf Griechisch *Liebhaber der Weisheit*. Man sagt, Pythagoras hätte den Begriff geprägt, um die Denker zu beschreiben, die ihre Unwissenheit anerkennen, im Gegensatz zu denen, die meinen, sie wüssten alles. Ein Philosoph zu sein bedeutet, mutig in Fragen einzutauchen: Fragen über sich selbst, über andere, über die Welt, über das, was, wenn überhaupt, über die Welt hinaus existiert. Es bedeutet, die Bequemlichkeit der Gewissheit aufzugeben und sich in den immensen und ewigen Kampf zu begeben, zu lernen – ohne Garantie auf Erfolg und in dem Bewusstsein, dass das erlangte Wissen neue Fragen nach sich zieht.

Aus diesem Grund müssen Philosophen und philosophische Sportler Freude am Kampf empfinden, nicht nur am Sieg (der sowieso von der Qualität des Kampfes abhängt). Als Radrennfahrerin war meine erste und größte Herausforderung schlicht und einfach, das meiste aus mir herauszuholen.

Ich erinnere mich, dass ich einen der erfahrensten Fahrer in unserem *Santa Barbara Bicycle Club* um Rat fragte. Er war ein ehemaliger nationaler Meister und eine Quelle großer Weisheit. Wenn man von ihm etwas lernen wollte, musste man ihn fragen – so wie Sokrates. Ich fragte ihn, wie man für Sprints trainiert – angesichts meiner kurzen Rennen eine entscheidende Fähigkeit. Er gab mir einige praktische Tipps: Trainiere Sprints am Anfang der Woche, such dir eine Strecke aus, die leicht bergab führt, gib auf den letzten 200 Metern alles und so weiter. All das hätte ich auch von vielen anderen lernen können. Aber dann stellte ich eine philosophischere Frage: »Woher weiß ich, wann ich alles gebe?«

»Wenn du wirklich sprintest«, sagte er, »dann fühlst du das in deinen Zähnen.« In meinen Zähnen fühlen? Ich hatte keine Ahnung, was er damit meinte. Der Satz blieb trotzdem hängen, während ich das Rätsel meiner Leistung hin und her wendete wie die Farbfelder eines *Rubik's Cube*. Ich dachte über Leute nach, die Autos stemmen oder in Notsituationen unglaubliche Kraftanstrengungen vollbringen. Wir haben so viel mehr Kraft – in unserem Verstand und in unserem Körper –, als wir je nutzen. Nur, wie komme ich da ran?

Dann, eines Tages, passierte es. In Santa Barbara absolvierten wir wöchentliche Trainingseinheiten in einem nahegelegenen Gewerbegebiet: Männer, Frauen, Junioren, Senioren fuhren zusammen Rennen – ein ziemlich harter Test für mich. Am Ende eines dieser Rennen, als ich um die letzte Kurve fuhr, begann ich zu sprinten, gab alles, das Ziel vor Augen. Ich kam irgendwo unter den ersten zehn über die Ziellinie. Die eigentliche Belohnung aber kam, als ich nach dem Ziel erschöpft ausfuhr: meine Zähne brummten! Ich bin mir sicher, dass es dafür eine biologische Erklärung gibt. Das Entscheidende war, dass ich mich selbst so stark motivieren konnte, dass es überhaupt passierte. Das war für mich der Durchbruch. Zum ersten Mal fragte ich mich, ob auch ich eines Tages eine nationale Meisterschaft gewinnen könnte.

Das unauflösbare Rätsel der *Leistung* dominierte meine Radsportkarriere. Doch mit dem Wissen und der Erfahrung, die ich sammelte, wurde meine physische Vorbereitung vorhersehbarer und weniger wichtig. Wenn man erfolgreicher wird, egal in welcher Sportart, begreift man, dass Talent und harte Arbeit alleine keinen Erfolg garantieren. Alle Spitzenfahrer haben Talent und alle trainieren hart. Die meisten sind taktisch sehr gerissen und haben ganze Teams hinter sich, die sich ihrem Sieg widmen. Solche Rennen zu gewinnen, erfordert mehr als brummende Zähne – man muss alles geben, was man hat. Und selbst dann ist der Sieg immer noch ungewiss.

Das erste große Rennen, das ich gewann, war ein Rundstreckenrennen auf dem *National Circuit* in North Carolina. Alle großen Teams und die besten Fahrerinnen waren da. Ich fuhr ohne Teamkolleginnen, profitierte aber von der Taktik der anderen Teams. In der vorletzten Runde zog das Tempo an und das Fahrerfeld trennte sich in zwei Hälften. Ich war in der zweiten Gruppe, holte aber die Ausreißerinnen kurz vor der letzten Kurve ein. Ich sah, wie sich die Teamleaderinnen argwöhnisch beobachteten, wodurch ein Moment des Zögerns entstand. Ich trat in die Pedale. Es fühlte sich an, wie wenn man vom 10-Meter-Sprungturm springt und alleine mitten in der Luft ist. Ich fand eine Lücke und gab alles in Richtung Ziellinie. Ich konnte fühlen, wie das Fahrerfeld von hinten näher kam. Als ich mich der Ziellinie näherte, nahm ich einige Fahrerinnen aus den Augenwinkeln wahr, aber ich überquerte die Ziellinie als Erste. Ich hatte gewonnen!

Oder vielleicht auch nicht. War es wirklich die letzte Runde? Was wäre, wenn ich den Sprint eine Runde zu früh angesetzt hätte? Meine schnell näher kommenden Konkurrentinnen fuhren an mir vorbei und ich wartete verzweifelt darauf, dass sich eine von ihnen aufsetzte und aufhörte zu treten. Dann erst konnte ich mir sicher sein, dass das Rennen vorbei war. Letztendlich nahm eine Fahrerin ihre Hände vom Lenker, sah zu mir zurück und sagte: »Guter Sprint! Da hast du uns ganz schön überrascht.«

Ich glaube, dass ich nickte und irgendetwas sagte, ich weiß aber nicht mehr was. In mir schrie alles: »Du hast gewonnen!!« Es zeigt sich, dass sogar der Sieg ungewiss sein kann – zumindest für einen Moment.

Aber auch die Erleichterung des Sieges ist immer nur von kurzer Dauer. Nachdem ich meine Auszeichnung entgegengenommen hatte und meinen Namen schwarz auf weiß sah, kam die Unsicherheit wieder zurück. Ich hatte mir eine Reihe von Zielen auf einem Zeitplan aufgeschrieben. Immer wenn ich ein Ziel erreicht hatte, konzentrierte ich mich auf das nächste.

Tatsächlich bereue ich an meiner Radsportkarriere am meisten, dass ich meine Siege nicht mehr genossen habe; dass ich nicht mehr Befriedigung aus dem zog, was ich erreicht hatte. Ich war immer schon bei der nächsten Herausforderung – wollte immer alles besser machen und mehr lernen. Der wahre Philosoph erreicht sein Ziel nie ganz. Der klügste von allen, Sokrates, sagte bis zu seinem Tod: »Ich weiß nur, dass ich nichts weiß.«

## *Der Wahrheit entgegen*

Ich begegnete einer weiteren Unsicherheit in meiner Radsportkarriere, einer anti-philosophischen: der Unsicherheit, die Doping verursacht. Ich persönlich habe nie leistungssteigernde Mittel genommen. Allerdings wurden mir auch weder welche angeboten noch wurde ich von Trainern unter Druck gesetzt, welche zu nehmen. Am wichtigsten war jedoch, dass ich nie daran glaubte, dopen zu müssen, um mein Ziel –

die Olympischen Spiele – zu erreichen. Das war vielleicht ein Irrglaube, aber es rettete mich vor der Falle, die bei so vielen anderen zuschnappte. Ich wusste, dass einige meiner Gegnerinnen leistungssteigernde Mittel nahmen – wir alle wussten es. Das geläufigste Mittel in meiner Ära waren Steroide. Die Auswirkungen waren dramatisch.

Ich erinnere mich an eine Frau, die zuvor leicht übergewichtig unter *ferner liefen* fuhr und beim ersten Rennen der nächsten Saison mit der Hälfte des Körperfetts und der doppelten Muskelmasse erschien. Ihre Ergebnisse verbesserten sich eindrucksvoll und sie schaffte es sogar in die Nationalmannschaft. Alles was wir tun konnten, war, zu hoffen, dass sie früher oder später auffliegt. Sie flog auf; eher später als früher. Nach einer dreimonatigen Sperre heiratete sie einen mit Steoriden handelnden Radsportler aus einem anderen Land und fuhr weiter für dessen Land in der Nationalmannschaft. Jeder wusste, dass sie dopte, wir gaben ihr den Spitznamen *Juicy Lucy*. Es ärgerte mich richtig, ihren Namen unter den olympischen Medaillengewinnern in einem Buch zu finden, das sich dem 100-jährigen Jubiläum der Spiele widmete.

Ich würde trotzdem sagen, dass – obwohl einige (vielleicht auch viele) Radsportler die Ziele erreichten, an denen ich scheiterte – ich am Ende etwas viel Wertvolleres fand, nämlich Wahrheit. Sportliche Wettkämpfe sind wahrheitssuchend. Sie sind konstruiert wie wissenschaftliche Experimente. Für alle gelten die gleichen Voraussetzungen und für alle gelten die gleichen objektiv definierten Ziele. Sie sind dazu da, Dinge herauszufinden. Die Ergebnisse, die man in einem Wettkampf erreicht, haben eine Art von Wahrheit inne, die all das Gerede und die Posen der Sieger übertrifft.

Ich glaube, deshalb lieben wir Sport so sehr: Er versucht unser menschliches Streben nach Wissen zu erfüllen. Aber die geheime Einnahme von leistungssteigernden Substanzen stört die Gültigkeit von Ergebnissen und streut Zweifel über einen Prozess, der dazu da ist, Sicherheit zu erzeugen. Menschen fangen nicht an Sport zu treiben, um herauszufinden, ob sie mit dem richtigen Doping gewinnen können, sondern ob sie es auf Grund ihrer eigenen Leistung können. Viele Fahrer lehnen Doping ab, weil sie untereinander im Wettbewerb bleiben wollen. Vielleicht sind saubere Athleten die wahren Champions und erfahren es möglicherweise nie – zumindest aber wissen sie, dass ihre Leistungen wirklich ihre eigenen sind.

Die erkenntnistheoretische Hinterlist des Dopens erreichte mich erst, nachdem meine Radsportkarriere vorbei war. Irgendjemand gab mir eine Ausgabe eines Magazins, in der eine meiner früheren Gegnerinnen zugab, dass ihre Karriere von allen möglichen Substanzen befeuert worden war: Steroide, Amphetamine, Schmerzmittel, alles Mögliche. Sie gestand dies als Warnung an andere. Scheinbar hatte sie ihren Körper so sehr geschädigt, dass sie kaum noch laufen konnte. Als ich dies las, dachte ich an das *Nevada City Cycling Classic*. Ein hartes Rennen mit einem bergigen Streckenverlauf in der kalifornischen Sierra. Ich stürzte und mein Bremsgriff ging kaputt. Ich schob zur Ziellinie zurück, um ein Ersatzfahrrad zu organisieren. Das ganze Team war von der Leistung der Athletin wie hypnotisiert, die alleine einen Ausreißversuch gestartet hatte. Sie lag Minuten vor dem Peloton. Die Fahrerin war mit einem Herzfrequenzmonitor ausgestattet, damals technisch der letzte Schrei, und die Rennleitung schwadronierte, dass sie die fitteste Athletin sei, die sie je getestet hatten. Ich erinnere mich, wie ich da stand, selbst ein bisschen sprachlos – und voller Bewunderung für die große Athletin.

Tatsächlich schaffte sie es ins olympische Team, wurde aber in letzter Minute ausgeschlossen. Nicht weil sie krank war, so die offizielle Version, sondern weil (wie ich später hörte) sie einen geheimen internen Dopingtest nicht bestanden hatte. Ich fühlte mich wie betäubt, als ich den Artikel las – und gleichzeitig beruhigt, dass meine Unterlegenheit vielleicht doch nicht so groß war, wie es an jenem Tag in Nevada schien. Ich fühlte mich aber auch ein bisschen wie das Opfer einer Betrügerin. Wie *wahr* waren meine Ergebnisse, wenn meine Gegnerinnen gedopt waren?

Meine Gegnerin beantwortete diese Frage in dem Artikel selbst: Sie sagte, sie glaubte, sie hätte auch ohne Doping alles gewinnen können. Diese Aussage bestürzte mich. Wie konnte sie das glauben? Das Einzige, was sie niemals wissen wird, ist, wie gut sie ohne Doping gewesen wäre. Außerdem versagte sie mir und ihren anderen sauberen Gegnerinnen die Chance herauszufinden, wie gut wir im Vergleich zu ihr waren. Wären alle meine Gegnerinnen dopingfrei gewesen, hätte ich vielleicht mehr von meinen Zielen erreicht. Was aber viel wichtiger für mich ist, ist das sichere Wissen, dass ich das, was ich erreicht habe, selbst erreicht habe. Meine Leistung – so unvollkommen wie sie war – war immer noch eine Art Wahrheit.

## *Die Berge hoch*

Als Philosophin verschafft mir ein ausdauernder Streit mehr Befriedigung als eine schnelle Einigung. Und als Athletin war ich mit einer ehrlichen Leistung zufriedener als mit einem hohlen Sieg. Am Ende sind die Preise und die Ehre, die dem Sieger gezollt werden, nur ein Deckmantel für das, was wirklich im Sport wichtig ist: die Kultivierung von Werten. Wenn wir als junge Athleten von Meisterschaften oder olympischen Goldmedaillen träumen, wollen wir nicht die Trophäe selbst, sondern wir wollen die Art von Person sein, die solch eine Auszeichnung verdient hat.

Wir wollen tugendhafte Menschen sein, die mit Werten wie Mut, Disziplin, Respekt und Gerechtigkeit erfüllt sind. Menschen, die in der Lage sind, diese Eigenschaften in Handlung zu verwandeln. Weisheit, das Ziel der Philosophen, ist im Grunde die Fähigkeit, Wissen in den Dienst des Guten zu stellen. Wie die Großmutter einer meiner Studenten sagte: »Du weißt vielleicht, dass eine Tomate eine Frucht ist, aber es gehört Weisheit dazu, sie nicht in den Obstsalat zu geben.« Eines der schönen Dinge, die ich durch das Radfahren lernte, ist, dass das Streben nach einem Sieg mir half, diese Werte zu kultivieren – selbst dann, wenn ich den Sieg nicht erreichte.

Radfahren kann helfen, diese Werte zu entwickeln, auch ohne Wettkampf. Alles was man braucht, ist eine Herausforderung – zum Beispiel einen steilen Berg, den man erklimmen möchte. Nachdem ich meine Radsportkarriere beendete und anfing, Philosophie zu studieren, leitete ich als Sommerjob Fahrradtouren durch die Berge Europas. Als Radsportlerin war ich nie eine gute Kletterin. Wenn es darauf ankam, war ich eine schnelle Abfahrerin: Ich musste immer aufholen, was ich beim Anstieg verloren hatte. Dennoch mochte ich die Berge nie wirklich und ganz sicher habe ich es nie genossen, hohe Bergpässe wie den Stelvio, Marmolada, Gavia oder den Giau hochzuklettern. Heute geben mir diese Berge etwas, das der Herausforderung ähnelt, die ich verlor, als ich aufhörte, Radrennen zu fahren. Berge verlangen Tugendhaftigkeit von mir und halten mich davon ab, total zu verweichlichen. Heute fahre ich einmal im Jahr mit *CycleItalia*, der Firma, die ich gemeinsam mit meinem Mann betreibe, diese Berge hoch. Es geht nicht darum, wie schnell man den höchsten Punkt der Passstraße erreicht. Es geht darum, was man in sich braucht, um überhaupt anzukommen.

Vor allen Dingen erfordern die Berge Mut. Nicht nur wegen der gefährlichen Abfahrten, sondern auch weil man weiß, dass man während des Aufstiegs leiden wird und dass es keine extrinsische Belohnung geben wird. Der Anstieg des Marmolada (Passo Fedaia) in den italienischen Dolomiten beginnt mit einem langen Tal, das aussieht, als sei es flach. Tatsächlich steigt die Route jedoch um 14 Prozent an. Ich mühe mich ab, nur um das Rad in Bewegung zu halten, und trotzdem scheint es, als würde ich nicht vorankommen. Es fühlt sich an, als würde man eine abwärtsfahrende Rolltreppe hochlaufen. Wenn man die letzten paar Serpentinen-Kilometer erreicht, denkt man, die Steigung würde abnehmen – tut sie aber nicht. Tatsächlich hat der letzte Anstieg, der flach aussieht, wenn man auf ihn zufährt, eine Steigung von rund 15 Prozent. Ich glaube nicht, dass ich den Marmolada jemals geschafft habe, ohne mindestens einmal anzuhalten und erschöpft über meinem Lenker zu hängen. Der Anstieg quält mich immer noch, obwohl ich all seine Finten und Tricks kenne. Alle Jahre versuche ich es wieder, nur um auszuprobieren, ob ich es nach oben schaffe oder nicht. Die Frage ist nicht die Entfernung, die Geschwindigkeit und die Höhe – es ist eine Frage meiner Standhaftigkeit und der Wunsch, diese immer wieder zu testen.

Als professionelle Philosophin bin ich häufig mit Ablehnungen konfrontiert. Ich verschicke Texte, Buchexposés und Anträge für Stipendien – die meisten von ihnen werden abgelehnt. Der Mut, es immer wieder zu versuchen, ist derselbe Mut, der mich antreibt, immer wieder diese zermürbenden Berge zu bezwingen. Jeder Berg hat seinen eigenen Charakter und verlangt unterschiedliche Dinge vom Fahrer. Der Passo Stelvio in Italien ist 29 Kilometer lang und hat 48 Haarnadelkurven – die Spitze des Berges bleibt unsichtbar, bis man etwa 20 Kilometer hinter sich hat. Und selbst dann ist es ein eindrucksvoller Zickzack-Kurs, der einen steilen Berg hinaufführt. Um diesen Anstieg zu packen, muss man klug sein. Es gibt einige Stellen, an denen die Steigung flach ist und man versucht ist, schneller zu fahren. Die gesamte Tour dauert ungefähr drei Stunden. Wenn man in den unteren Kehren zu viel Energie aufwendet, bleibt nichts für den Gipfel übrig. Der Stelvio ist ein Anstieg, der Disziplin und Weisheit belohnt. Ich habe gelernt, frühen Versuchungen zu widerstehen und subtile Hilfshinweise zu akzeptieren. Ich nehme den langen Weg außen in der Spitzkehre, dort ist die Straße flacher und ich habe Zeit, um wieder zu Atem zu kommen. Wenn die Steigung nachlässt, bleibe ich in den unteren Gängen: Wenn der Berg einem eine Pause gibt, dann nimm sie, sage ich. Einen Berg hochzufahren hat so viel mit Klugheit zu tun wie mit Muskelkraft.

Die vielleicht wichtigste Tugend im Umgang mit Bergen ist Respekt. Man muss nicht nur ihre sportlichen Anforderungen respektieren, sondern auch die Gefahr, die durch Wetterveränderungen droht. In den Alpen kann man bei perfekt blauem Himmel losfahren und schlotternd in Graupelschauern oder sogar im Schnee enden. Einmal habe ich als Tourleiterin ein Begleitfahrzeug den Col d'Iseran in Frankreich hochgefahren – einen der höchsten Alpenpässe. Unten im Tal in Lanslebourg war es warm und sonnig, ein paar unserer Gäste saßen beim Mittagessen in einem Café. Ich bekam einen Anruf, dass es auf dem Anstieg angefangen hatte zu regnen und dass ich vorfahren und die Gäste, die keine Regenjacken dabei hatten, einsammeln sollte. Die Gäste im Café wollten nicht in das Auto einsteigen. Ihr Protest endete, als wir um eine Ecke fuhren und der blaue Himmel schwarz wurde. Auf den unteren Kehren regnete es, auf dem Gipfel gab es sogar Schneeregen. Die Radfahrer standen frierend unter einem engen Vorsprung. Sie mussten mich festhalten, während ich im eiskalten Regen und Wind die Räder auf das Dach des Autos hievte. Ich drehte die Autoheizung voll auf und fuhr vorsichtig den Berg zum Hotel hinunter. Eine Stunde später war der Himmel wieder klar, aber wir hatten unsere Lektion gelernt. Große Herausforderungen erfordern Mut, Disziplin und Respekt; und große Herausforderungen bauen Mut, Disziplin und Respekt auf.

## *Hals- und Beinbruch*

Natürlich verbringe ich nicht meine ganze Zeit damit, in den Alpen Rad zu fahren. Verglichen mit meinen Jahren als Radsportlerin verbringe ich verhältnismäßig wenig Zeit auf meinem Rad. Viele meiner sportlichen Werte bilden sich nun in meiner akademischen Karriere ab, nur bin ich als Professorin nicht so ambitioniert wie als junge Sportlerin. Radfahren hat mich gelehrt, eine Perspektive zu haben – sich zu erinnern, was wichtig ist, und eine Balance zu finden. Ich erinnere mich an ein Jahr, als ich an der *Tour of Denver* teilnahm. Etwa in der Mitte des Rennens gab es einen heftigen Hagelsturm. Das Fahrerfeld brach auseinander und ich fuhr alleine in der Dunkelheit weiter bis zu dem Punkt, wo mein

Großvater seinen großen Lincoln am Rande der Strecke geparkt hatte. Mein Bruder stand davor, durch den Regen und Hagel schielend, und hielt mir eine dünne Nylonjacke entgegen. Ich stoppte und zog die Jacke an. Dann dachte ich: »Was zur Hölle mache ich hier draußen?«, und setzte mich ins Auto, bis der Sturm vorüber war. Meine Großmutter sagte mit teilnahmsvollem Gesicht: »Ich bin froh, dass du eingestiegen bist, Liebes, draußen ist es schrecklich.« Dort mit meiner Familie, triefend nass, wurde mir klar, dass das Rennen im Grunde nicht so wichtig war.

Nach einer Weile klarte der Himmel auf. Ich setzte mich wieder aufs Rad und beendete das Rennen. Ich habe noch im Ohr, wie der Rennleiter sagte: »Rennen beendet«, als ich über die Ziellinie fuhr. Mir war es egal, auf welchem Platz ich landete, dass ich das Rennen fertig fuhr, das war wichtig. Ein Philosoph zu sein bedeutet, wie ich bereits sagte, Weisheit anzustreben – und das bedeutet, dranzubleiben, auch wenn es hart ist, und systematisch nach einem Ziel zu suchen. Der Grund, warum Philosophen nach Weisheit streben, ist in erster Linie der Glaube, dass Weisheit ihr Leben – und das von anderen – verbessern wird. Wenn man Sport, inklusive des Radfahrens, höher stellt als Gesundheit, Familie oder Freundschaft, würde man dem Sport und sich selbst Unrecht tun. Die alten Griechen sagten früher: *Nichts im Übermaß* – dieselben Griechen, die die Olympischen Spiele erfanden. Vielleicht mussten sie sich selbst warnen, um ihre Ambitionen im Zaum zu halten. Wenn man es richtig macht, fördert Radfahren die physische und mentale Gesundheit. Aber es muss das Leben eines Menschen nicht dominieren, um es besser zu machen.

Heutzutage quetsche ich meine Radfahraktivitäten meistens in einen vollen Tag, indem ich zur Arbeit per Fahrrad pendele. Oft fahre ich ein Fixie, damit eine Art Training daraus wird. Der größte Vorteil des Pendelns ist aber ein mentaler: Zeit und Ruhe, um zu denken. Sogar als ich auf dem College war und sehr ernsthaft trainierte, habe ich viel nachgedacht und etwa Aufsätze strukturiert, während ich durch die Hügel von Charlotteville, Virginia fuhr. Ich habe irgendwo gehört, dass Radfahren das verknüpfte Denken von linker und rechter Gehirnhälfte fördert, weil es beide Körperhälften gleichermaßen beansprucht. Für mich hört sich das nicht so richtig überzeugend an, aber irgendetwas am Rhythmus des In-die-Pedale-Tretens bringt meine Gedanken in Gang. Meine kurzen Pendelstrecken und Wochenendtouren verschaffen mir leeren mentalen Raum, in dem ich mich auf nichts Besonderes konzentrieren muss. Raum, weit genug für philosophische Gedanken über die Natur des Lebens oder die Flexibilität von Gerechtigkeit. Radfahren mag keine Philosophen hervorbringen, aber es schafft für Philosophen den Raum, um zu denken und zu wachsen.

## *Mein bestes Rennen*

Wenn ich auf fast 30 Jahre Radfahren zurückschaue, denke ich, dass mein bestes Rennen weder Sieg noch Niederlage war, sondern eines, das die philosophische Natur des Radfahrens deutlich machte. Am Wochenende, bevor ich vom College abging, fand das lange *Twilight Criterium* in Athens, Georgia statt. Das *7-Eleven*-Team, zu dieser Zeit das beste Frauenteam der Welt, nahm mit der aktuellen Olympiasiegerin Rebecca Twigg und der Sprint-Weltmeisterin Connie Paraskevin teil. Ich hatte meine Trainingseinheiten in meinen engen Stundenplan gezwängt und war mit der Balance in meinem Leben zufrieden. Trotzdem hatte ich ein wenig Angst, gegen diese Favoritinnen anzutreten. Ich fühlte die bekannte Unsicherheit, als ich an der Startlinie wartete. Da ich nicht zu denen gehörte, die zur Vorstellung nach vorne gerufen wurden, stand ich in der Masse dahinter. Nach ein paar Runden des Rennens sah ich, wie Twigg auf einem kleinen Hügel angriff, und ich nahm die Verfolgung auf. Ich gab alles, um aufzuschließen, und als ich sie erreichte, sah sie zu mir zurück – mit einem, wie mir schien, enttäuschten Blick. Ungefähr eine Runde lang konnte ich mithalten. Als wir wieder bei dem kleinen Hügel waren, sah sie wieder zu mir zurück, trat ein paar Mal kräftig in die Pedale und hängte mich ab. Darin lag eine Art von Wahrheit – die gleiche befriedigende Wahrheit, die ich auch am Ende meines letzten Rennens fühlte: Es gab einen Grund, warum sie Olympiasiegerin war.

Als das Fahrerfeld mich wieder einholte, dachte ich kurz nach. Es war enttäuschend, dass ich es nicht schaffte, an Twigg dranzubleiben, aber es war großartig, dass ich es geschafft hatte, an sie ranzukommen. Vielleicht war ich gut genug, um eines Tags im olympischen Team mitzufahren. Um das herauszufinden, gab es nur einen Weg: es weiter versuchen. Ich fuhr nach vorne und setzte mich alleine ab, in der Hoffnung, noch vor dem Ziel zu Twigg aufzuschließen. Ich konnte sehen, wie sie dort um die Kurve fuhr, wo die lange Zielgerade begann, schaffte es aber nicht, sie einzuholen. Immerhin hielt ich mich vor dem Fahrerfeld und wurde Zweite vor Connie Paraskevin, die, wenig überraschend, den Massensprint gewann. Es war ein hoffnungsvoller und optimistischer Augenblick, wie ich da mit den zwei Meisterinnen auf der Siegertreppe stand – die Bilder habe ich heute noch. Und während es sich damals so anfühlte, als stünde ich am Fuße eines Berges von Möglichkeiten, war ich in Wirklichkeit womöglich einfach schon an der Spitze angekommen – zumindest in Bezug aufs Radfahren.

Was aus diesem Rennen mein bestes macht, ist genau dieses wundersame Gefühl, etwas erreichen zu können; nicht nur als Radfahrerin, sondern auch als Mensch. Es waren der Mut, der Unsicherheit ins Gesicht zu sehen, der Wille, für Wahrheit hart zu arbeiten, und die Fähigkeit, Balance zu halten und eine Perspektive finden, die mich auf diese Siegertreppe brachten. Und genau diese Qualitäten machen einen Philosophen aus. Man könnte sagen, dass mein Ziel sich von der extrinsischen Belohnung der olympischen Medaille auf die intrinsische Belohnung der Weisheit verschob – aber eigentlich war Weisheit immer das Ziel. Und für mich wird Radfahren immer eine Form der Philosophie sein.

## HEATHER L. REID

Heather L. Reid ist Professorin und Vorsitzende des Instituts für Philosophie am Morningside College in Sioux City, Iowa. Ihre Schwerpunkte sind altgriechische Philosophie, Philosophie des Sports und Olympic Studies. Ihr erstes Buch, *The Philosophical Athlete*, erschien 2002 bei Carolina Academic Press. *Contests of Virtue*, eine Vergleichsstudie des Sports und der Philosophie im antiken Griechenland, ist 2011 erschienen. Sie ist ehemaliges Mitglied des gefürchteten *Winning-Peugeot*-Radsportteams und hat an allen großen US-Radrennen als auch am *Milk Race* der Frauen in Großbritannien teilgenommen. Sie qualifizierte sich 1984 und 1988 für die finalen *Olympic Trials* und war studentische Meisterin bei den nationalen Bahnradmeisterschaften und Vizemeisterin im Straßenrennen.

## MICHAEL W. AUSTIN
Übersetzung: Stefanie Ericke-Keidtel

# AUS DEN SCHUHEN AUF DEN SATTEL

Was ist mit mir passiert? Wie wurde ich zu jemandem, der für ein Fahrrad so viel Geld ausgibt wie früher für zehn Paar Laufschuhe? Und was hat es mit meiner neuen Garderobe aus leuchtender und eng anliegender Elastankleidung auf sich? Nachdem eine Rücken-OP meine mehr als zwanzigjährige Läuferkarriere beendete, beschloss ich, ein Fahrrad zu kaufen – und es tatsächlich auch zu benutzen. Auf meinem Weg zum Radfahrer lernte und lerne ich viel über mich. Ich betrachte mich selbst jetzt mehr als Radfahrer denn als Läufer und benutze geschickt Worte wie Umwerfer, Ritzel und Peloton, die mir alle noch vor einem Jahr vollkommen unbekannt waren.

### *Ein Läufer wird geboren*

Ich glaube, mein Verlangen, Läufer zu werden, wurde erstmals am Ende meines fünften Schuljahres geweckt. Es war Sporttag an meiner Schule, und eines der letzten Ereignisse war das 400-Meter-Rennen. Für die sieben von uns, die mitmachten, waren 400 Meter eine lange Strecke, und *Rennen* traf es darum nicht ganz. Aber ich erinnere mich, wie ich klar gewann und wie ich nach diesem Sieg mit stolzgeschwellter Brust herumlief. Die nächsten Jahre trainierte ich auf der Bahn und lief für das Schulteam, aber erst nach meinem ersten Highschool-Jahr entschloss ich mich, ein *richtiger* Läufer zu werden.

Ich hatte im Herbst immer Football gespielt. Doch mein erstes Highschool-Jahr wurde zugleich meine letzte Saison. Ich war im Freshman-Team, und eines Tages wurde ich aus irgendeinem Grund beim Training als Nose Guard in der Defensive aufgestellt, obwohl ich sonst als Wide Receiver offensiv spielte und als Kind dünn wie eine Rasierklinge war. Als mein sehr viel rundlicherer Teamkollege, der als Center spielte, auf meinen Arm fiel und ihn brach, war dies der Anfang einer Kettenreaktion, die zu meiner Entscheidung führte, den Football zugunsten von Crosslauf aufzugeben.

Die nächsten 25 Jahre war ich ein Läufer. Ich lief einen Marathon, einen Halbmarathon und viele kürzere Rennen. Als ich auf der Uni war und mit der Idee spielte, einen Ultramarathon zu laufen, trainierte ich mehr denn je, und ich liebte jede Minute davon. Nicht nur, dass das Laufen mich fit hielt, es gab meinem Leben auch Platz und Raum zum Nachdenken, half beim Stressabbau und war generell gut für meine geistige Gesundheit. Obwohl ich verglichen mit vielen anderen Läufern über die Jahre unbeständig war, war das Laufen nicht nur ein Teil meines Lebens, sondern auch Teil meiner Identität, meiner Selbstwahrnehmung. Ich wusste, dass ich es vermutlich eines Tages würde aufgeben müssen, obwohl die Geschichten von achtzigjährigen Läufern in *Runner's World* mir Hoffnung machten, dass dieser Tag noch sehr weit entfernt sein würde. Diese Hoffnung erwies sich allerdings als vergebens. Wie das Leben so spielt: Manchmal stellt es einem ein Bein.

Es war um Weihnachten 2007 herum. Ich hatte über Jahre hinweg immer wieder Schmerzen im unteren Rückenbereich gehabt und nahm an, der Schmerz wäre wieder nur ein kurzes Intermezzo. Aber als er anfing, von meinem Ischias in meinen Fuß zu schießen, ließ ich eine Kernspintomografie machen, und das Ergebnis war kein gutes. Eine der Bandscheiben im Lendenbereich war schlimm geborsten. Ich hatte genug darüber gelesen, um zu wissen, dass eine OP wahrscheinlich bevorstand, aber was ich wirklich wissen wollte, war, ob ich das Laufen würde aufgeben müssen oder nicht. Mein Arzt empfahl mir, damit aufzuhören oder zumindest einen Gang runterzuschalten. Ich erinnere mich, wie ich im

Fahrstuhl stand und voll Trauer und einem Gefühl von Verlust darüber nachdachte, dass mein Leben als Läufer nun vorüber sein sollte. Obwohl einem weitaus schlimmere Dinge zustoßen können, war es für mich hart, dieser Tatsache ins Auge zu sehen. Viele Läufer sind bei solchen Ratschlägen ihrer Ärzte skeptisch, und manchmal zu Recht. Aber wann immer ich versuchte, wieder zu laufen, fingen mein Rücken und mein Ischiasnerv stark zu schmerzen an, und so behielt der Arzt zumindest in meinem Fall recht. Es fiel mir schwer, dies zu akzeptieren. Ich glaube, die Schwierigkeit stammte daher, dass Laufen nicht nur etwas war, das ich tat, es war ein Teil dessen, wer ich war. Ich war ein Läufer.

Aber was bedeutet es, ein Läufer zu sein? Vielleicht gibt es auf diese Frage so viele verschiedene Antworten, wie es Läufer gibt, aber für mich bedeutete es, dass das Laufen eines der wichtigsten Dinge in meinem Leben war. Ich fühlte mich besser, wenn ich regelmäßig lief, besonders, wenn ich für ein anstehendes Rennen trainierte. Das Laufen hatte für mich eine stärkere Bedeutung als andere Sportarten, die ich ebenfalls ausprobiert hatte. Wenn ich mir eine Auszeit vom Laufen nahm, ob mit Absicht oder nicht, wünschte ich mir, ich könnte wieder laufen, ich hatte auch das Gefühl, ich müsste laufen, und dachte über eine neue Herausforderung nach. Ich beschäftigte mich auch mit der wissenschaftlichen Seite meines Sports und informierte mich über die Auswirkungen und die Vorteile des Laufens, sowohl körperlich als auch psychologisch. Und ich las mit Freuden Bücher über Steve Prefontaine, Roger Bannister, John Landy und andere prominente Läufer.

## *Vom Läufer zum Radfahrer*

Natürlich war das Läufersein nicht der einzige oder gar wichtigste Aspekt meiner Identität. Meine religiösen und moralischen Bindungen, die Tatsache, dass ich ein Ehemann, Vater und Philosoph bin, sind zentrale Teile dessen, wer ich bin. Aber das Laufen kam schon gleich nach all diesen Dingen. Ich nehme an, dass dies für die meisten Menschen gilt, insofern, als dass unsere familiären Bindungen und unsere Karriere – wenn wir das Glück haben, einen Beruf zu haben, den wir mit Leidenschaft ausüben können – die signifikantesten Aspekte unserer Identität ausmachen. Als Philosoph (also wörtlich als ein *Liebhaber der Weisheit*) war die Tatsache, dass die weiseste Entscheidung war, den Sport, den ich so liebte, aufzugeben, schmerzhafter als die letzten zehn Kilometer eines Marathons oder der Schlusssprint in einem 5-Kilometer-Lauf. Anstatt in Selbstmitleid zu zerfließen, suchte ich jedoch recht schnell nach etwas, mit dem ich diese Lücke in meinem Leben füllen könnte. Ich fand diesen Ersatz schließlich auf dem Sattel eines Fahrrads. Aber ich greife voraus.

Mein Übertritt zum Radfahren war ein erzwungener Übertritt, der durch die verfluchte angeknackste Bandscheibe zustande kam. Erzwungene Umstellungen sind natürlich normalerweise selten gut, aber in meinem Fall stellte sie sich als etwas Großartiges heraus. Die Vorteile des Radfahrens sind zahlreich, von den größeren Oberschenkelmuskeln und den besser definierten Waden bis hin zur Gemeinschaft des gemeinsamen Leidens auf zwei Rädern. Auch philosophisch bescherte mir das Radfahren neue Erkenntnisse. Die ganze Episode brachte mich dazu, tiefer über meine Identität, mein Selbstbild, nachzudenken. Während ich über Identität und das Selbst nachdachte, stieß ich auf die Arbeit des zeitgenössischen Philosophen Charles Taylor. Er beschäftigt sich mit dem Begriff von Identität im modernen Leben und konzentriert sich dabei auf die Quellen des Selbst, die uns unsere Identität bilden lassen.[1]

Taylor behauptet, dass ein entscheidender Teil unser Identität sich aus dem zusammensetzt, was er *starke Wertungen* nennt.[2] Diese schließen unsere Urteile über richtig und falsch, besser oder schlechter, höher oder tiefer mit ein. Es sind Werturteile darüber, was im Leben wichtig und wertvoll ist, und wir können uns in ihnen irren. Unsere starken Wertungen sind Urteile darüber, was gut ist, was moralisch ist, was wir als wertvoll empfinden und was unser Leben bedeutungsvoll und lebenswert macht. Diese Art von Beurteilungen sind auch wesentliche Teile unserer Identität, unseres Selbst, und darum ist es wichtig, dass wir wissen, wie wir an solche Dinge herangehen und warum wir glauben, was wir glauben. Wie Taylor schreibt: »Wissen, wer ich bin, ist eine Unterart des Wissens, wo ich mich befinde. Definiert wird meine Identität durch die Bindungen und Identifikationen, die den Rahmen oder Horizont abgeben, innerhalb dessen ich von Fall zu Fall zu bestimmen versuchen kann, was gut oder wertvoll ist oder was getan werden sollte bzw. was ich billige oder ablehne. Mit anderen Worten, dies ist der Horizont, vor dem ich Stellung zu beziehen vermag.«[3] Unglücklicherweise sind wir oft so mit unseren alltäglichen Verpflichtungen und Aktivitäten beschäftigt, dass wir uns nicht die Zeit nehmen, um über unsere starken Wertungen und welche Auswirkungen sie auf unser Leben haben zu reflektieren. Dies ist einer der Vorteile, die es mit sich bringt, sich ein wenig mit Philosophie zu beschäftigen; sie kann uns helfen, unsere Lebensqualität zu überdenken und zu verbessern.

Taylors Diskussion starker Wertungen erklärt viel darüber, warum mir meine Bindungen, die sich mit Gott, meiner Familie, Freunden und meiner Karriere beschäftigten, wichtiger sind als das Laufen oder Radfahren. Aber sie hilft andererseits auch, die große Bedeutung des Radfahrens für mich zu erklären. In meiner Beurteilung messe ich diesen starken Wertungen oder ultimativen Bindungen einen höheren Wert bei als dem Sport. Für mich würde sich die Fülle und der Sinn, den mein Leben jetzt hat, stark verringern, wenn ich beispielsweise kein Vater oder Ehemann mehr wäre. Laut Taylor wäre ich »verwirrt« und »wüsste nicht mehr, [...] was die Bedeutung der Dinge wäre«[4], würde ich diese Identifikationen verlieren. Und obwohl ich auch ein Gefühl von Verlust empfand, als ich mit dem Laufen aufhörte, so war er doch relativ klein im Vergleich zu dem möglichen Verlust zentralerer Teile dessen, der ich bin. Gleichwohl war der Verlust für mich bedeutsam, weswegen ich froh bin, dass das Radfahren nun diesen Platz in meinem Leben eingenommen hat, den das Laufen so viele Jahre besetzt hielt. Obwohl meine Existenz als Radfahrer für mich weniger bedeutsam ist als meine Familie und die Philosophie, spielt sie doch für meine Wertschätzungen und Entscheidungen auf vielerlei Arten eine Rolle. Darum sind manche der Einsichten Taylors relevant. Das Radfahren ist mir unter anderem wegen der Freude, die es in mein Leben bringt, sehr wichtig. Ein Grund, dass Radfahren ein Quell der Freude ist, ist, so denke ich, dass es eine der Quellen meines Selbst, meiner Identität, darstellt.

Ein Teil der Freude daran, zum Radfahren konvertiert zu sein, schließt das Lesen und Lernen über den Sport und seine Geschichte mit ein, aber auch Radrennen zu verfolgen und die verschiedenen Raddisziplinen zu entdecken. Als Fahrradfahrer inspirieren mich Leute wie Major Taylor auf verschiedene Art und Weise, ebenso wie Emil Zátopek, Steve Prefontaine und Jesse Owens mich als Läufer beeinflussten. Ich lese gern über Lance, LeMond und Bobke, weil ich eine Leidenschaft mit ihnen teile (wenn ich nur auch ein wenig von ihrem Talent teilen würde!). Ich habe zudem das Gefühl, dass ich gerade erst anfange, mein Leben auch ein Stück weit über die interessanten und farbenfrohen Traditionen dieses großartigen Sports wahrzunehmen und wertzuschätzen. Mit etwas persönlicher Erfahrung in der Hinterhand kann ich die Herausforderung einer technischen Abfahrt oder einen unglaublich schmerzhaften und dennoch schönen Aufstieg ebenso wertschätzen wie den Zusammenhalt, der zwischen Teamkollegen und Fahrern des Pelotons entsteht, oder die Präzision eines Zeitfahrens. Diese Zusammenhänge bereichern mein Leben, wie auch meine Erfahrungen auf dem Rad. Sie inspirieren mich zudem dazu, einige der moralischen Werte, die dieser Sport darstellt, anzustreben – dazu gehören Mut, Ausdauer, Geduld und sogar eine gelegentliche Prise Demut.

Als ich lief, war das nicht nur eine Art der körperlichen Ertüchtigung und eine Form, mit Stress umzugehen. Es war auch ein Ausdruck dessen, wer ich war, und es war etwas, das ich tun zu müssen glaubte. Jetzt habe ich ein ähnliches Bedürfnis, Rad zu fahren, und aus denselben Gründen. Ich genieße es, die Gegend, in der ich lebe, nun aus der Perspektive meines Sattels zu sehen, auch wenn ab und zu ein Hund denkt, er müsse mich davonjagen. Auf dem Fahrrad kann ich den Hunden wenigstens entkommen, was in Laufschuhen nicht immer der Fall war! Und ganz ehrlich: Schreiend einen steilen Berg runterzufahren macht einfach nur Spaß! Mein neu entdecktes Verlangen, Rad zu fahren, hat mir einiges über mich selbst beigebracht. Vor dem Mai 2009 war die längste Strecke, die ich je auf dem Rad hinter mich gebracht hatte, 42 Kilometer. Mit ein paar Freunden meldete ich mich zu einem Wohltätigkeitsradrennen in der Nähe an. Wir wählten die 56-Kilometer-Strecke und nicht die 100 oder gar 160 Kilometer. Ich genoss den entspannten Start dieses Wohltätigkeitsrennens, vor allem da es meine erste Fahrt mit mehr als vier anderen Leuten war. Mit gut gefüllten Wasserflaschen und einem Sportriegel in meinem Trikot machte ich mich auf, meinen neuen Distanzrekord aufzustellen.

Und obwohl die 56-Kilometer-Strecke sich als 65-Kilometer-Strecke herausstellte, brachten das Gefühl, etwas geschafft zu haben, und die simple Freude an der Fahrt meine Freunde und mich dazu, uns als nächstes Ziel die 100-Kilometer-Strecke zu setzen. Zwar mögen 65 Kilometer für viele, die dies lesen, wie ein Erholungstag wirken, der keiner Erwähnung wert ist, doch waren sie für mich ein bedeutsamer erster Schritt auf dem Weg zu den 100 Kilometern, und ich liebte die Erfahrung ebenso sehr wie die Herausforderung.

Und hier setzt die Lektion ein. Mir ist bewusst geworden, dass ich mich selbst als Athleten wahrnehme. Ich sehe jetzt klar, dass dies ein Teil von mir war und ist. Und ich bin dankbar, dass dieser Teil von mir sich auf dem Rad ausdrückt. Viele von uns, die dazu die Zeit und die Freiheit haben, betreiben Hobbys, die von unserem Job und unserer Familie getrennt sind. Manche beschäftigen sich vielleicht mit Musik, Kunst oder Tanz. Ich beschäftige mich damit, ein Sportler zu sein. Dies manifestiert sich in meinem Leben speziell durch das Radfahren, denn ich habe es als Weg gewählt, um diesen speziellen Aspekt meiner selbst auszudrücken. Das führt uns zu einigen wichtigen Punkten, die Charles Taylor in seinem Buch *The Ethics of Authenticity* aufführt.[5] Taylor weist darauf hin, dass es einiges an mir gibt, das mir zwar eigen ist, aber keinen Teil meines Selbst konstituiert.

Ich mag beispielsweise genauso groß sein wie irgendein bestimmter Baum in Sibirien, doch hat dies keinen Einfluss auf mich oder darauf, wer ich bin. Andererseits, meint Taylor, gibt es einige Dinge, die wirklich und objektiv wichtig sind, so zum Beispiel die Bürgerpflichten, Geschichte, die Bedürfnisse anderer Menschen oder der Glaube an Gott. Viele scheinen zu denken, dass *authentisch* zu sein auch bedeutet, vollkommen originell und einzigartig zu sein und die Idee von *objektiven Werten* abzulehnen. Doch wir können auch ein authentisches Selbst sein, ohne einzelgängerisch, einzigartig und ablehnend zu sein. Authentizität und unsere Entscheidungen, wie wir leben und wer wir sein wollen, ergeben nur Sinn innerhalb des Kontextes von Dingen, die etwas *bedeuten*. Wir müssen den Verstand benutzen, um herauszufinden, was bedeutsam ist, und dann unsere Identität auf der Basis dieser Entdeckungen suchen. Wenn wir damit Erfolg haben, kann uns dies helfen, wenigstens einen Teil des Narzissmus und der Egozentrik, die in einem Großteil unserer gegenwärtigen Kultur präsent sind, zu vermeiden.

Hier kann ein Ausdauersport wie das Radfahren zu einer Bedrohung werden, denn er macht uns egozentrierter und führt dazu, dass wir diejenigen vernachlässigen, die unsere Zeit, Aufmerksamkeit und Liebe brauchen. Es kam also schon vor, dass ich wegen anderer Verpflichtungen eine Fahrt verschoben oder geopfert habe. Auch wenn nichts falsch daran ist, einen großen Teil meiner Zeit und Mühen dem Radfahren zu widmen – und ich organisiere meine Tage teilweise um das Radfahren herum, wenn es möglich ist –, so will ich doch sicher sein, dass es weder meinen engen persönlichen Beziehungen schadet noch dass ich meine Verpflichtungen gegenüber anderen wichtigen Menschen in meinem Leben, wie meiner Frau, meinen Töchtern oder meinen Freunden, vernachlässige.

Dies bedeutet nicht, meine Identität zu unterdrücken, sondern sie innerhalb meiner verschiedenen Verpflichtungen angemessen auszudrücken. Wie Taylor aufzeigt, dienen die bedeutsamen Menschen in unserem Leben – Eltern, Partner, Kinder, enge Freunde – nicht nur dazu, uns zu vervollständigen, sondern sie helfen uns auch, uns zu definieren. Das heißt nicht, dass wir in den Werten und Verpflichtungen eingesperrt sind, die für die uns wichtigen Menschen zentral sind, sondern dass wir unsere Werte und Verpflichtungen im Dialog mit ihnen gestalten. Manchmal findet dieser Dialog nur in unseren Köpfen statt. Aber er findet dennoch statt. Dies ist nur ein Merkmal menschlichen Lebens, und uns dessen bewusst zu sein, kann uns helfen, wenn wir über unsere Identität nachdenken und darüber, wie wir sie zum Ausdruck bringen.

Wie ich schon sagte, wurde mir klar, dass es mir wichtig ist, Sportler zu sein. Ich habe das Bedürfnis, als Sportler Herausragendes zu leisten, und ich bin meiner Frau und meinen Töchtern dankbar, dass ihnen die Bedeutung, die das Radfahren für mich hat, bewusst ist. Ich möchte meine Fähigkeiten, meine Fitness, meine Form und die Distanzen, die ich zurücklege, verbessern. Etwas an dieser Erfahrung erfüllt mich, vor allem, weil ich denke, dass es ein Ausdruck eines Teils meiner Persönlichkeit ist. Ich stelle mir vor, dass sich so auch Musiker oder Künstler fühlen, selbst wenn ihre Versuche niemals über das Niveau eines ernsthaften Hobbys hinausgehen. Das Radfahren ist ein Ventil, bei dem ich Kreativität ausdrücken, Herausforderungen und Widrigkeiten angehen und überwinden kann, und bei dem ich etwas für meine physische und psychische Gesundheit tun kann. Trotzdem strebe ich angesichts all meiner anderen Bindungen und Werte nicht danach, irgendeine Art von Champion zu werden (na ja, um ganz ehrlich zu sein, träume ich vielleicht davon, ein lokales Kurzstreckenrennen zu gewinnen). Ich denke nicht, dass es angesichts der anderweitigen Verpflichtungen in meinem Leben derzeit zu rechtfertigen wäre, wenn ich täglich Stunden dem Radfahren widmete. Dennoch versuche ich, meine Form im Laufe der Zeit zu verbessern, solange es meine anderen Werte und wichtigen Beziehungen, also die anderen, wichtigeren Teile meiner Identität, zulassen.

Das Radfahren ist nicht das höchste Gut, nicht einmal eines der höchsten Güter in meinem Leben, aber es ist ein wichtiger Teil der darunterliegenden Stufe meiner Identität. Als solches ist es wichtig. Ein Teil der Wichtigkeit liegt in der Tatsache begründet, dass das Radfahren einem wertvolle Lektionen erteilen kann, sowohl philosophische als auch nicht-philosophische.

### *Lektionen eines relativ neuen Konvertiten*

Interessant an einer Konvertierung, sei sie religiös, politisch oder wie in diesem Fall sportlich, ist, dass du dich einer Reihe neuer Erfahrungen öffnest und die Welt auf eine neue Art und Weise wahrnimmst. Nicht jede dieser Erfahrungen ist durchweg angenehm.

Ich hatte seit der Collegezeit nicht mehr auf einem Rennrad gesessen, als ich in meinem lokalen Fahrradladen ein Fahrrad probefuhr. Ich war so damit beschäftigt, rauszufinden, wie man schaltete ohne dabei den Hinterbau mit meinem Absatz zu treffen, dass ich die Fahrt nicht sonderlich genoss. Ein Wort beschreibt die ganze Erfahrung zutreffend: unbeholfen. Aber wie jeder Radfahrer weiß, beginnt etwas Seltsames, je mehr Zeit man auf dem Sattel verbringt. Irgendwie werden der Körper und die Maschine enger miteinander verbunden, das Rad wird zu einer Fortführung des Fahrers. Ein kinästhetischer Sinn wird geweckt. Jetzt, da mein Fahrradfahren sehr viel automatisierter ist, erlaubt es mir eine Art meditatives Fahren, und ich kann Aspekte der Fahrerfahrung genießen, die ich zu Beginn nicht genießen konnte. Ich liebe es einfach, mit dem Rad draußen zu sein. Kentucky, der Bundesstaat, in dem ich lebe, hat wunderschöne, malerische grüne Hügel. Manche dieser Hügel verlangen meinen Oberschenkelmuskeln viel ab, aber dafür bieten sie mir auch eine Schönheit der Natur, die nur darauf wartet, vom Sattel aus bewundert zu werden. Ich genieße auch die Zeit zum Reflektieren, die das Radfahren mir ermöglicht, weit weg von Mobiltelefon, E-Mail und Internet. Durch die engere Einheit zwischen Fahrer und Rad bin ich jetzt auch in der Lage, Gefallen an engen Kurvenfahrten bei hoher Geschwindigkeit zu finden, ohne dass ich dabei Sorgen habe, von meinem Fahrrad ins Nichts katapultiert zu werden. Eine weitere kleine Veränderung ist, dass ich mich nicht mehr von der Kleidung, die Radfahrer tragen, abgestoßen fühle. Ich fragte mich stets, warum in aller Welt jemand ein pinkfarbenes Trikot tragen würde. Und obwohl ich selbst noch immer kein pinkes Trikot besitze, können die grellen Farben und lauten Designs auf manchen Kleidungsstücken durchaus eine wichtige Funktion erfüllen. Sie heben mich etwa gegenüber den Autos hervor, die mit 80 km/h direkt hinter meinem Hinterrad auftauchen. Ich habe einige funktionelle und lustige Sachen gefunden, die mir gefallen, weil auf ihnen keine neonfarbene Explosionen von Firmenanzeigen zu finden sind.

Ich habe außerdem gelernt, dass es, im Gegensatz zu meinem ersten Eindruck als Neuling, möglich ist, auf dem Rad zu leiden ... nein, *sehr* zu leiden. Ich fühle mich zwar nach einer langen Radtour nicht so fertig wie zuvor nach einem langen Lauf (aufgrund der hohen Belastung beim Laufen), aber ich habe gemerkt, dass, wenn ich genug Aufwand betreibe, das Leiden folgt. Während meiner ersten Monate auf dem Rad sprach ich mit Jesús – dem Mitherausgeber dieses Buches – darüber, dass ich beim Radfahren nicht so viele Schmerzen verspürte wie während des Laufens. Es kam mir einfach nicht so anstrengend vor. Er wusste es besser, und nun tue ich das auch! Ich denke, dieses Element des Radfahrens macht einen großen Teil der Attraktivität dieses Sports für mich aus. Er verlangt etwas von dir, er will, dass du in den Schmerz und durch den Schmerz hindurchgehst. Die Herausforderung, vor die einen das Leiden in Ausdauersportarten stellt, stößt einige ab, andere wiederum zieht sie an, je nachdem, wie wir ticken. Als Athlet würde ich lieber auf einem Fahrrad draußen auf dem Asphalt leiden, als die Art von Qualen zu ertragen, vor die Sportarten wie etwa Golf oder Tennis mich stellen würden.

Wichtiger aber als die Überlegungen zu Trikotfarben oder dem Umgang mit dem Leiden auf dem Fahrrad ist für mich die Tatsache, dass ich als Radfahrer Teil einer Gemeinschaft bin. Auch auf diesen Punkt im Zusammenhang mit unseren Identitäten weist Taylor hin. Unsere gegenwärtige Kultur, zumindest hier in den USA, legt die Betonung, wenn es um die eigene Identität geht, eher auf die Individualität als auf die Gemeinschaftlichkeit. Taylor argumentiert, dass eine komplette Definition der Identität einer Person ihren Standpunkt zu moralischen und spirituellen Themen miteinbeziehen und dass sie auch Referenzen zu einer Gemeinschaft mit einschließen muss, die sie definiert. Jemand kann Katholik, Anarchist, Amerikaner, Spanier oder eine Kombination aus all diesen Dingen sein. Der wichtige Punkt ist, dass unsere Identitäten sich auch aus den Gemeinschaften, zu denen wir gehören, konstituieren. Die

Signifikanz von Gemeinschaft ist weitreichend und etwas, auf das viele Philosophen, sowohl in der Vergangenheit als auch heute, bestehen. Platon konzentriert sich in *Politeia* auf die Bedeutung von Gemeinschaft, Aristoteles' *Nikomachische Ethik* enthält eine umfassende Diskussion von Freundschaft, und auch neuzeitliche Philosophen haben sich diesem wichtigen Aspekt menschlichen Lebens gewidmet. Radfahrer wissen ebenfalls um diese Wichtigkeit. Egal ob wir über ein Peloton von Elitefahrern oder eine kleine Gruppe von Freunden sprechen, die zusammen fahren, wenn sie können, stimmt es, dass Radfahrer einander brauchen, um ihr Potenzial zu vervollkommnen. Sprinter brauchen Anfahrer, Teamkapitäne brauchen ihre Mannschaftskollegen, um Boden in den Bergen wettzumachen oder zumindest an der richtigen Position im Hauptfeld unten anzukommen, und niemand, der am Ende auf dem Siegertreppchen steht, könnte wahrheitsgemäß sagen, er oder sie habe es ohne die Hilfe der anderen geschafft. Niemand kann die Tour de France ganz allein gewinnen. Und Freizeitfahrer brauchen manchmal ebenfalls die Hilfe ihrer Freunde, um eine lange Wochenendfahrt zu schaffen.

Dies gilt genauso für das Leben. Wir brauchen unsere Familie, unsere Freunde und unsere Mitmenschen, um als menschliche Wesen erfüllt leben und uns weiterentwickeln zu können. Und dies müssen wir im Kopf behalten, wenn wir danach streben, anderen zu ihrem eigenen Wohlempfinden zu verhelfen. Jeder muss ab und zu vorneweg fahren, und jeder braucht manchmal Zeit im Windschatten. Dies trifft auf alle Gemeinschaften zu: Familien, Firmen, Schulen, religiöse Gruppen, politische Organisationen, Gemeindegruppen und sogar Städte, Bundesstaaten und Nationen.

### *Das Ende der Tour*

Ich glaube, das beste Leben ist letztendlich eines, in dem wir lieben, was gut ist. Wie Taylor über das Gutsein schreibt: »Die Liebe zu ihm ist es, die uns die Kraft verleiht, gut zu sein. Daher ist die Liebe zu ihm ein Bestandteil dessen, was es heißt, ein guter Mensch zu sein.«[6] Für mich ist das Radfahren etwas, das meinem Leben Erfüllung bringt. Aber am Ende ist für mich vielleicht die wertvollste Lehre, dass das Radfahren zwar nicht *notwendig* ist, um ein erfülltes und bedeutungsvolles Leben zu leben, aber dass es zu einem solchen Leben auf vielfältige Weise beitragen kann. Und hoffentlich muss ich nie einen Ersatz dafür finden, selbst wenn das bedeuten sollte, dass ich als alter Mann mein Rennrad gegen ein Tourenrad mit dicken Reifen tauschen muss, mit dem ich dann nicht mehr auf schmalen und kurvenreichen Landstraßen fahren kann, sondern nur noch auf sicheren Radwegen. Aber mein 75-jähriges Ich wird, sollte es dann noch Rad fahren können, noch immer eine große Befriedigung darüber empfinden, ein *Radfahrer* zu sein.

## MICHAEL W. AUSTIN

Michael W. Austin ist Dozent für Philosophie an der Eastern Kentucky University und beschäftigt sich dort vor allem mit Fragen der Ethik. Er veröffentlicht regelmäßig Artikel in Zeitschriften wie dem *Journal of Applied Philosophy*, dem *Journal for the Philosophy of Sport* und dem *Journal of Value Inquiry*. Er hat außerdem drei Bücher veröffentlicht: *Conceptions of Parenthood: Ethics and the Family* (2007), *Running and Philosophy: A Marathon for the Mind* (2007) und *Football and Philosophy: Going Deep* (2008). Er ist ein zum Radfahren konvertierter Läufer und begeisterter Neuling, dem es nichts ausmacht, dass sich die einzige Karbonfaser an seinem Rad in der Gabel befindet.

## FUSSNOTEN

1 Charles Taylor, »Quellen des Selbst. Die Entstehung der neuzeitlichen Identität«. Frankfurt am Main 1996.
2 Ebd.
3 Ebd. S. 55.
4 Ebd.
5 Charles Taylor, »The Ethics of Authenticity«, Cambridge, MA, Harvard University Press 1991.
6 Charles Taylor, »Quellen des Selbst. Die Entstehung der neuzeitlichen Identität«. Frankfurt am Main 1996, S. 178.

BRYCE T. J. DYER

Übersetzung: Roberta Schneider

# LASST DEM TIER FREIEN LAUF – DAS ZEITFAHREN UND DIE TECHNIK

*Grenzen überwinden*

Keine andere Radsportdisziplin hat ein so klares Ziel wie das Zeitfahren. Es hat etwas zeitlos Ehrliches, ein Rad so schnell wie möglich zu fahren. Außerdem hat die milchsäuregetränkte, atemraubende Anstrengung, die man aufbringen muss, um seine Freunde (oder Feinde) auf einer festgelegten Strecke zu schlagen, eine starke, wenn auch sadistische Anziehungskraft. Es fängt mit Nervosität und dem Wort *Los* an und endet mit Sauerstoffdefizit und Zusammenbruch.

Beim ersten Zeitfahren während einer Tour de France im Jahr 1934 benutzten die Teilnehmer dieselben Räder, auf denen sie bereits fast vier Wochen lang gefahren waren. Jetzt, rund 80 Jahre später, benutzen die Fahrer Zeitfahrmaschinen, die durch einzigartige Laufräder und

Sitzpositionen sowie weitere bauliche Besonderheiten auf minimalen Luftwiderstand hin ausgerichtet sind, aber letztendlich alle denselben Zweck verfolgen: eine höhere Geschwindigkeit, um schneller ins Ziel zu kommen.

Dieser Umstand – so simpel er an sich ist – birgt ein Paradoxon. Beim Zeitfahren fährt ein einzelner Fahrer gegen die Uhr. Daher entsteht das Bedürfnis, die Zeitfahrmaschinen so zu manipulieren, dass ein möglichst gutes Ergebnis erzielt wird. Aber in dem Moment, in dem wir etwas technisch verändern, wird die Reinheit und folglich auch die Aussagekraft des Ergebnisses infrage gestellt. Ein neues Scheibenrad, vielleicht eine Optimierung der Sattelhöhe, und schon haben sich die Bedingungen des Zeitfahrens geändert. Das Resultat kann eine schnellere Zeit sein, aber war es der Fahrer oder waren es die Änderungen an seiner Ausrüstung, die für die Verbesserung gesorgt haben? Wenn es beim Zeitfahren tatsächlich darum geht, dass der Radsportler auf Zeit fährt, sind wir eher gewillt, eine konsequentialistische Sichtweise zu akzeptieren – dass nicht die Fahrt an sich, sondern allein das Ergebnis zählt.

Einer der bekanntesten Versuche, dieses Paradoxon von der Rennstrecke zu verbannen, ist der *UCI-Stundenweltrekord*. Dabei handelt es sich um die maximale Strecke, die von einem einzelnen Fahrer innerhalb einer Stunde zurückgelegt wird. Hierzu wird ein Fahrrad mit Laufrädern mit Speichen und Rennradlenker verwendet ohne jedwede Neuerungen in der Form. Dieses Rad muss den strengen Maßstäben des internationalen Dachverbands des Radsports UCI entsprechen. Vom Beginn des 20. Jahrhunderts bis zum Jahr 2000 wurde der Stundenweltrekord 34 Mal gebrochen. Er wurde von vielen der herausragendsten Größen des Radsports aufgestellt. Zu ihnen gehörten der (spätere) Gründer der Tour de France, Henri Desgrange, in den Vierzigerjahren Jahren Fausto Coppi, in den 70ern Eddy Merckx, und Miguel Induráin in den 90ern. Der Rekord erhöhte sich seit dem informellen Rekord im Jahr 1870 von 22,785 km auf 56,375 km im Jahr 1996. Zu jenem Zeitpunkt beschlich die UCI das Gefühl, dass die Bauweise des Fahrrads möglicherweise das Ergebnis beeinflussen könnte. Um die Reinheit des Stundenrekords zu erhalten, reglementierte die UCI im Jahr 2000 die Spezifikationen des Fahrrads für alle folgenden Rekordversuche stark. Beschlossen wurden unter anderem genaue Vorschriften bezüglich der Speichenanzahl (und ein Verbot von Scheibenrädern), ein Verbot von Aerolenkern und die ausdrückliche

Festlegung auf Diamantrahmen, die keinerlei ungewöhnliche Rohrteile aufweisen dürfen. Der Stundenweltrekord wurde zum UCI-Stundenweltrekord. Die bereits aufgestellten Rekorde, die den neu beschlossenen Reglementierungen nicht entsprachen, wurden fortan als *Weltbestleistungen* bezeichnet, doch diese wurden nicht weiter unterstützt und es hat keine Versuche gegeben, sie zu brechen. Diese restriktive Herangehensweise an eine Sportausstattung war ein Versuch, die körperlichen Fähigkeiten des Radfahrers zu isolieren, um zu verhindern, dass der Sport zu einem vermeintlichen Wettstreit zwischen Ingenieuren verkommt.

Was mir dabei Sorge bereitet, ist, dass die UCI den Standpunkt eingenommen hat, dass das Zeitfahren ein Rennen des Menschen gegen die Uhr ist – und nicht des Menschen *und der Maschine* gegen die Uhr. Es wird damit argumentiert, dass diese letztere Definition nicht eindeutig sei, da die Fahrer nicht unter Laborbedingungen nach ihren individuellen Leistungen beurteilt werden. Aber die Technik wird stets Einfluss auf den Sport haben. Die Vorgehensweise der UCI, diesen Einfluss zu minimieren, ist – wenn auch gut gemeint – grundlegend irrig.

Als jemand, der zwischen dem Start- und dem Endklick einer Stoppuhr völlig außer sich ist (und zwar häufiger, als er es sein sollte), und als Freund von jeglichem *Spielzeug*, das mich schneller macht, möchte ich dafür argumentieren, dass der UCI-Stundenweltrekord aufgegeben und die Definition von vor 2000 wieder eingeführt wird. Hierbei lege ich zugrunde, dass es Hinweise gibt, die nahelegen, dass das Konzept der UCI unfair ist, dass es das Interesse an der Disziplin verringert hat und dass die Identität des Fahrrads an sich einen positiven Beitrag zum Radsport leisten kann.

## *Sich für die Fairness in die Kurve legen*

Die Verantwortung der UCI reicht natürlich weiter als unser Anliegen, das Interesse an dem Rekord zu erhalten. Ein interessanter Sport muss auch fair sein. Anderenfalls entsteht ein Ungleichgewicht: Manche Fahrer wären benachteiligt und jeglicher Rekord wäre bedeutungslos. Ein manipulierter Wettkampf, in dem nur manche Zugang zu Ressourcen oder Ausrüstung haben, die andere einfach nicht haben oder haben können, macht keinen Spaß. Bei der Chancengleichheit der Sportler geht es schließlich darum, dass die gleichen Wettbewerbsbedingungen gegeben sind. Der Sportphilosoph Andrew Holowchak hat einen Versuch unternommen, die Zusammenhänge zwischen der Nutzung von Technik im Sport und der Leistungsverbesserung zu erkunden.[1] Holowchak diskutiert, ob technische Hilfsmittel tatsächlich ein Zugewinn sind. Hat zum Beispiel die Verwendung von Gurten beim Gewichtheben (da sie der Stabilität beim Heben förderlich sind) den Sport interessanter gemacht? Ja, denn das gehobene Gewicht hat sich vergrößert, und da jeder Gewichtheber Gurte nutzt, bleibt die Philosophie des Wettkampfs erhalten. Das legt nahe, dass die Einführung neuer technischer Mittel bei gleichen Bedingungen keine maßgebliche Bedeutung hat. Doch gerade weil die Chancengleichheit im Kern erhalten bleibt, wende ich ein, dass ein Anheben des Niveaus dafür sorgen kann, dass sowohl bei den Sportlern als auch bei den Zuschauern mehr Spannung erzeugt wird. Wäre dies nicht der Fall, hätte der Straßenradsport keine technischen Neuerungen wie Gangschaltungen, leichtere Laufräder und Zweigelenkbremsen angenommen. Sie haben es den Fahrern ermöglicht, größere Steigungen schneller zu erklimmen, und haben für aufregende Spektakel im Straßenradsport gesorgt.

Die Verwendung von Dopingmitteln bildet eine hilfreiche Analogie zur mechanischen Verbesserungen des Fahrrads. Ein Mittel wird von der Weltantidopingagentur als illegal eingestuft, wenn es gegen zwei von drei weltanschaulichen und wissenschaftlichen Kriterien verstößt: Wenn ein Mittel die *Leistung steigert,* wenn es *eine Gefahr für die Gesundheit des Sportlers darstellt* und wenn es dem *»Sportsgeist« zuwiderläuft.* Das später verbotene Lotus 108 zum Beispiel, das im Jahr 1996 von Boardman gefahren wurde, stellt, auch wenn es die Ästhetik einer die Zeit verschlingenden Geschwindigkeit verkörpert, keine größere Gefahr für die Gesundheit des Radfahrers dar als irgendein anderes Modell. Daher ist die Frage, ob die Bauweise des Lotus dem Sportgeist zuwiderläuft und letztendlich unfair ist. Im Weltantidopingkodex finden sich Anhaltspunkte darüber, wann ein chemisches Mittel als eines einzustufen ist, das dem Sportsgeist zuwiderläuft. Hier findet sich unter anderem eine Liste von Werten wie Ehrlichkeit, Gesundheit, hervorragende Leistung, Charakterstärke, Freude, Engagement, Mut, das Respektieren der Regeln und Gemeinschaftssinn. Wenn eine technische Neuerung transparent und ihre Anwendung im Sport fair ist (sowohl was ihre Kosten als auch ihre Verfügbarkeit für die Fahrer betrifft), wird keiner dieser Werte verletzt.

Daraus lässt sich folgern, dass der Geist des Zeitfahrens auch ohne die im Jahr 2000 von der UCI beschlossenen Reglementierung Bestand gehabt hätte. Das Lotus 108 wäre nur mit einem Kriterium des Weltantidopingkodex in Konflikt geraten: Es steigert die Leistung.

Wenn Aspekte wie Kosten und Verfügbarkeit wesentlich für Fairness-Debatten sind, ist es wichtig, sich klarzumachen, woran diese Fairness gemessen wird. Der Standard für den UCI-Stundenweltrekord ist (wenn auch nicht schriftlich belegt) der Stundenrekord von Eddy Merckx aus dem Jahr 1972. Doch das ist nicht so fair, wie es auf den ersten Blick scheint. Denn tatsächlich stellte Merckx seinen Rekord in großer Höhe in Mexiko auf, und er hatte sich mehr als sechs Wochen lang mithilfe von Hypoxietraining darauf vorbereitet. Also zog er Vorteile aus dem geringeren Luftwiderstand bei der Fahrt und einer speziellen Vorbereitung im Vorfeld. Beides war nicht gerade billig, was bedeutet, dass ein Fahrer, der Merckx hätte übertreffen wollen, entweder eine Menge Geld hätte aufwenden oder aber mit einer großen Benachteiligung hätte antreten müssen. Sowohl Chris Boardmans als auch Graeme Obrees spätere Versuche in den 90ern wurden auf Normalnull durchgeführt. Ich rate dringend an, die ethische Debatte nicht nur auf die Bauweise des Fahrrads anzuwenden, sondern letztlich auf alle Umstände des Rekordversuchs auszuweiten. Der im Jahr 1972 von Eddy Merckx aufgestellte Rekord fand unter anderen Bedingungen statt als die meisten darauffolgenden Rekordversuche. Daher müssten die Regeln für den UCI-Stundenweltrekord entweder deutlich verschärft werden, oder sie sind grundlegend unfair. Tatsächlich scheint es sich um reine Kosmetik zu handeln, wenn nur die äußerlichen Aspekte bei der Definition des Stundenweltrekords herangezogen werden.

Sportler versuchen alles, um ihre Leistung innerhalb des Erlaubten zu steigern. Merckx tat dies, indem er die optimale Umgebung und das optimale Klima aufgesucht hat, und Sportler nach ihm haben eine ähnliche Herangehensweise gewählt. Boardman wurde bei seinem Rekord im Jahre 2000 mit Alkohol eingesprüht, um seinen Körper kühl zu halten, und trug zudem einen veränderten Helm, der durch die geschlossenen Lüftungsöffnungen windschnittiger wurde. Ondrej Sosenka hat bei seinem Rekordversuch im Jahr 2005 angeblich Fliehgewichte in den Rädern benutzt, um den Schub beizubehalten, sobald er die gewünschte Geschwindigkeit erreicht hatte. Michael Hutchinson durfte bei seinem gescheiterten Versuch, den Rekord zu brechen, Laufräder mit Messerspeichen verwenden. In dem Dokumentarfilm *The Final Hour* sagt Boardman, dass es ihm egal gewesen sei, ob die UCI seine Ausrüstung durchgehen lassen würde oder nicht.[2] Sollte dies tatsächlich der Fall gewesen sein, so hieße das, dass sein Helm, der im Vergleich zu dem von Merckx über bessere aerodynamische Eigenschaften verfügte, keine Relevanz hatte, und doch entschied er sich, ihn zu benutzen. Warum hätte er das tun sollen, wenn nicht, um Merckx im Rahmen des Erlaubten zu übertrumpfen? Um dieselbe Zeit liefen die Funktionäre Obree förmlich vors Rad, um seinem Drang nach technischem Fortschritt Steine in den Weg zu legen (auch wenn ihn das nicht davon abhielt, ihn sowohl auszuprobieren als auch nach und nach weitere Neuerungen zu kreieren.) Also läuft die Interpretation des Stundenweltrekords durch die UCI der Natur der Sportler zuwider: Wir sollen höher, schneller, weiter fahren, doch die UCI nimmt uns die Möglichkeiten, dies zu tun.

Philosophisch gesagt versucht das Konzept des UCI-Stundenweltrekords, die Anzahl der Variablen einzuschränken, die nicht zu den natürlichen Fähigkeiten des Sportlers gehören. Das Problem daran ist, dass manche Fahrer unfreiwilligen Einschränkungen unterliegen. Körperlich sind wir alle verschieden. Chris Boardman ist 173 cm groß, während Sosenka ungefähr eins neunzig ist – also deutlich größer. Die beiden benötigten unterschiedliche Lenkerbreiten und unterschiedlich lange Kurbeln. Dadurch änderten sich bei ihren Rekordversuchen sowohl die ergonomischen als auch die aerodynamischen Gegebenheiten. Eine technische und physische Ungleichheit wird an jedem einzelnen Sportler, der ein Rennrad fährt, augenscheinlich – es ist nur die Frage, inwieweit diese Ungleichheit toleriert wird. Die UCI will eigentlich nicht, dass der Luftwiderstand manipuliert wird; doch das liegt eben in der Natur der Sache – ich selbst bin genug Rennen gefahren, in denen Fahrer, die wesentlich schmaler waren als ich, an mir vorbeigesaust sind. Der Luftwiderstand wirkt sich auf alles, was sich in Bewegung befindet, aus – egal ob es mechanisch oder belebt ist. Laut dem Aerodynamiker Chester Kyle musste Induráin zehn Prozent mehr Kraft aufbringen als Obree, um diesen zu schlagen, und zwar hauptsächlich, weil er größer war und somit seine aerodynamischen Eigenschaften auf dem Rad vergleichsweise schlechter waren. Daher sollte der Rekord nicht auf dem Streben nach sportlicher Vorrangstellung basieren – das kann er nicht –

sondern ermitteln, welche Vorteile dieses technische Streben dem Sport einbringt. Der Vergleich von Fahrern unterschiedlicher Generationen ist schwer zu bewerkstelligen, solange der Austragungsort und das verwendete Fahrrad nicht festgelegt sind. Ein solches Ausmaß an Einschränkungen würde den Zielen des Rekords zwar gerecht werden, doch letztendlich zeigt sich, dass sich ethische Entscheidungen leichter zu Papier bringen lassen, als sie in der Realität des Radsportlers umsetzbar sind.

Neue Technik ist an sich teuer, nur begrenzt erhältlich und erfordert Fachwissen, wodurch sie für manche unerreichbar oder unfair ist. Holowchak weist darauf hin, dass Ungerechtigkeit zum Leben gehört. Demzufolge scheint der Versuch der UCI, das Fahrrad einfach zu halten, um die Anzahl der zu einem Rekord beitragenden Variablen so gering wie möglich zu halten, gerechtfertigt. Doch wenn wir unsere körperlichen Unterschiede und die damit einhergehende Ungerechtigkeit akzeptieren – warum soll dies nicht auch für unsere Fahrräder gelten dürfen? Ein verstärktes Interesse an der Technik muss nicht auf Kosten der Glaubwürdigkeit des Rekordversuchs gehen. Doch dieses Ansinnen, das auf der Verteilungsgerechtigkeit sowohl der Kosten als auch der Erhältlichkeit jedweder Technik beruht, ist nicht so einfach, wie es scheint. Der Rekordversuch erfordert zwei Fahrräder vor Ort, das heißt, dass jeder Fahrer für einen Rekordversuch zwei identische Fahrräder finanzieren muss (von denen eines wahrscheinlich nie zum Einsatz kommt). Alle Rekordversuche nach 1996 wurden mit einzigartigen, teuren und für die breite Masse nicht erhältlichen Zeitfahrmaschinen unternommen. Interessanterweise sind inzwischen mehr aufwändige Zeitfahrmodelle auf dem Markt, und zwar relativ günstig. Ich behaupte, dass durch die anhaltende technische Entwicklung seit 1972 ironischerweise das Fahrrad an sich zu einer exotischen Ausstattung geworden ist.

## *Etappenzählen auf der Jagd nach dem Glück*

Ich möchte nicht nur darauf eingehen, wie die Technik an sich gesehen wird, sondern auch darauf, was sie für uns als ihre Nutzer verkörpert. Stephen Bayley schreibt in seinem Buch *Taste*, dass jedes Produkt, das wir verwenden, Identität erzeugt und somit Interesse weckt.[3] Hat uns die Herangehensweise der UCI – wenn sie auch in ihrer Verteidigung der Fairness gut gemeint ist – nicht das Interesse am Rekord verlieren lassen, weil es uns – den Fans – verwehrt bleibt, das Interesse an den verwendeten Produkten auszuleben? Das Lotus-Fahrrad, das Boardman bei der Olympiade im Jahr 1992 und bei seinem Stundenrekord 1996 fuhr, ist wohl in vielerlei Hinsicht ebenso berühmt wie Boardman selbst. Es hat das Fahrrad in seinem Aussehen und seiner Bauweise neu definiert. Es wich von der etablierten Rahmenform ab und war völlig auf die Anforderung, die an es gestellt wurde, ausgerichtet – auf Schnelligkeit.

Auch Obrees unkonventionelle Herangehensweise an die Aerodynamik führte in zwei Fällen zur Ausbildung einer ungewöhnlichen Sitzposition. Das erzeugte Interesse und zu guter Letzt ein Designobjekt mit Kultcharakter. Sein Fahrrad *Old Faithful* sorgte für Kontroversen, erzeugte aber auch eine gewisse Romantik bezüglich des Rekords. Obree weigerte sich standhaft, sich an die Konventionen zu halten, und schuf unter Verwendung von Teilen alter Waschmaschinen rekordbrechende Zeitfahrmaschinen, während die UCI seine Erfindungen wiederholt von Rennen ausschloss. Er wartete mit immer radikaleren Lösungen auf, während die UCI mit immer komplexeren Regeln reagierte, die ihn stoppen sollten.

Das Problem ist, dass die UCI dem Stundenweltrekord seine Identität genommen hat, indem sie ihr Hauptaugenmerk auf den Fahrer gelegt und strenge Vorschriften bezüglich des Fahrrads gemacht hat. Die dicken Reifen des Mountainbikes und der Bügellenker des Rennrads haben dafür gesorgt, dass die entsprechenden Disziplinen einen bestimmten Charakter bekommen haben. Die Einführung von Scheibenrädern und Messerspeichen hat Ähnliches im Zeitfahren bewirkt. Wenn man den technischen Aspekt abzieht, muss man sich allein auf die Persönlichkeit des Fahrers verlassen. Bei einer Sportart, die weniger beliebt ist als zum Beispiel Fußball, wird dies das Interesse an der Disziplin verringern, anstatt es zu verstärken. Die Räder, die von den Sportlern benutzt werden, können zu Kultgegenständen werden – wie zum Beispiel Obrees *Old Faithful*, das er selbst gebaut hat, Boardmans *Lotus 108*, das mithilfe von Tests im Windkanal perfektioniert wurde, und Miguel Induráins prächtiges *Espada* (Schwert).

Die Bedeutung der Technik zu leugnen heißt, die Weiterentwicklung des Fahrrads von vornherein zu verhindern. Als Freiherr von Drais im Jahr 1817 den Vorläufer des modernen Fahrrads entwickelte, tat er das aus einer bestimmten Notwendigkeit heraus – dem Bedarf nach einem schnelleren Fortbewegungsmittel. Im Laufe der Zeit entwickelte das Fahrrad wichtige Merkmale wie höhere Leistung, mehr Bequemlichkeit und die Fähigkeit, eine größere Bandbreite an Untergründen und Geländeformen zu befahren. Die Bauweise des Rennrads, welches in jüngster Zeit zu einem regelrechten Zeitfahrfahrrad geworden ist, orientiert sich an dem Konzept des Strebens nach Schnelligkeit. Die UCI untergräbt dieses Konzept, indem sie die Verwendung des Rennrads einschränkt. Die Identität des Fahrrads wird unterdrückt und geht schließlich verloren, wenn die Weiterentwicklung und Neuerungen in der Technik beschränkt oder ausgeklammert werden.

Das Rennrad ist ein Sportgerät, doch es ist breiter einsetzbar. Sportschuhe haben deutlich gemacht, dass einem bestimmten Zweck dienende Produkte in der Lage sind, über ihren ursprüglichen Markt hinauszuwachsen und ins öffentliche Bewusstsein vorzudringen. Jeans (die Levi Strauss ursprünglich als strapazierfähige Arbeitskleidung erfand) haben gezeigt, dass sie in der Lage sind, über ihren ursprünglichen Zweck hinauszugehen, indem sie Teil der Alltagsmode wurden. Innerhalb des Radsports haben das Mountainbiken und das BMX-Fahren gezeigt, dass sich, wenn man einer produktbasierten Identität erlaubt, sich weiterzuentwickeln, gesellschaftliche Kulturen und Bewegungen bilden. Das wiederum verstärkt das Interesse an dem Sport und führt dazu, dass sich mehr Sportler dieser Disziplin zuwenden.

Unter den UCI-Bedingungen ist es ein bisschen viel verlangt, dass das Zeitfahren sexy sein soll: Wie kann ein 70er-Jahre-Rad allein, das auf einer Rundstrecke eingesetzt wird, das Publikum fesseln? Die Herausforderung beim Mountainbiken zum Beispiel ist das Fahren auf schwierigem Gelände. Technik und Ästhetik der Ausrüstung werden dem gerecht. Das Zeitfahren, ursprünglich eine einsame Unternehmung, bildete sich zu einem Miteinander von Mensch *und* Maschine gegen die Uhr heraus. Diese Art des Radsports sollte die Ziele und Werte reflektieren, die typisch für die Disziplin sind, wie zum Beispiel Schnelligkeit und optimale aerodynamische Anpassung, anstatt diese auszuklammern. Wenn Formel-1-Funktionäre so geartet wären wie ihre Kollegen in der UCI, würden die Formel-1-Fahrer noch immer mit Pferden, Pferdewagen und Peitschen ihre Runden in Monaco drehen.

Ich will hier nicht das Zeitfahrfahrrad als eine Heldentat der Ingenieurskunst verteidigen. Das zu tun, würde den menschlichen Einfluss auf die Produkte, die wir benutzen, herunterspielen. Daher würde ich behaupten, dass das moderne Fahrrad eine große Konstruktionsleistung ist. Die Konstruktionsweise wird von Notwendigkeiten bestimmt, ist aber auch ein Austarieren von menschlichen und technischen Faktoren. Es geht nicht darum, ob Fahrrad X bessere aerodynamische Eigenschaften hat als Fahrrad Y, sondern darum, was der Fahrer aus den Neuerungen jenes Rads macht. Neuerungen in der Bauweise können Freude und sogar Glück mit sich bringen, aber auch für Verdruss und Verunsicherung sorgen. Daher tut man gut daran, einen Notfallplan (oder einen sehr bequemen Sattel) zu haben, um dem zu begegnen.

Die gefühlsmäßigen Auswirkungen des Produktdesigns kann man im Zusammenhang mit dem sehen, was der Technikforscher Ernest Braun als »Streben nach Glück« bezeichnet hat.[4] Braun betonte, dass sinnvolle Technik Schmerzen oder Angst beim Benutzer reduzieren sollte. Außerdem führte er an, dass technische Neuerungen im Namen des Fortschritts vorangetrieben werden sollten und dass dieser technische Fortschritt dann zur Zufriedenheit der Nutzer führt. Geht man also davon aus, dass eine Interaktion zwischen Benutzer und Produkt stattfindet, so verhindern die Bestrebungen der UCI, dem technischen Fortschritt Einhalt zu gebieten, letztendlich eine Erzeugung von Glück. Ich behaupte, dass dies helfen könnte, zu verstehen, warum das Interesse am UCI-Stundenweltrekord geschwunden ist und es seit dem Rekord von Boardman im Jahr 2000 nur noch eine Handvoll Rekordversuche gegeben hat. Aus Mangel an interessantem Spielzeug rückt die Persönlichkeit der Fahrer selbst in den Fokus. Bei allem Respekt für die Fahrer, die es nach Boardman versucht haben – keiner von ihnen wird als Ikone des Radsports in Erinnerung bleiben. Tatsächlich haben es die meisten erfolgreichen Radsportler der vergangenen Dekade gar nicht erst versucht. In den 1990ern gab es mehr als ein Dutzend Rekordversuche, unter anderem von Weltmeistern und Tour-de-France-Siegern. Ethisch gesehen mag es nicht gerade klug sein, die Rolle des Fahrrads beim Rekord anzuerkennen, aber es kann für größeres Interesse am Zeitfahren sorgen. Daher empfehle ich eine utilitaristische Sichtweise. Wenn eine Überarbeitung der Vorschriften größeres Interesse an der Disziplin erzeugt und mehr Leute dazu bringt, aufs Rad zusteigen oder Radsport im Fernsehen anzuschauen, dann muss diese Überarbeitung zum Wohle des Radsports gefordert werden.

Der Konstruktionsvorgang trägt seine eigenen Belange in den Stundenrekord hinein – dazu können auch emotionale Reaktionen wie Glück gehören. Es geht nicht vorrangig darum, dass der Radsportler eine technische Neuerung benutzt, sondern vielmehr darum, dass das Zusammenspiel zwischen dieser Neuerung (egal ob sie ergonomischer oder psychologischer Art ist) und dem Individuum funktioniert. Obree zeigte bei seiner Weltbestleistung im Jahr 1993 ein unwahrscheinlich hohes sportliches Können. Denn ungewöhnlicherweise unternahm er zwei Rekordversuche innerhalb von 24 Stunden. Beim ersten Versuch verwendete er eine verbesserte Version des Rads, das er üblicherweise fuhr und das vom Lotus-Fahrraddesigner Mike Burrows entwickelt worden war. Obree unternahm den Versuch und scheiterte, nur um am nächsten Morgen wieder zu erscheinen. Er unternahm einen zweiten Versuch, diesmal mit dem von ihm selbst gebauten Rad. Diesmal brach er den Rekord – und das, obwohl er sich weniger als 24 Stunden vorher schon einmal verausgabt hatte (und beim zweiten Mal ein technisch wohl unterlegenes Produkt verwendete). Man muss eingestehen, dass das ein harter, schmerzvoller Weg zum Glück ist.

In seinem Buch *Designing Pleasurable Products* definiert Patrick Jordan vier Arten des Wohlbefindens als Grundgerüst der Beziehung zwischen Mensch und Produkt.[5] Es sind die folgenden:

1. Physio-Pleasure (Körperliches Wohlempfinden): Aus den Sinneswahrnehmungen bezogenes Wohlempfinden. Taktile, olfaktorische, gustatorische und andere sinnlich wahrnehmbare Eigenschaften eines Produkts kommen hier zum Tragen.

2. Socio-Pleasure (Soziales Wohlempfinden): Wohlempfinden, das aus der Interaktion mit anderen bezogen wird. Produkte, die diese erleichtern oder als Statussymbole dienen, sind hier von Bedeutung.

3. Psycho-Pleasure (Seelisches Wohlempfinden): Wohlempfinden auf geistiger und seelischer Ebene. Die kognitiven und emotionalen Reaktionen auf ein Produkt können ein seelisches Wohlempfinden erzeugen; hier ist die unkomplizierte Anwendungsweise eines Produkts vorrangig.

4. Ideo-Pleasure (Ideologisches Wohlempfinden): Ein auf Werte, Weltanschauung und den eigenen Geschmack bezogenes Wohlempfinden. Produkteigenschaften wie *umweltfreundlich, koscher, tierversuchsfrei* oder *fair gehandelt* können für ideologisches Wohlempfinden sorgen.

Die Verwendung eines Produkts oder einer Technik löst entweder eine positive oder eine negative Resonanz beim Anwender aus. In Obrees Fall hat sich die emotionale Resonanz auf die Benutzung des selbst gebauten Rads positiv auf seine Leistung ausgewirkt. Innerhalb von Jordans Konzept wäre dies ein angenehmeres Fahrgefühl durch ein auf den eigenen Körper zugeschnittenes Rad (Physio-Pleasure), eine durch die genaue Kenntnis des Vehikels vereinfachte Handhabung (Psycho-Pleasure) und die Selbstbestätigung durch die Verwendung eines selbst erschaffenen Produkts (Ideo-Pleasure). Diese Wirkung ist für den Sportler einzigartig und daher durchaus relevant, wenn man den Stundenrekord als Ausdruck der Persönlichkeit des Sportlers ansieht. Bei seinem zweiten Rekordversuch fuhr Obree das von ihm selbst gebaute Rad. Er hätte es stattdessen ein weiteres Mal mit dem neueren versuchen können, doch er tat es nicht. Das legt für mich die Vermutung nahe, dass er eine sehr persönliche Beziehung zu seinem *Old Faithful* hatte, bei der es nicht allein um technische Neuerungen ging.

Doch es ist Vorsicht geboten: Stellt das Anerkennen des Bedürfnisses nach Freude und das daraus resultierende Gewähren von größeren Freiheiten in der Konstruktion eine Gefahr für das Radfahren als Wettkampfsport dar? Der Bioethiker Andy Miah bezeichnete die Folgen eines solchen Handelns als *deskilling* und *reskilling*.[6] In manchen Fällen waren technische Neuerungen im Sport dem Sport selbst überlegen. Dabei handelt es sich im Wesentlichen um neu eingeführte Ausrüstungsgegenstände, die eine Sportart leichter ausführbar machen – und zwar eher aufgrund der technischen Mittel und nicht wegen der tatsächlichen Fähigkeiten des Sportlers. Die Firma Polara zum Beispiel nahm Änderungen an der herkömmlichen Verteilung der Dellen auf Golfbällen vor, wodurch die Wahrscheinlichkeit des Auftretens von ungewolltem Kurvenflug verringert wird. Durch die *Spaghetti-Bespannung* bei Tennisschlägern in den späten 1970ern wurde die effektivste Zone vergrößert, wodurch sich der Ball leichter zurückgeben ließ. Wie auch immer – ein Zeitfahrrad fährt nicht von selbst. Es ist keine Technik, die das Fahrradfahren an sich leichter machen würde. *Deskilling* bedeutet für Miah, dass durch die Technik die für einen Sport benötigten Fähigkeiten reduziert werden. Haben in unserem Fall Hilfsmittel, welche die Aerodynamik verbessern – etwa Scheibenräder und Aerolenker – die für einen Stundenrekord erforderlichen Fähigkeiten reduziert? Absolut nicht. Das Radfahren erfolgt noch immer unter der Verwendung eines starren Ganges und der gleichen körperlichen Tätigkeit. Die einzige Veränderung ist diejenige, dass die in einem erfolgreichen Rekordversuch erzielte Geschwindigkeit geringfügig höher ist. Mit *reskilling* meint Miah, dass die Einführung einer technischen Neuerung dazu führt, dass die sportliche Tätigkeit leichter ausgeführt werden kann. Auch dies ist im Radsport nicht der Fall. Beim Zeitfahren kommt es darauf an, dass auf einer bestimmten Strecke oder innerhalb eines festgelegten Zeitraums die maximale Leistung erbracht wird. Also hat sich das Zeitfahren im Kern nicht verändert: Ich, der mehrfach nach einem Zeitfahren völlig außer Atem am Straßenrand stand, kann versichern, dass eine *maximale* Leistung weiterhin eine *maximale* Leistung ist. Daher wäre es durchaus akzeptabel, den Stundenrekord wieder zu dem zu machen, was er ursprünglich gewesen ist. Die UCI macht sich Sorgen um die Auswirkungen von Neuerungen an der Ausrüstung, die in anderen technikorientierten Sportarten wie dem Motorsport zu beobachten sind. Dort haben die Ingenieure und die Finanzstärke eines Teams einen erheblichen Einfluss auf die Ergebnisse. Das spricht jedoch nicht für eine Notwendigkeit, technische Neuerungen im Radsport komplett zu verbieten, sondern vielmehr für erhöhte Wachsamkeit. Wir sollten Neuerungen à la Graeme Obree ermöglichen, und zwar für alle. Das würde Situationen wie die des britischen Bahnradteams verhindern, dessen Fahrräder nicht im Handel erhältlich waren und deren Skinsuits im Anschluss an die Olympiade im Jahr 2008 geschreddert wurden, damit die Konkurrenz nicht in Besitz der gleichen Vorteile gelangen konnte – was die UCI (ironischerweise) nicht zu verhindern wusste.

## *Die letzte Runde*

Ich habe mich hier auf das Argument konzentriert, dass das Interesse, das durch das Zulassen technischer Neuerungen entsteht, wertvoller für den Sport ist als die Beibehaltung eines Konzepts, das von Anfang an ungerecht war. Wir können nicht an eine im Jahr 1972 gezogene Grundlinie zurückkehren, ohne damit quasi alle Fahrer zu zwingen, am gleichen Ort das gleiche Rad zu fahren und dabei die gleiche reizlose Bekleidung zu tragen. Selbst wenn – die Trainingsmethoden haben sich seitdem verändert. Fortschritt ist unvermeidlich. Fairness an den eher ästhetischen Vorstellungen darüber, wie ein Fahrrad auszusehen hat, und nicht daran, was es tut, festzumachen, ist nicht anständiger oder gerechter als jede andere der technischen Neuerungen, die in den letzten 40 Jahren aufgekommen sind.

Die UCI sieht die Technik als etwas an, das die Leistungen des Sportlers schmälert. Der Einfluss der Technik wird noch immer von der Notwendigkeit, in die Pedale zu treten, um eine Vorwärtsbewegung zu erzielen, wettgemacht. Ein Rad mag am Ende bessere aerodynamische Eigenschaften haben als ein anderes, aber diese stellen nur einen Bruchteil dessen dar, was erforderlich ist, um den Stundenrekord zu brechen. Chris Boardman hat bewiesen, dass es letztlich doch auf den Menschen ankommt, indem er 1996 die Weltbestleistung erzielte und 2000 den UCI-Stundenweltrekord brach. Die Guten schaffen es eben doch immer an die Spitze.

Technische Neuerungen bereichern den Sport. Sie schaffen Identität, die förderlich für das Image, die Marke und den Charakter ist. Neue Konstruktionen sorgen für Interesse und Zufriedenheit bei Aktiven und Zuschauern des Radsports in allen seinen Formen. Manche Fahrräder sind zu Kultgegenständen geworden, deren Innovationen und Designs gefeiert werden. Diese technischen Stars übertragen das, was man mit ihnen verbindet, auf eine größere Sportlergemeinde und sorgen so für Interesse und Spannung.

Um dem Ethos der UCI bezüglich des UCI-Stundenweltrekords gerecht zu weden, sollte der Rekord letztendlich aus der Kraft, die der Fahrer auf die Pedale überträgt, bestehen. Trotzdem wird kein Rekord anhand der bloßen in einem Labor erbrachten Leistung eines Sportlers ermittelt. Wenn man sich dies vor Augen hält, erübrigt sich eine Debatte über oder gar die Ablehnung von technischen Neuerungen im Sport. Ihren Einfluss auf den Stundenrekord zu übergehen ist ebenso unsinnig wie falsch. Beim Zeitfahren geht es nicht darum, dass ein Mensch gegen die Uhr fährt, sondern um das Streben nach Geschwindigkeit. Anders ausgedrückt: Lockert die Vorschriften und lasst dem Tier freien Lauf.

## BRYCE T. J. DYER

Bryce T. J. Dyer ist Dozent an der School of Design, Engineering, and Computing der Bournemouth University in Großbritannien. Seine Hauptforschungsgebiete sind Sporttechnologie und Produktentwicklung sowie die Ausgewogenheit von humanistischen und technologischen Aspekten im Design. Derzeit schreibt er seine Doktorarbeit, in der er versucht, einen ethischen Ansatz zu entwickeln, der die Entwicklung technischer Hilfsmittel für Paralympic-Sportler unterstützt. Als Zeitfahrer und Triathlet trägt er noch immer Elastan, und er glaubt, das wahre Glück findet man bei 50 km/h.

## FUSSNOTEN

1   M. Andrew Holowchak, »Ergogenic Aids and the Limits of Human Performance in Sport: Ethical Issues, Aesthetic Considerations«, in »Journal of the Philosophy of Sport 29« (2002), S. 75–86.

2   »The Final Hour: Chris Boardman's Quest for the Hour Record«. DVD. Bromley Video, 2003.

3   Stephen Bayley, »Taste: The Secret Meaning of Things«, London, Faber & Faber 1991.

4   Ernest Braun, »Futile Progress: Technology's Empty Progress«, London, Earthscan 1995.

5   Patrick Jordan, »Designing Pleasurable Products«, London, Taylor & Francis 2000.

6   Andy Miah, »New Balls Please: Tennis, Technology, and the Changing Game,« in »Tennis, Science, and Technology«, herausgegeben von S. Haake and A. Coe, Oxford, Blackwell Science 2000, S. 285–292.

#### RAYMOND ANGELO BELLIOTTI
Übersetzung: Roberta Schneider

# AUSSER KONTROLLE

### *Der Pirat und die leistungssteigernden Mittel*

Ein stolzer Mann erträgt kein Mitleid. Während der 12. Etappe der Tour de France am 13. Juli 2000 ließen Lance Armstrong und Marco Pantani den Rest der Fahrer weit hinter sich und erstürmten den unerbittlichen Mont Ventoux. Es war ein Bild der Gegensätze: Armstrong, der kurz vor dem zweiten seiner (später aberkannten)[1] sieben Tour-de-France-Siege in Folge stand, und der in Ungnade gefallene Pantani, der sich verzweifelt um Wiedergutmachung bemühte, sprinteten gegen den harschen Wind auf die Ziellinie zu. Plötzlich gab Armstrong nach und überließ Pantani den Etappensieg. Aus der Sicht Armstrongs war diese Aktion eine noble Geste, um einem Rivalen, der ein schweres Jahr hinter sich hatte, Anerkennung zu zollen. Von Pantanis Standpunkt aus hatte die vermeintliche Aufopferung Armstrongs einen herablassenden Beigeschmack: Pantani war um einen ehrenvollen Sieg gebracht worden. Der italienische Pirat schäumte vor Wut.

Drei Tage später, auf der 15. Etappe mit der Ankunft in Courchevel, griff Pantani am Berg mit irrsinnigem Ehrgeiz an. Er war noch einmal der verwegene, wilde König der Steigungen. Er ließ alle Rivalen hinter sich und sauste allein über die Ziellinie. Er hatte sich wieder zu voller Größe aufgerichtet und seine Ehre wiederhergestellt. Pantanis Familie, seine Freunde und Landsleute standen am Straßenrand und weinten.

Es sollte Marcos letzter großer Sieg sein. Nach der Tour de France im Jahr 2000 nahm Pantani nur noch sporadisch und erfolglos an Rennen teil. Am 14. Februar 2004 wurde er tot in einem Hotel in Rimini aufgefunden. Eine Kokainvergiftung hatte ein Hirnödem und Herzversagen verursacht. Pantani wurde nur 34 Jahre alt.

## *Leben und Wirkung*

Pantani, der, selbst wenn er sich die Taschen mit Ziegelsteinen vollstopfte, nur 60 Kilo wog, liebte Bergetappen. Mit einer scheinbar unerschöpflichen Fähigkeit, seinem mageren Körper das Letzte abzuverlangen, ließ er sich ab und zu ans Ende des Hauptfeldes zurückfallen, nur um später genüsslich an allen vorbeizuziehen und zu gewinnen. Auch wenn er beim Zeitfahren immer im Nachteil war – Marcos Art, Berge zu erklimmen, war einzigartig, aufreibend und aufregend: Indem er die gesamte Strecke lang in der Unterlenkerposition blieb, oft im Wiegetritt fuhr, seinen Konkurrenten irrsinnige Blicke zuwarf – halb masochistisch, halb sadistisch, und manchmal sein Bandana herausfordernd zu Boden warf, begeisterte er die Zuschauer und verwirrte seine Rivalen. Er genoss es, seinen Konkurrenten in die Augen zu sehen, während diese sich den Berg hochquälten.[2]

Seine frühe Laufbahn war von gelegentlichen, spektakulären Erfolgen, die seine spätere Größe erahnen ließen, wiederholtem Verletzungspech und einer gewissen Aussichtslosigkeit geprägt. 1994 wurde Marco Zweiter beim Giro d'Italia und Dritter bei der Tour de France. 1995 und 1997 gewann er je zwei Etappen bei der Tour de France und wurde außerdem 1997 Dritter im Gesamtklassement. Um diese Zeit herum begann man, vom *italienischen Piraten* zu sprechen. Pantani, der die Aufmerksamkeit, die ihm zuteilwurde, genoss, verstärkte sein Image, indem er sich den Kopf kahl rasierte, einen Ziegenbart trug, sich Ohrlöcher stechen ließ, um silberne Kreolen zu tragen und ein Bandana mit Totenkopf und gekreuzten Knochen – den Insignien von *Il Pirata* – um den Kopf band.

1998 war der Höhepunkt in Pantanis Karriere. Frei von Verletzungen und auf der Höhe seiner Form ließ er beim Giro d'Italia und bei der Tour de France alle Konkurrenten hinter sich. Marco war der erste Italiener nach Fausto Coppi im Jahr 1952 und erst der siebte Radrennfahrer überhaupt, der den Giro und die Tour de France im selben Jahr gewann. Das französische Team *Festina* war in jenem Jahr bei der Tour de France gesperrt, nachdem an der französisch-belgischen Grenze einer der Mannschaftsärzte mit einer großen Menge an illegalen Dopingmitteln, die er in seinem Auto versteckt hatte, erwischt worden war. Ironischerweise wurde Pantani, den dieser Vorfall nicht berührte, als makelloser Held und Retter des Radsports angesehen. »Dann war Marco aufgetaucht, ein aus genialem Chaos bestehendes Geschoss voller subversiver Tricks, stilvoll und in der Lage – wer wüsste, wie? – übermenschlich zu beschleunigen, sobald die Straße sich gen Himmel neigt.«[3]

Doch Marco Pantanis Leuchten erlosch so schnell wie das einer Sternschnuppe. Beim Giro d'Italia 1999 sah es schon so aus, als würde Pantani wie im vorausgegangenen Jahr das *maglia rosa* holen. Nachdem jedoch ein Dopingtest einen zu hohen Hämatokritwert ergeben hatte, was darauf schließen ließ, dass er rEPO, eine künstlich hergestellte rekombinante Form des menschlichen Hormons Erythropoetin (EPO), verwendet hatte, wurde er vom Rennen ausgeschlossen und gesperrt. Trotz seines Protests und vager Andeutungen, dass man sich gegen ihn verschworen habe, war der Ruf des italienische Piraten für immer beschädigt.

## *Dopingmittel*

In Diskussionen über Dopingmittel geht man von zwei Voraussetzungen aus: 1. Dass die Anwendung von Dopingmitteln in Kombination mit körperlichem Training zu besseren sportlichen Leistungen führt und 2., dass Dopingmittel ernsthafte Gesundheitsrisiken für die Anwender bergen können. Die genauen Ausmaße der sportlichen Vorteile und der gesundheitlichen Risiken werden vielfach kontrovers diskutiert. Wie einige andere verbotene Substanzen wird auch rEPO seit Längerem medizinisch angewendet. Bei Menschen, die an einer chronischen Form der Anämie leiden, kann rEPO die gefährlich niedrige Zahl der roten Blutkörperchen auf eine gesunde Menge ansteigen lassen. Patienten, für die allein das Aufstehen aus dem Bett eine große Herausforderung wäre, können ein fast normales Leben führen, wenn ihnen die richtige Menge rEPO verabreicht wird. Wenn gesunde Radfahrer rEPO verwenden, so erhöht sich die Anzahl ihrer roten Blutkörperchen, wodurch die aerobe

Kapazität (das Sauerstoffaufnahmevermögen) des Sportlers vergrößert wird, sodass sie wesentlich länger und härter ohne Sauerstoffdefizit und die Entstehung von Milchsäure in ihren Muskeln trainieren können. Die Gefahren, die eine Steigerung der Anzahl der roten Blutkörperchen bei gesunden Sportlern mit sich bringt, liegen darin begründet, dass das Blut dadurch dickflüssiger wird, was die Thrombusbildung begünstigt und somit zu Herzinfarkten, Schlaganfällen oder Lungenembolien führen kann. Zu den weiteren Gefahren gehören der plötzliche Tod während des Schlafs, den in den letzten zwei Jahrzehnten etwa 20 Radprofis erlitten haben, und die Bildung von Antikörpern gegen EPO, welche Anämie verursachen.

Der erste und am häufigsten eingebrachte Einwand gegen die Verwendung von Dopingmitteln ist, dass ihre medizinisch nicht indizierte Verwendung gegen die Regeln des Sports verstößt. Ein verbotenes Mittel zu verwenden, um sich einen Vorteil im Wettkampf zu verschaffen, ist unfair, da es sich um eine Form des Betrugs handelt. Allerdings beißt sich bei diesem Einwand die Katze in den Schwanz: Denn er zieht den derzeitigen Status der Dopingmittel heran – ihre Anwendung im Sport verstößt gegen die Regeln –, um zu erklären, warum sie angeblich gegen die Regeln des Sports verstoßen. Ein Dopingbefürworter könnte erwidern, dass es nicht zu Ungerechtigkeit im Wettkampf führen würde, wenn der Einsatz von Dopingmitteln im Sport erlaubt wäre.

Doch hier kann auch ein schlüssigerer Einwand angebracht werden: Die medizinisch nicht indizierte Verwendung von Dopingmitteln verstößt nicht nur gegen die Regeln des Sports, sondern auch gegen die Gesetze des Landes. Manche Dopingmittel können nur dann legal ausgegeben werden, wenn sie von einem Arzt verschrieben wurden. Wie könnten die Regeln eines Sports etwas erlauben, was die Gesetze des Landes verbieten?

Die Regeln des Profiradsports können zum Beispiel auch nicht die Verwendung von Heroin erlauben oder die Verwendung anderer verbotener Substanzen tolerieren. Auf gewisse Weise ist dieser Einwand entscheidend. Der Profiradsport kann die Anwendung von rEPO gar nicht erlauben, da die Substanz verschreibungspflichtig ist. Doch das Sichberufen auf das Argument der Illegalität verschleiert tieferliegende Gründe, die man gegen die Verwendung von Dopingmitteln anbringen könnte.

## *Das paternalistische Argument*

Manche argumentieren dahingehend, dass der Radsport sich um die Gesundheit der Fahrer sorgen sollte und daher schädliche Mittel wie rEPO verboten werden sollten. Wenn das Hauptaugenmerk auf kurzfristige Leistung gelegt wird und langfristige Gesundheitsgefahren, die aus dem Gebrauch von Dopingmitteln resultieren, nicht beachtet werden, wird dem Sportler als menschlichem Wesen nicht genug Respekt entgegengebracht. Wir sollten keinen größeren Wert auf die Leistungssteigerung als auf die Gesundheit unserer Sportler legen.[4]

Kritiker des Paternalismus haben jedoch bereits eine Erwiderung darauf parat, die ich als *das libertaristische Manifest* bezeichnen möchte: Die Sportler selbst, und nicht diejenigen, die in Sport und Gesellschaft Entscheidungsgewalt haben, sollten über die entsprechenden Risiken und Vorteile entscheiden. Die Sportler sollten über diese Risiken und Vorteile informiert sein und dann ihre eigenen Entscheidungen treffen können. So beruht John Stuart Mills berühmtes Schadensprinzip darauf, dass der einzige vernünftige Grund, Zwang auszuüben, derjenige ist, die Schädigung anderer zu verhüten. Der Einzelne kann am besten über seine Interessen entscheiden. Es sollte der Gesellschaft nicht erlaubt sein, das Urteilsvermögen des Einzelnen zu ersetzen, es sei denn, das Wohl anderer wird dadurch geschützt. Die Selbstbestimmtheit und Freiheit des Einzelnen sind von höchstem Rang. Ein paternalistisches Verhalten ist nur denen gegenüber gerechtfertigt, die nicht im Vollbesitz ihrer Entscheidungsfähigkeit sind. Außerdem ist es nicht unbedingt unklug, im Sport Risiken einzugehen. Wir erlauben risikoreiche Sportarten wie Bergsteigen, Fallschirmspringen und Profiboxen.[5] Wir erlauben Leistungsmesser und anstrengendes Intervalltraining im Radsport, wodurch das Verletzungsrisiko erhöht wird. Im Sport Risiken einzugehen ist heutzutage so normal wie ein dreistöckiger Burger mit Spezialsauce, einer zweiten Scheibe Schmelzkäse und einer Extraportion Pommes.

Als extreme Sichtweise ist das libertaristische Manifest kritikanfällig. Tatsache ist, dass Gesellschaften oft gerechtfertigterweise paternalistisch agieren. Der Staat weigert sich, dem Einzelnen zu erlauben, seiner oder ihrer eigenen Versehrung oder Tötung zuzustimmen. Der Staat erkennt keine Verträge an, mit denen sich jemand selbst als Sklave verkauft oder zur Zweitfrau macht. Prostitution ist fast überall verboten. Es ist jedem Bürger erlaubt, in angemessenem Ausmaß Gewalt auszuüben, um andere davon abzuhalten, sich selbst Schaden zuzufügen oder Suizid zu begehen. Bestimmte Mittel können ohne ärztliches Rezept nicht erworben werden. Andere Mittel – wie Heroin – sind überhaupt nicht erlaubt.[6] Der Staat erlässt Gesetze, welche die Anschnallpflicht für Autofahrer und die Verkehrssicherheit von Motorrädern betreffen. Radprofis müssen bei Rennen Helme tragen. Mills Schadensprinzip ist ein hervorragender Ansatz, wenn es darum geht, das angemessene Ausmaß einer verhaltensregulierenden Maßnahme zu erfassen, aber nicht der Weisheit letzter Schluss.

Libertaristen überzeugt das selbstverständlich nicht. Wo soll man die Grenze ziehen? Sollte man Whiskey, Zigaretten, frittiertes Essen und dreistöckige Burger mit Spezialsauce verbieten? Wenn man die Lawine der paternalistischen Regulierung erst einmal ins Rollen bringt, läuft man Gefahr, darunter begraben zu werden.

Nicht unbedingt. Eine Vielzahl von Debatten scheitert daran, dass jemand ebendiesen Lawineneffekt anführt. Doch in der Regel können Unterscheidungen und Untersuchungen vorgenommen werden, die verhindern, dass wir von der Lawine erfasst werden. Wir können uns die Freiheit erhalten, frittiertes Junkfood in uns reinzustopfen und gleichzeitig die gesetzliche Anschnallpflicht für Autoinsassen akzeptieren.

Ich könnte die folgenden Faktoren anbieten, wenn es darum geht, zu entscheiden, inwieweit der Paternalismus eine Gesetzgebung in einem bestimmten Bereich rechtfertigt: Die Wahrscheinlichkeit von Schäden, wenn zum Beispiel Radprofis rEPO verwenden, die Ausmaße der Schäden, die Unmittelbarkeit der Schäden, die Kopplung der Schäden an die Anwendung des rEPO, die Vorteile, von denen der Radsportler bei Anwendung des Mittels profitiert, das Ausmaß der Freiheitseinschränkung durch ein rEPO-Verbot und die Durchsetzbarkeit der entsprechenden Gesetze.

Das Durchspielen dieser Faktoren führt in vielen Fällen zu anfechtbaren Ergebnissen. Doch so funktionieren Vorschriften: Die Angelegenheit wird auf die übliche Art und Weise gelöst – Erörterung, Abwägung und Kompromiss.

Die Libertaristen mögen recht haben: Der hohe Wert, den wir der Selbstbestimmung des Individuums und der Entscheidungsfreiheit richtigerweise zumessen, legt nahe, dass das paternalistische Argument ein Verbot von Dopingmitteln im Sport nicht eindeutig rechtfertigt.

Doch Befürworter eines solchen Verbots könnten auf den Unterschied zwischen den dem Sport inhärenten Risiken – jenen, die zum Wettkampf dazugehören – und denen, die außerhalb des Sports liegen – jenen, die nicht zum Wettkampf dazugehören und aus anderen Gründen ins Spiel gebracht werden, hinweisen.

Sie könnten dahingehend argumentieren, dass die dem Radsport innewohnenden Risiken dazu beitragen, den Sport zu dem zu machen, was er ist. Manche Rennradfahrer gehen bei Bergabfahrten größere Risiken ein und setzen damit Konkurrenten, die weniger gut oder weniger wagemutig sind, mächtig unter Druck. Marco Pantani hat zum Beispiel bei Abfahrten manchmal seinen Oberkörper auf den Sattel gelegt, um den Körperschwerpunkt weiter nach unten zu verlegen und so mehr Schwung zu bekommen. Weniger erfahrene Nachahmer von *Il Piratas* Stil können damit unglückliche Resultate herausfordern. Doch so etwas und andere Risiken – wie zum Beispiel Verletzungen, Unfälle, Erschöpfungszustände und Dehydrierung – gehören zum Radsport dazu und machen einen Teil seines Reizes aus. Die Anwendung von Dopingmitteln wie rEPO ist ein außerhalb des Sports liegendes Risiko und gehört nicht zur Grundstruktur des Sports.

Wir sollten nicht auf das rhetorische Mittel hereinfallen, welches bei solchen Debatten häufig zum Einsatz kommt. Oft wird ein Argument, sobald es sich als ungeeignet erweist, eine schlüssige Begründung für ein Verbot von Dopingmitteln zu liefern, fallen gelassen. Die zugrunde liegende Annahme scheint folgende zu sein: *Wenn ein Argument nicht eindeutig begründen kann, dass ein Mittel verboten werden sollte, dann ist das Argument für die Debatte unerheblich.* Wenden wir diese These auf unseren Fall an: Wenn ein Argument nicht *beweisen* kann, dass es den Wettkämpfern verboten werden sollte, rEPO anzuwenden, so kann dieses Argument ohne Weiteres verworfen werden.

Doch ich würde eher die Ansicht vertreten, dass solch ein Argument eine Begründung liefern kann, deren Gewicht von der Stärke und dem Anwendungszusammenhang des Arguments abhängt. Das paternalistische Argument kann also keine zwingende Begründung für das Verbot von rEPO liefern, ist deswegen aber nicht unerheblich. Es liefert einen nicht zwingenden Grund dafür, rEPO zu verbieten.

## *Die Argumentation anhand des Schadensprinzips*

Es wäre tatsächlich möglich, Dopingmittel in Übereinstimmung mit dem Schadensprinzip zu verbieten. Das Schadensprinzip basiert auf den Grundwerten der Selbstbestimmung und der Entscheidungsfreiheit. Doch es ist ja meist nicht so, dass die Profiradfahrer nach Aufklärung über rEPO der Verwendung des Mittels zustimmen. Vielmehr werden sie dadurch, dass sie wissen, dass auch die Konkurrenz Dopingmittel verwendet und sie es sich nicht leisten können, ihren Wettbewerbsvorteil zu verlieren, auf subtile Weise dazu gezwungen, ebenfalls Dopingmittel anzuwenden. Diese Sportler würden lieber kein rEPO verwenden, nehmen aber widerwillig Dopingmittel ein – aus Angst, dass sie sonst ihren Lebensunterhalt verlieren könnten.[7] Dementsprechend schadet die Entscheidung von wenigen irrsinnigen Sportlern, die ihre Gesundheit aufs Spiel setzen, um bessere Leistungen zu erzielen, anderen Sportlern, die so gezwungen werden, es ihnen gleichzutun.

Jan Ullrich wurde 1997 der erste deutsche Sieger der Tour de France. Außerdem wurde er bei der Tour fünfmal Zweiter und einmal Vierter. Zusammen mit ein paar anderen Fahrern, unter ihnen Ivan Basso, Francisco Mancebo und Oscar Sevilla wurde Ullrich einen Tag vor Beginn der Tour de France 2006 vom Rennen ausgeschlossen, weil sich in einem spanischen Dopingskandal, der *Operación Puerto*, die Vorwürfe gegen ihn häuften. Die spanischen Behörden schickten den Veranstaltern der Tour de France die mehr als 40 Seiten umfassende Zusammenfassung der polizeilichen Ermittlungen über einen Dopingring – angeführt von Dr. Eufemiano Fuentes –, dem vorgeworfen wurde, Radprofis mit einer ganzen Palette von Dopingmitteln ausgestattet zu haben. Dem Toursieger jenes Jahres, Floyd Landis, wurde der Titel entzogen, nachdem bei einer Dopingkontrolle im Anschluss an seine erstaunliche Leistung bei der 17. Etappe ein verblüffend hohes Verhältnis von Testosteron zu Epitestosteron (T/E-Verhältnis) festgestellt wurde. Es überrascht nicht, dass Dopingexperte Dr. John Hoberman angemerkt hat: »Der Radrennsport ist der am durchgängigsten mit Dopingmitteln durchtränkte Sport des 20. Jahrhunderts gewesen ... die Tour [de France] ist quasi eine Apotheke auf Rädern.«[8] Zu dem Schluss zu kommen, dass viele Radprofis subtil dazu gezwungen werden, zu Dopingmitteln zu greifen, ist also angemessen. Libertaristen würden erwidern, dass jedes neue Trainingsprogramm, jede Weiterentwicklung der Ausrüstung und jede Neuerung in der sportlichen Technik ähnlichen Druck auf die Sportler ausübt. So war zum Beispiel Krafttraining früher in den meisten Sportarten nicht üblich. Sobald ein paar Sportler anfingen, mit eindeutig positiven Ergebnissen Krafttraining zu machen, mussten ihre Konkurrenten nachziehen, wenn sie nicht ins Hintertreffen geraten wollten. Auch Innovationen bergen stets Gesundheitsrisiken.[9] Wenn es schwerer gemacht wird, zu entscheiden, ob eine neue Technik aufgenommen oder das Risiko, in Rückstand zu geraten, eingegangen wird, heißt das nicht, dass die entsprechende Entscheidung nicht frei ist. Sportler können gut informiert Entscheidungen treffen, auch wenn ihr Wissen, dass ihre Konkurrenten Dopingmittel anwenden und Vorteile daraus ziehen, bei ihren Entscheidungen berücksichtigt werden muss.

Ein typisches Argumentationsmuster, das sich *tu quoque* (du auch) nennt, ist hier im Spiel: Wenn du schon eine bestimmte Art von Handlungsweisen erlaubst, so hast du nicht das Recht, mir zu verbieten, ähnliche Handlungsweisen zu erlauben. So gibt es im Profiradsport beispielsweise viele erlaubte Gefahren wie etwa anstrengendes Training, also sind die Veranstalter von Radrennen nicht in der Position, den Wettkämpfern die Vorteile der rEPO-Anwendung zu verwehren. Moralisten haben keine Probleme damit, die Risiken und *subtilen Zwänge*, welche die Trainingsprogramme mit sich bringen, zu akzeptieren, und doch ringen sie entsetzt die Hände über die schweren Entscheidungen, mit denen sich Radsportler bezüglich Dopingmitteln konfrontiert sehen. Sind solche Moralisten nicht scheinheilig und in ihrer Logik widersprüchlich?

Vielleicht. Vielleicht aber auch nicht. Die Leser sollten nicht auf eine allzu vereinfachende Anwendung des *tu quoque* hereinfallen. Sie sollten fragen, ob zum Beispiel das Krafttraining die *gleiche Wahrscheinlichkeit* für das Auftreten von Schäden und die *gleiche Schwere* derselben mit sich bringt wie der Gebrauch von Dopingmitteln wie rEPO, und ob sich neben der Leistungssteigerung *vergleichbare Zusatznutzen für die Gesundheit* ergeben. Wenn der Gebrauch von Dopingmitteln mit höherer Wahrscheinlichkeit zum Auftreten von Schäden führt und diese Schäden schwerer sein können als bei anstrengenden Trainingsprogrammen und die Dopingmittel außerdem weniger Zusatznutzen für die Gesundheit haben, dann ist das Tu-quoque-Argument weniger überzeugend, als die Libertaristen denken. Generell neigen Libertaristen dazu, zu glauben, dass eine von ihnen angeführte gegenwärtig akzeptierte Praxis die Moralisten dazu zwingen müsste, auch Dopingmittel zu akzeptieren. Sie behaupten, dass das Akzeptieren des Arguments gegen Dopingmittel die Moralisten dazu zwingen müsste, eine ganze Reihe von Praktiken zu verbieten, die allgemein für vertretbar gehalten werden. Ich mahne an, dass eine Berufung auf ähnliche Risiken genauer unter die Lupe genommen werden muss.

## *Die Argumentation anhand der Werteverschiebung*

Manche vertreten die Auffassung, dass die Anwendung von Dopingmitteln die Balance zwischen Prozess und Ergebnis im Sport verändert. Sport verkörpert inhärente Nutzen und Werte, die zutage treten, wenn die Leistungen in Übereinstimmung mit den ihnen zugehörigen Leistungsmaßstäben erbracht werden. Die *Werte des Prozesses* sind entscheidend: die sportliche Leistungsfähigkeit maximieren, danach trachten, sein Bestes zu geben, Gesundheit und Fitness erlangen, den auf überlegenem Können und größerem Kraftaufwand beruhenden Sieg verdienen und den Konkurrenten als notwendigen Partner zur gegenseitigen Selbsterkenntnis und Selbstschöpfung ansehen. Die Anwendung von Dopingmitteln drängt die Werte des Prozesses durch eine verquere Besessenheit von den *Werten des Ergebnisses* beiseite: Sieg um jeden Preis, Ruhm und Reichtum. Dementsprechend verändern Dopingmittel die Balance zwischen Werten des Prozesses und des Ergebnisses im Sport. Der Sport besteht dann nur noch aus dem Streben nach dem Höher, Schneller, Weiter – unter allen dafür notwendigen Umständen. Wenn man so verfährt, schmälert man die Schönheit und die schöpferische Kraft des Sports aus Rücksicht auf Ruhm und Reichtum und auf Kosten unserer Integrität.[10] Ein solcher Handel sollte unter der Würde derer sein, denen es im Sport nicht im Wesentlichen um Siege und Niederlagen geht. Der alte Wahlspruch von Grantland Rice mag Zynikern abgedroschen erscheinen, aber er spiegelt doch immer noch eine grundlegende Wahrheit wider: *Es geht nicht darum, ob man gewonnen oder verloren hat, sondern darum, wie man gespielt hat.*

Libertaristen wären weiterhin nicht überzeugt. Erstens sind bereits Trainingstechniken und -programme (wie zum Beispiel Höhentraining, Krafttraining und Intervalltraining) zugelassen, die es den Ausübenden erlauben, ihre Fähigkeiten in hohem Ausmaß zu verbessern, ohne dadurch den Charakter des Sports zu verändern.[11] Kein Sportler verzichtet auf neue Trainingsmethoden, bessere Ausrüstung oder bessere Ernährung, nur weil diese zu sehr auf die Ergebnisse abzielen. Zweitens sind Dopingmittel keine Wunderwaffen. Damit die Anwendung Wirkung zeigt, muss zusätzlicher Aufwand betrieben und mehr trainiert werden, was Prozesswerte seitens des Sportlers mit sich bringt. Drittens sind sowohl Profisportler als auch Collegesportler ohnehin schon aufs Gewinnen aus. Trainer und Funktionäre verlieren ihre Arbeit, wenn ihre Mannschaften nicht oft genug gewinnen. Die Sportler verdienen weniger Geld, wenn ihre Leistungen abnehmen. Das Ideal des Sports spiegelt einen Anspruch wider, aber nicht die tatsächliche Praxis des Sports, wie wir ihn kennen. Auch die Olympischen Spiele können wir getrost dieser Kategorie zurechnen. Medaillengewinner aus so gut wie allen Ländern werden mit Privilegien und Beifall, die anderen Teilnehmern nicht zuteilwerden, überschüttet. Die Verwendung von Dopingmitteln verändert nicht die Balance zwischen den Werten von Prozess und Ergebnis, sie spiegelt sie nur wider. Natürlich gilt das nicht für den reinen Freizeitsport.

Die Moralisten haben recht, wenn sie anführen, dass die Verwendung von Dopingmitteln die Balance zwischen den Werten von Prozess und Ergebnis im Sport zusätzlich beeinflusst. Sie sollten darauf beharren, dass anstrengende Trainingstechniken und -programme anders als Dopingmittel wie rEPO eine verbesserte Leistung nicht über die Gesundheit der Sportler stellen. Und dass es noch immer darauf ankommt, *wie* man den Sieg erringt. Es ist vernünftig, die Art und Weise des Gewinnens für wichtiger zu erachten als einfach nur das Erringen eines Sieges. Dennoch könnte ein Libertarist erwidern, dass es sich bei diesem Argument um einen Zirkelschluss handelt: Es setzt voraus, dass Dopingmittel nicht wünschenswert sind und somit den Glanz des Sieges trüben und die Prozesswerte des Sports verzerren. Anschließend wird die angebliche Verzerrung der Prozesswerte verwendet, um an ihr zu zeigen, dass Dopingmittel unerwünscht sind. Die Libertaristen haben auch in dem Punkt recht, dass bei vielen Sportveranstaltungen das Verhältnis zwischen Werten von Prozess und Ergebnis ohnehin schon von dem Ideal abweicht, das die Moralisten besingen. Die Argumentation anhand der Werteverschiebung kann also nicht beweisen, dass Dopingmittel verboten werden sollten, aber sie liefert einen Grund, der relevant für die Entscheidung ist.

## *Die Argumentation anhand des Gefangenendilemmas*

Manche würden das Argument anbringen, dass Dopingmittel verboten werden sollten, damit alle Sportler eine optimale Ausgangslage für ihre Entscheidungen haben. Das *Gefangenendilemma* ist ein bekanntes philosophisches Gedankenexperiment. Wird es auf Sportler, die vor der Entscheidung stehen, ob sie Dopingmittel verwenden sollen, angewandt, zeigt es, warum die Gesellschaft und Sportfunktionäre es als gerechtfertigt empfinden, Dopingmittel zu verbieten.[12]

Angenommen, zwei miteinander rivalisierende Radfahrer, nennen wir sie *Die Spinne* und *Der Floh*, müssen entscheiden, ob sie rEPO anwenden. Hier sind die möglichen Ergebnisse ihrer Entscheidungen:

• *Mailand–San Remo*: Spinne verwendet rEPO, Floh nicht. *Resultat*: Spinne hat einen Wettbewerbsvorteil und besiegt Floh, nimmt aber ein Gesundheitsrisiko auf sich. Floh hat einen Wettbewerbsnachteil, nimmt aber kein Gesundheitsrisiko auf sich.

• *La Settimana Internazionale di Coppi e Bartali*: Floh verwendet rEPO, Spinne nicht. *Resultat*: Floh hat einen Wettbewerbsvorteil und besiegt Spinne, nimmt aber ein Gesundheitsrisiko auf sich. Spinne hat einen Wettbewerbsnachteil, nimmt aber kein Gesundheitsrisiko auf sich.

• *Giro d'Italia*: Sowohl Floh als auch Spinne verwenden rEPO. *Resultat*: Weder Floh noch Spinne haben einen Wettbewerbsvorteil; beide nehmen ein Gesundheitsrisiko auf sich.[13]

• *Giro del Casentino*: Weder Floh noch Spinne verwenden rEPO. *Resultat*: Weder Floh noch Spinne haben einen Wettbewerbsvorteil; keiner von beiden nimmt ein Gesundheitsrisiko auf sich.

Auch wenn ich den Gegenstandsbereich auf zwei rivalisierende Sportler begrenzt habe, lassen sich die Ergebnisse auf größere Zusammenhänge übertragen. Insgesamt gesehen ist die vierte Situation die beste für die Sportler: Alle Beteiligten haben weder ein Mehr an Wettbewerbsvorteilen noch nehmen sie ein Gesundheitsrisiko auf sich. Doch Profiradfahrer, die eigentlich keine Dopingmittel verwenden wollen und nicht wissen, wie die anderen sich entscheiden, werden keinen Wettbewerbsnachteil in Kauf nehmen wollen. Daher werden letzten Endes sowohl Spinne als auch Floh Dopingmittel verwenden und sich in Szenario 3 wiederfinden, dem schlechtesten der vier. Keiner der Sportler hat ein Mehr an Wettbewerbsvorteilen, und beide nehmen ein Gesundheitsrisiko auf sich. In einem größeren Zusammenhang hieße das, dass die meisten Sportler sich dafür entscheiden würden, Dopingmittel zu verwenden, und so gemeinsam im dritten Szenario landen würden. Indem Gesellschaft und Sportfunktionäre ein Dopingverbot durchsetzen, erhöhen sie die Wahrscheinlichkeit, dass sich alle Sportler in der besten Situation befinden – in Szenario 4. Um sicherzustellen, dass der Sport die Sportler bei maximaler Chancengleichheit vor allen unnötigen Risiken schützt, sollten sie Dopingmittel also verbieten und dieses Verbot rigoros durchsetzen.[14]

Für Libertaristen sieht das Gefangenendilemma wie eine Abwandlung der vorausgehenden Behauptung der Moralisten aus, dass die Anwendung von Dopingmitteln einen subtilen Druck auf die Entscheidungen derjenigen Sportler ausübt, die keine Dopingmittel anwenden wollen, es aber schließlich doch tun, um weiterhin mit denen, die bereits dopen, mithalten zu können. Doch das Gefangenendilemma setzt voneinander unabhängige Argumente voraus, um seine Hauptthese zu stützen: Wenn alle Dopingmittel anwenden, sind alle schlechter dran, als wenn es keiner tut. Die unabhängigen Argumente sind haargenau jene, die wir untersucht und für problematisch befunden haben.[15] Liegt kein unabhängiges Argument vor, um die Hauptthese zu begründen, ergibt sich ein Zirkelschluss – es wird vorausgesetzt, was bewiesen werden soll.

Die Argumentation anhand des Gefangenendilemmas konzentriert sich auf das Gemeinwohl: Was ist insgesamt gesehen aus einer objektiven, allumfassenden Perspektive das Beste für die Sportler? Diese Herangehensweise ist besonders attraktiv für Sportfunktionäre und Gesellschaftsreformer, die danach trachten, das Wohlergehen aller zu befördern. Die Libertaristen haben recht, wenn sie erwidern, dass ein unabhängiges Argument benötigt wird, um die Hauptthese der Moralisten zu begründen – nämlich die, dass wenn alle Dopingmittel anwenden, alle schlechter dran sind, als wenn keiner es tut. Die Libertaristen haben auch recht, wenn sie denken, dass die geeignetsten infrage kommenden Argumente bereits diskutiert wurden. Doch die Libertaristen befinden diese im Vorweg analysierten Argumente für unerheblich, weil unzureichend – sie konnten ein Verbot von Dopingmitteln nicht eindeutig begründen. Ich würde zu bedenken geben, dass diese Argumente unterschiedlicher Tragweite unsere Entscheidungen beeinflussen sollten, selbst wenn keines von ihnen entschieden beweisen kann, dass Dopingmittel verboten werden müssen. Im täglichen Leben treffen wir selten

Entscheidungen, die Beweise und Gewissheiten voraussetzen. Normalerweise gehen wir der Handlung nach, für die wir die besten Gründe haben, selbst wenn die einzelnen Gründe keine Beweise darstellen. Indem man einen Grund als *unzureichend* bezeichnet, untergräbt man seine Fähigkeit, einen Beweis herzuleiten. Doch ein solcher Grund kann durchaus dazu dienen, herauszufinden, welche Alternative von besseren Anhaltspunkten gestützt wird.

### *Warum das rEPO-Verbot aufrechterhalten werden sollte*

Erstens – lassen Sie uns voraussetzen, dass keines der Argumente, die die Moralisten anbringen, allein dazu in der Lage ist, zu beweisen, dass die Verwendung von rEPO im Profiradsport verboten sein sollte. Natürlich lassen wir der Argumentation zuliebe die Tatsache außer Acht, dass der rezeptfreie Gebrauch des Mittels ohnehin gesetzlich untersagt ist.

Zweitens sollten wir uns daran erinnern, dass auch wenn ein Argument eine bestimmte Schlussfolgerung nicht *beweist*, nicht gesagt ist, dass dieses Argument *irrelevant* ist, wenn es darum geht zu entscheiden, ob die Schlussfolgerung gerechtfertigt ist.

Drittens sollten wir, wenn wir in einer Situation vor die Wahl gestellt werden, die Option wählen, die von den besten Gründen gestützt wird, auch wenn nicht schlüssig hergeleitet werden kann, dass eine der Optionen die richtige ist.

Viertens bleiben viele der Argumente relevant, wenn es darum geht, ob rEPO verboten werden sollte: Es gibt einen direkten Zusammenhang zwischen der Anwendung von rEPO bei Gesunden und der *Wahrscheinlichkeit* des Auftretens physischer und psychischer Schäden von *bestimmter Schwere*; die Anwendung von rEPO misst der Leistungsverbesserung mehr Wert bei als der Gesundheit der Sportler; die Anwendung setzt andere Radsportler, die lieber kein rEPO verwenden würden, subtil unter Druck, das Mittel anzuwenden, um wettbewerbsfähig zu bleiben; rEPO verzerrt die angemessene Balance von Werten des Prozesses und des Ergebnisses im Profiradsport; ein rEPO-Verbot erhöht die Wahrscheinlichkeit, dass die Sportler in ihrer Gesamtheit sich in der vergleichsweise besten Situation wiederfinden – keiner erhält einen Wettbewerbsvorteil, und keiner nimmt ein zuätzliches Gesundheitsrisiko auf sich; und schließlich bringt die breite Anwendung von rEPO die Balance durcheinander, die die sich weiterentwickelnde Struktur des Profiradsports ausmacht: Herausforderungen versus Hilfsmittel zur Leistungssteigerung, Innovation versus Tradition.

Fünftens sollten die Libertaristen versuchen, angesichts der in Viertens umrissenen Gründe einen klaren und überzeugenden Beweis zu liefern, der zu dem einem Urteil führt, dass die Anwendung von rEPO erlaubt werden sollte.

Sechstens – die Gründe, die die Libertaristen nennen, um sich in aller Deutlichkeit dafür auszusprechen, dass die Anwendung von rEPO erlaubt sein sollte, konzentrieren sich auf Selbstbestimmung und Entscheidungsfreiheit: die erhöhte Wahrscheinlichkeit für manche Sportler, Reichtum, sportlichen Erfolg und Ruhm zu erlangen, und die Möglichkeit, Leistungshemmnisse wie Passivität und Muskelermüdung abzubauen.

Siebtens sind im Radsport keine Trainingstechniken, Ausrüstungen, Nahrungsergänzungsmittel oder Trainingsprogramme erlaubt, die gegen sie sprechende Gründe aufweisen, die so zahlreich und schwerwiegend sind wie die in Viertens aufgeführten, und die von den in Punkt sechs genannten Gründen gestützt werden.

Achtens: Es ist den Libertaristen nicht gelungen, einen eindeutigen und überzeugenden Beweis für ihr Urteil, dass die Anwendung von Dopingmitteln erlaubt sein sollte, darzubringen.

Dementsprechend sollte das Verbot, rEPO im Radsport anzuwenden, aufrechterhalten werden.

## *Der falsche Schatz des Piraten*

Von seiner Disqualifikation beim Giro d'Italia im Jahr 1999 bis zu seinem Tod 2004 war Marco Pantanis Leben eine Abwärtsspirale aus Drogenmissbrauch, gescheiterten Entzugsversuchen, selbstzerstörerischem Handeln, Rechtsstreitigkeiten, die seinen Namen reinwaschen sollten, und depressiven Phasen, die nur selten von Erinnerungen an seine frühere Größe und sein Charisma durchbrochen wurden. Seine unbegründete, leicht paranoide Überzeugung, dass man sich gegen ihn verschworen habe, beförderte seine Flucht ins Kokain. 2003, als sich Pantanis Selbstbild und seine Selbstachtung auf einen Tiefpunkt zubewegten, unterzog er sich Schönheitsoperationen, um seine Hakennase begradigen und seine abstehenden Ohren anlegen zu lassen (Armstrong hatte ihn früher mit dem Spitznamen *Elefantino* verspottet). Allerdings gab es keine medizinischen Verfahren, um Pantanis gebrochene Seele zu reparieren oder seine verlorenen Ehre wiederherzustellen.

Dass die schlechtesten Eigenschaften eines Menschen seine besten Züge in übertriebener Form sind, ist inzwischen eine Binsenweisheit. Auf der Höhe seiner Zeit waren es Pantanis Argwohn anderen gegenüber, seine Risikobereitschaft, die Inbrunst, mit der er sich selbst antrieb, sein unermüdlicher Überschwang, seine Freude am Ruhm und seine charmante Großtuerei, die den *italienischen Piraten* aus ihm machten, einen der aufregendsten und unterhaltsamsten Fahrer in der Geschichte des Radsports. In seiner schlechtesten Phase verzerrten sich diese Eigenschaften und verwandelten Pantani in einen paranoiden, selbstzerstörerischen, nur für den Moment lebenden, drogensüchtigen, realitätsfernen Schatten seiner selbst.

Als James Dean und Elvis Presley starben, machten manche unsensiblen Beobachter spitze Bemerkungen wie: »Gut für die Karriere.« Auch wenn diese Kommentare herzlos waren, hatten sie doch etwas Wahres. Vielleicht hatten die beiden ihren Zenit schon erreicht, und weitere Jahre hätten ihrem Ruhm den Glanz genommen; tatsächlich hat ihr Tod ihren Zauber noch erhöht und zu ihrer fortdauernden Anziehungskraft beigetragen. Wenn man doch nur dasselbe über Marco Pantanis Tod am Valentinstag in Rimini, eine Straßenecke vom Meeresufer entfernt, sagen könnte.

## RAYMOND ANGELO BELLIOTTI

Raymond Angelo Belliotti war sehr jung, als er geboren wurde. Als Sohn eines armen, aber ehrlichen Barbiers wünschte er sich nichts mehr, als als Shortstopper im Baseball für die New York Yankees zu spielen. Als aber nach der Highschool irgendwann klar wurde, dass er niemals wie Phil Rizzuto werden würde, wandte er sich anderen Beschäftigungen zu. Nachdem er einige Sommer auf Baustellen und in Baumschulen gearbeitet hatte, merkte er, dass mit harter Arbeit kein Geld zu verdienen war. Auf der Suche nach einer entspannten, unernsten und doch aufregenden Karriere stolperte er irgendwann über die Philosophie. Er fing 1984 an der State University of New York in Fredonia an. Und das war's dann eigentlich auch schon. Er lief einige Marathons, heiratete, schrieb ein paar Bücher, bekam zwei Kinder, lehrte sehr viel Baseball, verlor den Großteil seiner Haare und war beleidigt, als die restlichen dann auch noch grau wurden. Er besaß nie ein Fahrrad.

## FUSSNOTEN

1   Der Weltradsportverband UCI entzog Lance Armstrong wegen Dopings in seiner Entscheidung vom 22. Oktober 2012 alle nach dem 1. August 1998 gewonnenen Titel, darunter auch die hier genannten sieben Gesamtsiege bei der Tour de France, und sperrte ihn zudem lebenslang.

2   Mein Wissen rund um das Leben und die Kariere von Marco Pantani stammt aus: Matt Rendell, »The Death of Marco Pantani: A Biography«, London, Orion Books 2006; John Wilcockson, »Marco Pantani: The Legend of a Tragic Champion«, Boulder, CO, Velo Press 2005; Manuela Ronchi, »Man on the Run: The Life and Death of Marco Pantani«, London, Robson Books 2005.

3   Rendell, »Death of Pantani«, S. 3

4   M. Andrew Holowchak, »Aretism and Pharmacological Erogenic Aids in Sport«, in »Philosophy of Sport«, Upper Saddle River, NJ, Prentice Hall 2002, S. 312.

5   W. M. Brown, »Paternalism, Drugs, and the Nature of Sports«, in »Ethics in Sport«, herausgegeben von William J. Morgan, Klaus V. Meier und Angela J. Schneider, Champaign, IL, Human Kinetics 2001, S. 138–139.

6   Joel Feinberg, »Harm to Self«, New York, Oxford University Press 1986, S. 24–25.

7   Robert L. Simon, »Good Competition and Drug-Enhanced Performance«, in »Ethics in Sport«, herausgegeben von Morgan et al., S. 122–123.

8   John Hoberman, »Testosterone Dreams: Rejuvenation, Aphrodisia, Doping«, Berkeley:, University of California Press 2005, S. 248.

9   W. M. Brown, »As American as Gatorade and Apple Pie: Performance Drugs and Sports«, in »Ethics in Sport«, herausgegeben von Morgan et al., S. 144.

10  Holowchak, »Aretism«, S. 315–319; Michael Lavin, »Sports and Drugs: Are the Current Bans Justified?« in »Ethics in Sport«, herausgegeben von Morgan et al., S. 176–179

11  Brown, »American as Gatorade«, S. 149–152.

12  Ebd. S. 162.

13  Na ja, nicht ganz. Weder profitieren Menschen im gleichen Ausmaß von der Anwendung von Dopingmitteln, noch haben sie mit den gleichen unerwünschten Nebenwirkungen zu rechnen.

14  Selbstverständlich kann ein Dopingverbot nicht garantieren, dass sich alle Sportler in Szenario 4 wiederfinden, der bestmöglichen Situation. Einzelne Sportler werden sich nicht an das Verbot halten, was dazu führt, dass die Situationen 1 und 2 entstehen. Trotzdem senkt ein Dopingverbot die Wahrscheinlichkeit für das Enstehen von Szenario 3, der schlechtesten Gesamtsituation.

15  Brown, »American as Gatorade,« S. 162–163.

ANDREAS DE BLOCK und YANNICK JOYE

Übersetzung: Roberta Schneider

# EDDY MERCKX – IST DER KANNIBALE EIN FAIRER SPORTLER?

Wir sind aus Belgien. Leider verbinden die meisten Ausländer unser Land mit Schokolade und Brügge. Darum werden wir, wenn wir ins Ausland reisen und man uns fragt, wo wir herkommen, in ermüdende Gespräche über Süßwaren verwickelt – oder, wenn wir richtig Pech haben, über Spitze. Manchmal jedoch haben wir das Glück, auf Radsportbegeisterte zu treffen. Wenn sie hören, wo wir herkommen, wissen sie sofort, worauf man in Belgien wirklich stolz ist: Eddy Merckx.

In Belgien ist Merckx nicht nur unter Radsportfans bekannt. In beiden Versionen der Fernsehabstimmung *Der größte Belgier*, also sowohl in der für den frankophonen auch als für den flämischen Teil des Landes, wurde Merckx unter die ersten Fünf gewählt, obwohl er das Publikum dringend darum gebeten hatte, nicht für ihn zu stimmen. In beiden

Abstimmungen war er der mit Abstand beliebteste lebende Nominierte. Seine Popularität lässt sich durch die Tatsache näher illustrieren, dass der 21. Juli 1969 für Belgier nicht der Tag ist, an dem Neil Armstrong zum ersten Menschen auf dem Mond wurde. Für unsere Landsleute ist es vielmehr der Tag nach dem Tag, an dem Merckx zum ersten Mal die Tour de France gewann. Kurz gesagt, jeder Belgier verehrt Merckx als den größten Sportler des 20. Jahrhunderts. Der Leser versteht jetzt, wie schwierig es für uns ist, objektiv über Merckx zu schreiben. Doch für uns als Philosophen gehört es zu den Hauptaufgaben, objektiv zu sein. Das Thema, mit dem wir uns hier beschäftigen, ist Merckx' Verständnis von Fairness, das manchmal infrage gestellt wird. Oder genauer, ob seine Ambition, jedes, aber auch jedes Rennen, an dem er teilgenommen hat, zu gewinnen, tatsächlich ein Zeichen wahren Sportgeists war, wie er selbst glaubte. Selbstverständlich hat Merckx nie geleugnet, dass Altruismus eine Tugend ist, weder vor noch während oder nach einem Rennen. Doch gleichzeitig befand er, dass dieser durchaus rühmliche Altruismus nicht gleichbedeutend damit sei, seine Gegner gewinnen zu lassen. Seiner Ansicht nach sollten alle Radprofis leidenschaftliche Sportler sein, und leidenschaftlicher Radprofi zu sein war für ihn quasi gleichbedeutend damit, sein Bestes zu geben, um zu gewinnen und unübertrefflich zu sein. Wie sich die meisten Leser wahrscheinlich vorstellen können, haben manche seiner Rivalen und viele Journalisten eine andere Auffassung von diesem Thema. Sie sahen sein Verhalten als verwerflichen *Kannibalismus* an. Doch bevor wir die entsprechenden Argumente ausführen und analysieren, sollten wir uns die Aspekte von Merckx' Verhalten ansehen, die diese *philosophische* Kontroverse ausgelöst haben.

## *Der Kannibale*

Es ist leichter, über Merckx zu schreiben, als auf einem Fahrrad mit Stützrädern zu fahren: Allein die Aufzählung seiner Siege liest sich wie ein Heldenepos. Von 1.585 Rennen als Profi hat Merckx 445 gewonnen – fast jedes dritte. Er siegte siebenmal beim Rennen Mailand–San Remo und fünfmal beim Rennen Lüttich–Bastogne–Lüttich, gewann das Rennen Paris–Roubaix sowie die Weltmeisterschaft je dreimal und holte je zwei Siege in Flandern, der Lombardei und beim Amstel Gold Race. Und abgesehen davon, dass er der erfolgreichste Radrennfahrer aller Zeiten ist, setzte er auch noch einen Stundenweltrekord, den er 28 Jahre lang halten konnte, und gewann 17 Sechstagerennen. Doch Merckx ist vor allem für seine jeweils fünf Siege bei der Tour de France und dem Giro d'Italia berühmt.

Seine fast schon überirdische Liste von Siegen scheint mehr als ausreichend, um seinen Spitznamen *Der Kannibale* zu erklären. Doch der Hauptgrund für diesen Spitznamen war nicht Merckx' Fähigkeit, so oft zu siegen, sondern eher seine *Art* zu gewinnen und sein unersättlicher Drang, seine Rivalen zu übertreffen.

Ein bemerkenswertes Beispiel für Merckx' *Kannibalismus* ist sein erster Tour-de-France-Sieg 1969. Nach seinem Sieg in der dritten Etappe – einem Mannschaftszeitfahren – war Merckx zum ersten Mal im Besitz des gelben Trikots. Die fünfte Etappe, die über den Ballon d'Alsace führte, war die erste normale Etappe, die Merckx gewann. Nach Überquerung der Alpen lag Merckx sechs Minuten vor den anderen Favoriten Gimondi, Pingeon und Poulidor – nicht gerade die schlechtesten Rennfahrer – denen klar zu werden begann, dass sie das Gelbe Trikot in diesem Jahr nicht bekommen würden. Doch Merckx' größter und *kannibalistischster* Auftritt sollte erst noch kommen. Nach der 16. Etappe lag er mehr als acht Minuten vor Pingeon und mehr als neun Minuten vor Gimondi. Jeder nahm an, dass Merckx sich bei der 17. Etappe von Luchon nach Mourenx, die über zwei der meistgefürchteten Pyrenäenpässe führt, damit begnügen würde, seinen Vorsprung zu halten. Doch anstatt seine Kräfte zu schonen, entschied sich Merckx dafür, auf dem gigantischen Anstieg auf dem Tourmalet anzugreifen, obwohl noch 140 Kilometer bis zum Etappenziel verblieben. Anstatt seine schon bequeme Position im Gesamtklassement zu verteidigen, wie es die meisten Radrennfahrer taten und tun, nahm Merckx das Risiko auf sich, anzugreifen.

Er selbst sagte kürzlich in einem Interview: »Wenn ich angreifen konnte, habe ich es getan. So bin ich eben. Aber ich muss zugeben, dass ich mich auf dem Weg nach Mourenx wiederholt über meinen Ehrgeiz geärgert habe.«[1]

Bei der Ankunft in Mourenx hatte er mehr als acht Minuten Vorsprung. Merckx' Leistung auf der Etappe nach Mourenx wird heute noch von vielen als eine seiner größten Heldentaten angesehen. Niemand würde leugnen, dass diese Kombination aus sportlichem Können und übermäßigem Ehrgeiz Merckx zum größten Radfahrer überhaupt gemacht hat. Sein Sieg in Mourenx unterstreicht das. Allerdings lässt sich darüber streiten, ob ebendiese Kombination ihn auch zu einem der größten Sportsmänner unter den Radfahrern gemacht hat. Es besteht kaum Zweifel daran, dass Sportler stets entschlossen sind, zu siegen. Doch das, was wahre Sportsmänner von weniger tugendhaften Mitstreitern unterscheidet, ist, dass Erstere mit mehr Edelmut um den Sieg kämpfen.[2] Hier kommen Bedenken bezüglich Merckx' moralischer Überlegenheit auf: Kann ein kannibalistischer Sieger ein wahrer Sportsmann sein? Diesbezüglich ist es vielsagend, dass während der Etappe nach Mourenx etwas passiert ist, das ein schlechtes Licht auf Merckx' Charakter und seinen Sportsgeist geworfen hat ...

### *Verwerflicher Kannibalimus?*

Nach der Ankunft in Mourenx mussten alle Radfahrer, auch Pingeon und Poulidor, eingestehen, dass Merckx einfach unschlagbar war. Am Tag darauf erschien der tägliche Artikel des damaligen Tourdirektors Jacques Goddet in der Zeitung *L'Équipe*. Unter der Überschrift *Merckxissimo* versprach Goddet, nie wieder zu sagen, dass die Tour de France vor Paris nicht gewonnen wäre. »Merckx hat die Legende zu Schrott gefahren.«

Verständlicherweise war auch Merckx' Faema-Team hell erfreut. Trotzdem war einer der Teamkollegen ein wenig enttäuscht. Martin Van den Bossche, ein exzellenter Bergfahrer und Merckx' Edelhelfer während der Bergetappen, griff auf dem Tourmalet gemeinsam mit Merckx an. Während Van den Bossche erwartet hatte, dass Merckx ihm bei der Bergankunft den Vortritt lassen würde, griff Merckx ein paar Meter vor dem Gipfel an. In Mourenx sah Van den Bossche Merckx nur noch von hinten.

Anschließend erklärte Merckx, dass er Van den Bossche grollte, weil dieser vorhatte, nach Ende der Saison vom Faema-Team zum Rivalen Molteni zu wechseln. An jenem Abend sagte Van den Bossche zu Merckx: »Heute hat ein bescheidener Radfahrer eine noble Geste von dir erwartet.« Merckx sagte kein Wort. Trotz dieses Vorfalls blieben Merckx und Van den Bossche Freunde – und von Zeit zu Zeit fahren sie noch immer gemeinsam Rad. Auch wenn Van den Bossche ohne Groll auf jene geschichtsträchtige 17. Etappe zurückblickt, so gewährt sie doch einen Einblick in die Schattenseiten von Merckx' Charakter und Ehrgeiz. Er war ein Kannibale mit enormem Appetit, und das in mehrerlei Hinsicht. Die meisten Leute sind sich einig, dass dieser Angriff auf dem Tourmalet kein Zeichen echten Sportsgeists war. Jahre nachdem er seine Karriere beendet hatte, gestand selbst Merckx das ein und drückte sein Bedauern darüber aus. Allerdings zeigte er in zwei vergleichbaren Fällen von gierigem Kannibalismus absolut keine Reue.

Der erste Vorfall ereignete sich ein paar Monate vor seinem ersten Tour-de-France-Sieg auf dem Etappenrennen Paris–Nizza. Heutzutage sehen viele Radprofis Paris–Nizza als Training für Mailand–San Remo an. Aber 1969 war das Rennen noch von größerer Bedeutung, nicht zuletzt für drei der besten damals aktiven Profis: Raymond Poulidor, Jacques Anquetil und natürlich Eddy Merckx. Nach der vorletzten Etappe führte Merckx im Gesamtklassement vor Anquetil. Trotzdem war Merckx noch weit vom sicheren Sieg des *Rennens zur Sonne* entfernt: Die letzte Etappe war ein Zeitfahren auf dem Col d'Èze, und Anquetils Spitzname war *Monsieur Chrono*. Doch es sollte eine der schwersten Niederlagen Anquetils werden. Nicht nur, dass Merckx das Zeitfahren gewann, obendrein überholte er Anquetil auf dem Anstieg des Col d'Èze, obwohl er eineinhalb Minuten nach ihm gestartet war. Im Anschluss wurde Merckx von einem Journalisten gefragt, ob er Anquetil diese Schmach nicht hätte ersparen können. Merckx antwortete, dass ihm diese Frage während des Zeitfahren auch in den Sinn gekommen sei. Er habe gezögert, an Anquetil vorbeizuziehen. Doch dann habe er sich dafür entschieden, es einfach zu tun, da es eine noch größere Erniedrigung für Anquetil gewesen wäre, wenn er es hätte bleiben lassen. Aus Merckx' Sicht war die angemessenste Weise, seinen Respekt zu bekunden, die Fortführung des Wettstreits mit Anquetil bis zur Ziellinie – und nicht ein vermeintlich selbstloser Akt.

Anquetil hat Merckx das, was auf dem Col d'Èze passiert war, nie zum Vorwurf gemacht. Doch es gab andere Radfahrer, die meinten, dass Merckx' kannibalistische Aktionen manchmal moralisch nicht zu verantworten seien. Das trifft wahrscheinlich in keinem Fall mehr zu als in dem von Roger De Vlaeminck. Auch wenn De Vlaeminck seinen Landsmann Merckx in höchstem Maße verehrte – er nannte sogar seinen Sohn Eddy nach seinem früheren Rivalen – hatte er eine lang andauernde Auseinandersetzung mit Merckx. Der Streit entstand, weil De Vlaeminck meinte, beim Giro d'Italia im Jahr 1973 vom Kannibalen ungerecht behandelt worden zu sein. In jenem Jahr endete die letzte Etappe des Giro d'Italia dramatisch für De Vlaeminck. Der belgische Radprofi war darauf aus, das Trikot in der Punktewertung zu holen, das er bereits im vorhergehenden Jahr gewonnen hatte. Der einzige verbleibende Rivale in der Punktewertung war Merckx. Doch da sich Merckx bereits des Gesamtsieges so gut wie sicher war, nahm De Vlaeminck an, dass Merckx ihm das *maglia ciclamino* überlassen würde. Doch Merckx reichte der Gesamtsieg nicht; er überholte De Vlaeminck im Sprint auf jener letzten Etappe und nahm ihm damit das *maglia ciclamino* endgültig. De Vlaeminck war wütend über das, was er als einen Mangel an Sportsgeist vonseiten Merckx' ansah. Merckx selbst konterte die verbalen Attacken De Vlamincks, indem er geltend machte, dass das, was er getan hatte, für einen Sportsmann das einzig Sinnvolle und moralisch Vertretbare sei. Seiner Ansicht nach ist das Gewinnen eines der wesentlichen Ziele im Profiradsport und das Anstreben eines Sieges gewissermaßen eine moralische Verpflichtung.

Inzwischen müsste die philosophische Bedeutung dieser Siege klar geworden sein. Sie haben alle mit der Frage zu tun, was *würdevoll gewinnen* bedeutet. Auch wenn jeder zustimmen würde, dass ein Unterschied zwischen *auf die richtige Weise gewinnen* und *um jeden Preis gewinnen* besteht, ist es doch oft überraschend schwer zu entscheiden, ob und warum sich ein Sportler auf der falschen Seite dieser Trennlinie befindet. Natürlich haben wir alle unsere Vorstellungen von wahrem Sportsgeist. Doch diese Vorstellungen weichen oft wesentlich von denen anderer Leute ab. So stellten sich zum Beispiel nach dem Giro im Jahr 1973 manche belgischen Jornalisten auf die Seite Merckx', während andere meinten, dass De Vlaeminck recht damit hatte, als er sich über Merckx' Verhalten beklagte. Und selbst wenn Konsens darüber herrscht, dass der Gewinner nicht auf die richtige Weise gewonnen hat – wie im Fall Merckx gegen Van den Bossche – so bleibt es doch eine Herausforderung, die moralischen Prinzipien, die verletzt wurden, klar zu formulieren. Denn letztendlich war Merckx eindeutig der bessere Bergfahrer, und außerdem war Van den Bossche als Edelhelfer verpflichtet worden. Auf welcher Grundlage also hätte Van den Bossche das Recht einfordern können, als Erster auf dem Gipfel des Tourmalet einzutreffen und die entsprechenden Punkte zu bekommen?

## *Auf die richtige Weise gewinnen*

Es herrscht breite Übereinstimmung darüber, dass das Gewinnen eines der Hauptziele von Wettkämpfen ist. Bei einem Radrennen ist derjenige der Gewinner, der als Erstes die Ziellinie überquert; bei einem Etappenrennen ist es derjenige, der sämtliche Etappen in der gerinsten Gesamtzeit schafft, vorausgesetzt, er hält sich an die Regeln, die vorgeben, was während eines Radrennens erlaubt ist und was nicht.[3] Radfahrer, die vorsätzlich gegen die Regeln verstoßen, werden als Betrüger angesehen. Betrüger wollen um jeden Preis gewinnen, doch wenn ihr Betrug aufgedeckt wird, werden sie disqualifiziert und/oder mit anderen Strafen belegt. Wenn man also als Erster die Ziellinie überfährt, aber beim Sprint einen anderen Fahrer abgedrängt hat, wird derjenige, der die Ziellinie als Zweiter überfahren hat, zum offiziellen Sieger. Und wenn man bei der Dopingkontrolle der UCI durchfällt oder dabei erwischt wird, wie man die Ausrüstung anderer Teilnehmer manipuliert, erwarten einen noch härtere Strafen.

Es besteht kaum Zweifel daran, dass Betrüger unwürdig gewinnen, wenn man überhaupt von gewinnen sprechen kann. Doch die drei oben aufgeführten Beispiele haben nichts mit Betrug zu tun. In allen drei Fällen hat sich Merckx an das Reglement der UCI gehalten. Merckx hat Anquetil nicht bezwungen, indem er eine Abkürzung zur Ziellinie genommen hat. Und er hat De Vlaeminck nicht besiegt, indem er ihm in den Bauch geschlagen hat. Daher mag man sich fragen, ob tatsächlich ein moralisches Dilemma bleibt. Wenn man versucht, ein Rennen zu gewinnen, und dabei nicht gegen das Reglement der UCI verstößt, spielt man das Spiel, wie es gespielt werden soll. Daran ist nichts Falsches. Oder doch?

Hier stellt sich die Frage, ob möglicherweise am Gewinnen *an sich* etwas falsch ist. Können wir uns Fälle vorstellen, in denen der Gewinner eines Radrennens als unfairer Sportler bezeichnet werden kann, obwohl er sich an alle Regeln gehalten hat? Ja, das können wir. Nehmen wir zum Beispiel an, Sie veranstalten ein kleines Straßenrennen, an dem nur Sie und Ihre zwei Kleinkinder teilnehmen. Als gut trainierter Amateur werden Sie ziemlich sicher mit links gewinnen. Denn Ihre Kinder sind gerade einmal zwei und drei Jahre alt, und während Sie auf Ihrem geliebten *Merckx Carbon CHM* fahren, haben die Kinder sich für ihre *Thomas-die-kleine-Lokomotive*-Räder entschieden. Natürlich hängen Sie die Kleinen im Nu ab. Sie sind mühelos wesentlich früher am Ziel. Aber wenn Sie das tatsächlich täten, würden die meisten Zuschauer Ihr Verhalten missbilligen. Was könnten Sie der Empörung der Zuschauer entgegensetzen? Wenn Sie erklären würden, dass Sie Ihren Kindern etwas beibringen wollten, was wichtig für ihr weiteres Leben sei, zum Beispiel, dass das Gewinnen nicht das einzig Wichtige im Sport ist, würde das wahrscheinlich als annehmbare Verteidigung durchgehen. Es ist nicht so, dass Sie das Rennen zu ernst genommen haben, sondern dass Sie Ihren Kindern beibringen wollten, dem Siegen im Sport keinen allzu großen Wert beizumessen.

Aber nehmen wir einmal an, Sie würden den buhrufenden Zuschauern antworten, dass Sie sich an die Regeln eines Straßenrennens gehalten hätten und Sie das Rennen daher rechtmäßigerweise gewonnen hätten. In diesem Fall würde wohl jeder weiterhin der Ansicht sein, dass Ihr Verhalten moralisch nicht vertretbar ist. Die meisten Leute sind der Meinung, dass es im Leben Wichtigeres gibt als das Siegen – zum Beispiel, ein liebevoller und fürsorglicher Elternteil zu sein.

Hier zeigt sich, dass die Beurteilung der Fairness eines Sportlers nicht nur davon abhängig gemacht werden kann, ob er sich an die Regeln hält, sondern dass auch der soziale Kontext und die Absichten des Sportlers in Betracht gezogen werden müssen.[4] Der allzu ehrgeizige Elternteil hat gegen eine Regel verstoßen, und zwar gegen eine, die in ethischer Hinsicht bedeutsamer ist als die Regeln der UCI oder jene, die er selbst aufgestellt hat. Sein Verhalten widerstrebt unseren Moralvorstellungen, weil er es für wichtiger erachtet hat, das Rennen zu gewinnen, als seine kleinen Kinder glücklich zu machen. Er hat nicht auf die richtige Weise gewonnen, da er auf Kosten der Zufriedenheit seiner Kinder gewonnen hat. Ein fairer Sportler muss die Balance halten zwischen den dem Sport innewohnenden Zielen (*gewinnen, der Beste sein*) und Zielen, die außerhalb des Sports liegen. Dem überehrgeizigen Elternteil ist dies eindeutig nicht gelungen.

Wie lässt sich dies auf den Fall Merckx–Anquetil anwenden? Merckx hat eindeutig außerhalb des Sports liegende moralische Faustregeln in Erwägung gezogen, bevor er an Anquetil vorbeigezogen ist. Wenn Merckx' Äußerung nach dem Zeitfahren ehrlich war – und wir haben keinen Grund, an seiner Ehrlichkeit zu zweifeln – muss man zu dem Schluss kommen, dass er entschieden hat, dass der beste Weg, Anquetil seinen

Respekt zu bekunden, war, so schnell wie möglich zu fahren. Anquetil zu überholen war nicht nur für ihn als Radprofi, sondern auch für ihn als menschliches Wesen und Freund seines beruflichen Rivalen eine Pflicht. Demzufolge gab es aus Merckx' Sicht kein moralisches Dilemma. Er musste sich nicht entscheiden, ob er an Anquetil vorbeiziehen oder ihn mit dem angemessenen Respekt behandeln sollte. Es scheint, als habe Merckx keinerlei Probleme damit gehabt, auf zwei Hochzeiten zu tanzen – sowohl auf der sportlichen als auch auf der moralischen.

### *Moralisch überlegen trotz Kantersieg?*

Manche mögen vielleicht immer noch einwenden, dass Merckx etwas moralisch Unverantwortliches getan hat, als er Anquetil überholte, da er mit einem unanständig großen Vorsprung gewonnen hat. Ihr Argument würde folgendermaßen lauten: »Merckx muss schon lange bevor er Anquetil überholt hat, sicher gewesen sein, dass er sowohl das Zeitfahren als auch das gesamte Rennen Paris–Nizza gewinnen würde. Als er trotzdem beschlossen hat, seinen Vorsprung zu vergrößern, hat er etwas *an sich* Unsportliches getan. Er hätte den Schmerz der Niederlage für Anquetil geringer halten können und sollen.«

Dieses Argument basiert auf der Haltung, dass es etwas grundsätzlich Unsportliches hat, wenn man seinen Vorsprung vergrößert, obwohl bereits klar ist, dass man auf jeden Fall gewinnt. Diese Annahme bezeichnet Dixon als Anti-Blowout-These.[5]

Doch wie Dixon glauben wir, dass dieses Argument falsch ist. Es gehört zu einem Profiradrennen dazu, mit dem größtmöglichen Vorsprung zu gewinnen, und das hat nichts grundsätzlich Unsportliches an sich. Man kann in der Tat mit großem Vorsprung gewinnen und gleichzeitig den Konkurrenten Respekt zollen.

Dixon weist darauf hin, dass die Anti-Blowout-These auf einer eher fragwürdigen Haltung dem Sport gegenüber basiert, nämlich darauf, dass das Gewinnen das Einzige ist, was zählt. Auch wenn das Gewinnen sicherlich eines der Ziele von Profiradrennen ist, sind die Fahrer außerdem darauf aus, ihre sportliche Leistung zu zeigen oder während eines Zeitfahrens eine neue persönliche Bestzeit zu erreichen.[6] Folglich ist nichts falsch daran, dass Merckx seinen Vorsprung vergrößert hat, obwohl er sich seines Sieges bereits gewiss gewesen war.

Angenommen, Sie sind jemand, der Dixon sein Argument nicht abkauft. Aus irgendeinem Grund werden Sie das Gefühl nicht los, dass es irgendwie tadelnswert ist, einen Kantersieg anzustreben. Doch selbst dann wird es Ihnen schwerfallen, Ihre Verurteilung Merckx' in diesem Fall rational zu rechtfertigen. Denn letztendlich hat Merckx es nicht auf einen Kantersieg angelegt. Als ihm klar wurde, dass sein Sieg ein Kantersieg werden würde, unterzog er diese Tatsache einer kurzen moralischen Analyse und kam zu dem Schluss, dass er Anquetil mehr wehtun würde, wenn er langsamer führe, als wenn er ihn überholte. Doch wenn Sie nach wie vor denken, dass Merckx sein Tempo hätte drosseln sollen, anstatt an Anquetil vorbeizuziehen, weil dies ein Angriff auf dessen Status als Radrennfahrer gewesen wäre, so bedenken Sie bitte, was im Jahr 2000 am Ende der 12. Etappe der Tour de France passiert ist. Diese 149 Kilometer lange Etappe durch die Provence endete mit der Bergankunft auf dem berüchtigten Mont Ventoux. Eine kleine Gruppe, unter anderen Jan Ullrich, Marco Pantani und Lance Armstrong, der im Gesamtklassement führte, begann mit dem Anstieg. Etwa vier Kilometer vor dem Ziel legte Pantani noch einen Zahn zu und es gelang ihm schließlich, sich von der Ausreißergruppe abzusetzen. Ullrich und Co. waren nicht in der Lage, die Lücke zu schließen, was ein Signal für Armstrong war, der Verfolgergruppe davonzusprinten und Pantani mit immensem Kraftaufwand einzuholen. Es war klar, dass Armstrong der Stärkere war: Pantani fiel ein paar Mal hinter ihn zurück, doch er zeigte *grinta* (ital: Kampfgeist) und schaffte es, an ihm dranzubleiben. Kurz vor der Ziellinie fuhr Armstrong jedoch ein wenig langsamer, wodurch er Pantani erlaubte, ihn mühelos zu überholen und die Etappe zu gewinnen. Trotz der (scheinbar) großzügigen Geste Armstrongs hatte der Sieg für Pantani einen bitteren Beigeschmack; er empfand ihn eindeutig als Demütigung.

Dieser Konflikt zwischen Armstrong und Pantani verdeutlicht, dass die meisten Radfahrer Merckx zustimmen würden: Wenn der stärkere Fahrer den schwächeren Konkurrenten gewinnen lässt, kann es leicht passieren, dass sich der schwächere Konkurrent gedemütigt fühlt. Aber wie geht das mit der moralischen Entrüstung De Vlaemincks, nachdem Merckx ihm das *maglia ciclamino* abgenommen hatte, zusammen? War Merckx nicht der bessere Fahrer? Und falls ja, hätte sich De Vlaeminck dadurch gedemütigt fühlen sollen? Wahrscheinlich hatte De Vlaemincks Empörung einfach wenig mit einem Gefühl der Demütigung zu tun.

Aber was war dann der wahre Grund dafür, dass De Vlaeminck Merckx vorwarf, kein fairer Sportler zu sein? Es gibt zwei Möglichkeiten. Die erste ist, dass De Vlaeminck das Gefühl hatte, Merckx hätte, indem er die Punktewertung gewonnen hat, Verrat an ihrer Freundschaft begangen. Das *maglia rosa* war Merckx ohnehin sicher, warum also musste er versuchen, auch die Punktewertung mitzunehmen? Wenn dies tatsächlich der Kern ihres Zwists war, dann gäbe es verblüffende Ähnlichkeiten mit dem Fall Merckx–Anquetil. In beiden Fällen geht es darum, die richtige Balance zwischen dem Gewinnen und dem Wert, welcher der Achtung bzw. der Freundschaft beigemessen wird, zu finden. Allerdings hat De Vlaeminck nie angedeutet, dass er entrüstet war, *weil* sie vorher so gute Freunde gewesen seien. Nach dem Vorfall kühlte die Freundschaft – zumindest ein paar Monate lang – ab, und zwar nicht vornehmlich aus dem Grund, dass Merckx ein schlechter Freund gewesen wäre, sondern vielmehr, weil er ein schlechter Sportsmann gewesen war. Dieses weist auf eine zweite, philosophisch interessantere Möglichkeit hin: gegensätzliche Auffassungen von den nicht festgeschriebenen Regeln des Fair Plays.

Viele Regeln des Radsports sind in offiziellen Dokumenten verschriftlicht. Wenn man sich an diese Regeln hält, ist man formell ein fairer Sportler. Aber wie wir oben erörtert haben, ist es zwar notwendig, aber nicht ausreichend, sich an die offiziellen Regeln zu halten, um ein wahrer Sportsmann zu sein. Sportsgeist erfordert nämlich auch die richtige Einstellung gegenüber dem Spiel, auch wenn es für diese Einstellung keine expliziten Regeln gibt. Und weil die genauen Eigenschaften dieser Einstellung nicht in irgendwelchen offiziellen Dokumenten niedergelegt sind, können leicht widerstreitende Auffassungen darüber entstehen, was sie umfassen. Wahrscheinlich ist dies während der letzten Etappe des Giro d'Italia im Jahr 1973 (und in der Folgezeit) passiert. Seiner Interpretation einer sportlichen Haltung folgend hat Merckx das Hauptaugenmerk auf die völlige Hingabe an die dem Radsport innewohnenden Ziele gelegt: gewinnen, die Fans unterhalten und hervorragende Leistungen zeigen.

Sich diesen Zielen zu widmen beschränkt sich nicht auf den Wunsch zu siegen. Dazu gehört auch die selbst auferlegte Verpflichtung, den Versuchungen, Wünschen und Absichten zu widerstehen, die diesen Zielen zuwiderlaufen, selbst wenn es sich dabei um die Absicht handelt, einen

Freund die Punktewertung im einem wichtigen Etappenrennen gewinnen zu lassen.[7] Nach dem Sprint gab Merckx ein Interview, in dem er erklärte, warum er beschlossen hatte, das *maglia ciclamino* zu ergattern. Übereinstimmend mit unserer Interpretation sprach er in dem Interview nicht von seinem Wunsch zu gewinnen. Er sagte nur, dass er es für *unmoralisch* hielte, die Gelegenheit, die Punktewertung zu gewinnen, nicht beim Schopfe zu packen.[8] De Vlaeminck seinerseits dachte offensichtlich, dass es sich bei Merckx' Verhalten um ein Zeichen unsportlicher Gier handelte. Er appellierte an die Tradition, dass derjenige, der das Gesamtklassement anführt, nicht versucht, andere, weniger wichtige Wertungen zu gewinnen. De Vlaeminck war der Ansicht, dass es zur richtigen Haltung dem Radsport gegenüber gehöre, diese Tradition zu respektieren.

Diese gegensätzlichen Auslegungen des inoffiziellen Fair Play implizieren nicht, dass daran irgendetwas paradox wäre. Sie machen nur deutlich, dass es die unterschiedlichsten Wertvorstellungen beinhaltet. Manchmal prallen diese aufeinander, was zu lang anhaltenden Streitigkeiten führen kann. Und dieses Streitigkeiten sind schwer zu lösen, weil die Entscheidung, in welche Richtung die moralische Abwägung erfolgen sollte, von der individuellen Gewichtung der unterschiedlichen Werte des Einzelnen abhängig ist. Der hier betrachtete Fall stellt keine Ausnahme von dieser Regel dar.

Trotzdem sind wir der Meinung, dass De Vlaemincks Bezugnahme auf die Tradition nicht besonders überzeugend ist, und zwar aus dem einfachen Grund, dass viele Traditionen auf moralischer Ebene verwerflich sind. Um diesen Punkt zu veranschaulichen, könnte man auf die Traditionen der Mafia verweisen. Doch unglücklicherweise finden sich auch im Radsport Beispiele hierfür. Man denke zum Beispiel an den Kleinkrieg zwischen Armstrong und Filippo Simeoni. Während der 18. Etappe der Tour de France 2004 versuchte Simeoni, zu einer Ausreißergruppe von sechs Fahrern, die keine Gefahr für die Führenden im Gesamtklassement darstellten, aufzuschließen (auch Simeoni lag im Gesamtklassement zu weit zurück). Trotzdem versuchte Armstrong, der im Besitz des Gelben Trikots war, Simeoni einzuholen, mit dem Resultat, dass beide zu den sechs Außreißern aufschlossen. Das bedeutete, dass die anderen Teams eine Aufholjagd hätten beginnen müssen, falls Simeoni nicht hinter die Ausreißer zurückgefallen wäre, was wiederum die Chancen der ursprünglichen Ausreißergruppe zunichtegemacht hätte. Simeoni ließ sich schließlich von der Ausreißergruppe zurückfallen. Hintergrund dieses Vorfalls war, dass Simeoni im Vorfeld gegen den umstrittenen Sportarzt Michele Ferrari ausgesagt hatte, dem vorgeworfen wurde, ihm Erythropoetin (EPO) und Wachstumshormone verschrieben zu haben. Es war bekannt, dass Armstrong und mehrere andere berühmte Radsportler zu Ferraris Kunden gehörten, und Simeonis Dopingvorwürfe ließen Verdacht in Bezug auf die früheren Leistungen von Armstrong und anderen im Peloton aufkommen. Armstrongs Verfolgung Simeonis war seine Art, zu zeigen, dass weder er noch das Peloton tolerieren würden, dass Simeoni das vermeintlich saubere Image ihres Sports und ihrer selbst zerstörte. Ein paar Tage später wiederum griff Simeoni während der letzten Etappe aus dem (gemächlich fahrenden) Peloton heraus immer wieder an und zwang damit Armstrongs Team, Jagd auf ihn zu machen. Mit dieser Aktion wollte Simeoni offensichtlich Armstrong ärgern und sich an ihm rächen, da es das ungeschriebene Gesetz im Peloton gibt, dass auf der letzten *étape* erst während den Schlussrunden auf den Champs-Élysées in Paris angegriffen wird.

Wir vermuten, dass die meisten Radsportfans uns zustimmen werden, dass Armstrongs Verhalten nicht gerade ein Zeugnis seines Sportsgeists war, auch wenn Armstrong Simeoni weit überlegen war und er nur versucht hatte, das Ansehen des Radsports zu schützen. Uns erscheint ziemlich klar, warum sein Verhalten unsportlich war. Erstens ging es Armstrong nicht um den eigenen Sieg, sondern darum, Simeoni zu besiegen und zu demütigen. Und zweitens – das ist wahrscheinlich sogar noch wichtiger – waren die Traditionen, die Armstrong verteidigte, um das Ansehen des Radsports zu schützen, nicht besonders rühmlich.

## *Letzte Tritte in die Pedale ...*

Das Gewinnen bei einem Ausdauersport wie dem Radsport bildet einen Sonderfall, wenn man es einer moralischen Analyse unterzieht. Vergleicht man die Reaktionen auf Merckx' kannibalistisches Verhalten mit den Reaktionen auf Federers Vormachtstellung im Tennis, bemerkt man einen aufschlussreichen Unterschied. Wenn Federer ein Grand-Slam-Turnier mit deutlicher Überlegenheit gewinnt, würden nur wenige moralische Bedenken diesbezüglich äußern – vielmehr würden die meisten

Federers Talent rühmen. Andererseits zeigen die Fälle, die wir in diesem Kapitel diskutiert haben, dass im Radsport völlig andere Verhältnisse herrschen. Merckx' kannibalistische Art zu gewinnen hat nicht nur Ehrfurcht hervorgerufen. Sie hat auch zu Entrüstung auf moralischer Ebene geführt. Wir denken, dass es für diesen Unterschied mehrere Gründe gibt. Erstens ist da die Tatsache, dass es sich beim Peloton nicht nur um eine Ansammlung von Individuen, sondern auch um ein soziales Gebilde handelt. Während des sportlichen Handelns können wechselseitige Freundschaften, Bündnisse oder Kleinkriege entstehen – entweder spontan oder, im Fall von Helfern, gezwungenermaßen. Natürlich können auch die Spieler auf einem Tennisplatz miteinander befreundet sein, aber ihr gesellschaftliches Verhältnis zueinander wird während des Spiels selbst nicht weiter ausgelebt.

Die besondere Art und Weise, in der sich ein Radrennen entwickelt, kann vor diesem sozialen Hintergrund moralisch beurteilt werden. Hätte sich beispielsweise Hinault bei der Tour de France 1986 nicht als LeMonds Helfer angeboten, dann hätte ihm wahrscheinlich niemand zum Vorwurf gemacht, LeMond anzugreifen. Ein zweiter Punkt ist, dass die körperliche Aktivität beim Radfahren an sich wesentlich anfälliger für Beurteilungen auf moralischer Ebene ist. Wenn jemand ein Tennismatch gewinnt, kann das bedeuten, dass der Gegner einfach nicht schnell genug ist, um die Bälle zu kriegen, oder dass er oder sie die Bälle schlecht zurückschlägt. Beim Radsport hingegen bringt das Gewinnen – und insbesondere die kannibalistische Art zu gewinnen – häufig körperliches Leiden des Verlierers mit sich. Und weil das Leiden für den Zuschauer deutlich sichtbar ist, kann es recht starke moralische Empfindungen hervorrufen und somit die moralische Wahrnehmung des Gewinnvorgangs beeinflussen – auch wenn das Leiden ein wesentlicher Bestandteil des Wettkampfes ist. Ein dritter Punkt ist, dass es bei einem Radrennen – und das gilt insbesondere für ein Etappenrennen – verschiedene Wertungen und (unausgesprochene) Regeln für jeden Herausforderer, der sich in einer der Wertungen (zum Beispiel Gesamtwertung, Punktewertung, Bergwertung) behaupten will, gibt. Wenn etwa der beste Bergfahrer versucht, sich unter einen Sprinterzug zu mischen, dann ist es wahrscheinlich, dass die anderen Sprinter dieses Verhalten unangemessen finden – jeder sollte bei seinem Leisten bleiben. Was aber alle diese Beispiele verdeutlichen, ist, dass das Gewinnen im Radsport mit moralischer Ambiguität behaftet ist. Dadurch kann der Versuch, der Thematik philosophisch beizukommen, zu einem höllisch schwierigen Unterfangen werden, aber vielleicht ist das genau der Grund dafür, dass Radsport so interessant ist und wir uns so sehr dafür begeistern.

## ANDREAS DE BLOCK

Andreas de Block ist Assistenzprofessor am Institut für Philosophie der Katholischen Universität Leuven, Belgien. Sein primäres Forschungsinteresse gilt der Philosophie der Biologie, der biomedizinischen Philosophie und der philosophischen Anthropologie. Seine Schriften sind in Fachzeitschriften wie *Biology & Philosophy*, *Philosophical Psychology*, *Studies in the History and Philosophy of Science* sowie *Perspectives in Biology and Medicine* erschienen. Er glaubt, dass Radfahren für die Menschheit viel wichtiger ist als Philosophie.

## YANNICK JOYE

Yannick Joye ist ein großer Fan des verstorbenen belgischen Fahrers Frank Vandenbroucke, der vor allem dafür bekannt ist, dass er 1999 bei der Rundfahrt Lüttich–Bastogne–Lüttich auf der 22-Prozent-Steigung den großen Michele Bartoli fertiggemacht hat. Vandenbroucke-Fans sind der Meinung, das war das Beste, was das Radfahren seit Eddy Merckx zu bieten hatte. Yannick Joye wurde dafür schon oft ausgelacht, vor allem, nachdem Vandenbroucke in seinen späteren Jahren nur noch ein Schatten seiner selbst war. Um wieder ernst genommen zu werden, studierte Yannick Philosophie und macht darin sogar seinen Doktor (wobei das für viele ein Grund war, ihn erst recht nicht ernst zu nehmen). Wenn er nicht mit seinem Rennrad durch die Gegend rast, forscht er im Bereich Umwelt-Ästhetik. Derzeit arbeitet er als Postdoc am Institut für Philosophie der Universität Leuven, Belgien. Er veröffentlichte Beiträge in Fachzeitschriften wie *Leonardo*, *Review of General Psychology* sowie *Environment and Planning B*.

## FUSSNOTEN

1 »De Standaard«, 29. April 2009.

2 James W. Keating, »Sportsmanship as a Moral Category«, in »Ethics 75« (1964), S. 25-35.

3 Bernard Suits, »The Elements of Sport«, in »Philosophic Inquiry of Sport«, herausgegeben von K. V. Meier and W. J. Morgan, Champaign, IL, Human Kinetics 1988, S. 9-19.

4 Heather Sheridan, »Conceptualizing 'Fair Play': A Review of the Literature«, in »European Physical Education Review 9« (2003), S. 63-184.

5 Nicholas Dixon, »On Sportsmanship and 'Running Up' the Score,« in »Journal of the Philosophy of Sport 19« (1992), S. 1-13.

6 Ebd. S. 3

7 Paul Weiss, »Sport: A Philosophic Inquiry«, Carbondale, Southern Illinois University Press 1969.

8 J. Tamboer and J. Steebergen, »Sportfilosofie«, Leende, Damon 2000.

ANDREAS ZELLMER

# DER GIPFEL DER TOUR DE FRANCE

*L'Alpe d'Huez ist immer für das Besondere gut*

Den 18. Juli 2013 dürfte sich Jean-Yves Noyrey im Kalender rot angestrichen haben. Viele Hobbyradler auch. Der Bürgermeister des französischen Wintersportortes L'Alpe d'Huez im Departement Isère gibt mal wieder den Gastgeber für die Tour de France. Und die Freizeit-Profis rüsten zum großen Schaulaufen vor ungeduldig wartenden Zuschauern auf abgesperrter Strecke. Zum 28. Mal seit 1952 macht das französische Sommertheater, das Drama, Glanz und Gloria und den großen Betrug genial verbindet, Station in der alpinen Skistation auf 1.860 Meter Meereshöhe.

Zur Feier des 100. Jubiläums der Frankreich-Rundfahrt muss der mystische Anstieg, der von Mai bis September, aber besonders im Juli auf viele Hobbyfahrer eine fast magische Anziehungskraft ausübt, zum ersten Mal zweimal an einem Tag gemeistert werden. Die klassische Kletterpartie via Bourg d'Oisans mit den 21 Kehren wird diesmal erweitert um die komplizierte Abfahrt den Col de Sarenne hinunter.

Nicht selten entschied der Anstieg über 13,6 Kilometer (ab Bourg d'Oisans) über Sieg oder Niederlage bei der immer noch als wichtigstes Etappenrennen der Welt empfundenen Tour. Allerdings konnten sich nur drei Sieger auf luftiger Höhe im selben Jahr auch später auf den prächtig geschmückten Champs-Élysées in Paris im *maillot jaune* feiern lassen: Die Toursieger Fausto Coppi (Italien), Lance Armstrong (USA) und Carlos Sastre (Spanien) hatten zuvor in L'Alpe d'Huez gesiegt, wo 1968 die olympischen Bob-Wettbewerbe stattfanden.

Die Namen der Tagessieger sind als besondere Ehrung auf Metallschildern in jeder der 21 Kehren festgehalten. In der letzten Kurve vor dem Ortsschild ist Lance Armstrong zusammen mit dem ersten Sieger Fausto Coppi verewigt. Der Amerikaner, dem im Oktober 2012 alle sieben Toursiege aberkannt worden waren, ohne dass Nachrücker benannt wurden, soll sich auch nach dem Willen Noyreys in Luft auflösen. Armstrongs Namenszug soll wegen der Dopingaffäre bis zum Tourstart gelöscht sein. Würde der Ortschef seinen speziellen Antidopingkampf ernst nehmen, müsste er wahrscheinlich an noch mehreren Ehrentafeln Hand anlegen.

Hobbyradler haben andere Sorgen. Wenn sie sich am Tag der Tour die Steigung hochquälen, kämpfen sie nicht nur gegen die Schwerkraft – der eine mehr, der andere weniger – oder notorische Konditionsmängel. Vor allem machen ihnen undisziplinierte Zuschauer, die die Straße blockieren, und ungeduldige Journalisten, die im Chaos der Leiber und Räder in ihren Autos möglichst schneller als 10 km/h vorwärtskommen wollen, zu schaffen.

Rund drei Stunden bevor der erste Wagen der trubeligen Werbekarawane Bourg d'Oisans passiert, schreitet die strenge Streckenpolizei ohnehin ein und stoppt so manchen hoffnungsvollen Gipfelstürmer. Mehr Ordnungskräfte würde sich so mancher motorisierte Tourbegleiter schon in der Nacht vor dem Ereignis wünschen. Bereits die Anfahrt 30 Stunden vor der größten Sommerparty in Frankreich unter freiem Himmel gleicht in manchen Jahren einer Höllentour. Hektisches Rangieren der letzten Wohnwagenpiloten, die noch einen Platz zum Parken und Zuschauen am nächsten Tag suchen, und Stop-and-go-Verkehr ist auch um drei Uhr morgens keine Seltenheit.

Manche der Freizeitradler sind für ihren großen Einsatz lustig verkleidet, wie die niederländischen Fans, die es sich traditionsgemäß rund um den Friedhof Sainte-Ferréol auf 1.360 Meter Höhe in Kehre sieben gemütlich machen. Für begleitende Journalisten heißt es dort immer: unbedingt Autofenster schließen. Besonders Pkw mit deutschen Kennzeichen scheinen gefährdet, ganze Bierladungen ins Auto geschüttet zu bekommen. Diese Art von Ausgelassenheit gilt manchem Fan aus unserem Nachbarland offensichtlich als Ausgleich für die eine oder andere als sehr unglücklich empfundene Niederlage in Fußball-Länderspielen.

Die Touristentour auf dem kilometerlangen Anstieg ist noch bunter als die professionelle Stunden später. Da werden fünfjährige Kinder von ihren schwergewichtigen Vätern (Achtung: maximale Steigungsrate: 14,8 Prozent) geschoben. Veritable Hausfrauen versuchen sich am Monsterberg, ebenso wie offensichtlich nicht mehr ganz nüchterne Protagonisten und ganz ehrgeizige, die um den imaginären Sieg fahren und so viel wie möglich der Abertausenden Mitstreiter hinter sich lassen wollen. Sowohl im Begleitwagen als auch auf dem Renn- oder Sportrad mutet der erzwungene Zickzack-Kurs durch die wilde Meute, an allen Gefahrenpunkten vorbei, nicht selten lebensgefährlich an.

Wenn am Nachmittag die Profis kommen, deren Taten von TV-Kameras in fast 200 Länder übertragen werden, säumen immer Hunderttausende Zuschauer die steile Piste zum ganz und gar nicht romantischen alpinen Hotspot mit den vielen Funktionsbauten. 2004 – bei einem von Armstrong gewonnenen Zeitfahren über 15 Kilometer – prahlten die Veranstalter mit angeblich einer Million Fans an der Strecke.

Besonders schwer an diesem schweißtreibenden Tag im Juli hatte es der in Berlin lebende Profi Jens Voigt. Ihm wurde von vielen deutschen Zuschauern hart zugesetzt. Einige schienen es nicht nur bei verbalen Attacken bewenden lassen zu wollen. »Ich hatte Angst um mein Leben«, sagte Voigt hinterher. Der altgediente Profi bemüht zwar häufig große Worte und kam ohne äußerliche Schrammen davon – aber ein bisschen recht hatte er schon.

Die Fans waren ausgerastet, weil der CSC-Profi am Tag zuvor einen Ausreißversuch Jan Ullrichs aus dem Konkurrenzteam T-Mobile für seinen Kapitän Ivan Basso pariert hatte. Der damalige ARD-Reporter – die TV-Anstalt war direkter Sponsor des Ullrich-Teams – hatte den wahren Sinn des Profiradsports nicht ganz verstanden und landsmannschaftliche Verbundenheit über Stallregie gestellt. Damit hatte er Ressentiments gegen Voigt geschürt. Beim Zeitfahren musste der auch mit 41 Lebensjahren noch aktive Profi mit einem Spießrutenlauf dafür büßen.

Massiven Ärger mit einem aufdringlichen Fan bekam 2011 auch Alberto Contador. Auf den steilen Rampen schlug der Spanier am Ende einer fehlgeschlagenen Attacke auf die Spitzenreiter einem renitenten

Verfolger im Vorbeifahren die Faust ins Gesicht. Der Fan hatte sich als Arzt verkleidet und dem Toursieger von 2007 und 2009 ein Stethoskop unter die Nase gehalten. Wohl eine Anspielung auf die Ereignisse bei der Tour des Vorjahres. Contador war dort positiv auf das Kälbermastmittel Clenbuterol getestet worden, wurde nach einem Justiz-Marathon gesperrt und musste sein Gelbes Trikot von 2010 an den Luxemburger Andy Schleck weiterreichen.

L'Alpe d'Huez ist immer für das Besondere gut: 1999 hatte ein unvorsichtiger Zuschauer den ausgerissenen Giuseppe Guerini 800 Meter vor dem Ziel in der Avenue du Rif Nel vom Rad geholt. Der Unfallverursacher wollte das perfekte Foto schießen und brachte den kleinen Italiener zu Fall. Guerini schaltete schnell, sprang sofort wieder auf und rettete sich 21 Sekunden vor dem Russen Pawel Tonkow ins Ziel der Königsetappe. Nach der Zieldurchfahrt zeigten ihm Fotografen das Bild des Übeltäters. Guerini freute sich zu sehr, um noch böse zu sein. »Das Siegerfoto reicht mir«, sagte der damalige Telekom-Profi.

Den Streckenrekord, dessen Wert vor dem Hintergrund der Dopingdiskussion umstritten bleibt, hält immer noch Marco Pantani. 1997 war der Italiener am Ende einer kompletten Etappe über 203,5 Kilometer beim Aufstieg auf den Tour-Olymp in den Alpen eine Sekunde schneller als Armstrong sieben Jahre später beim Zeitfahren. Der 2004 in Rimini an einer Überdosis Kokain verstorbene Pantani, der 1998 die Tour gewann, raste den Berg in 37:35 Minuten hoch.

Hobbyfahrer sollten sich auf etwa das Dreifache einstellen. Als die amerikanische Rocksängerin Cheryl Crow noch mit Armstrong liiert war, brauchte sie bei einem Ausflug ins Metier des ehemals viel bewunderten Überfliegers rund zwei Stunden.

## ANDREAS ZELLMER

Andreas Zellmer ist bei der *Deutschen Presse-Agentur* (dpa) in Berlin verantwortlich für den Bereich Radsport. Er begleitet die Tour de France als Journalist ohne Unterbrechung seit 1984, berichtet regelmäßig von Olympischen Spielen und Weltmeisterschaften. Nach einem Kreuzbandriss beim Hobbyfußball stieg er aufs Rennrad um, um sich fit zu halten. Der Sportredakteur sammelte dabei einschlägige persönliche Erfahrungen auf Tour- und Giro-Strecken in Berlin, Italien, in den französischen Alpen und Pyrenäen. Ein Anstieg nach L'Alpe d'Huez als Selbsterfahrung soll 2013 endlich in den Terminkalender passen.

TIM ELCOMBE und JILL TRACEY
Übersetzung: Peter Reichenbach

# DIE TOUR DE FRANCE, DAS LEIDEN UND DAS BEDEUTUNGSVOLLE LEBEN

Nachdem wir um die letzte Kurve gebogen waren und endlich das Ende der Strecke vor Augen hatten, fuhren wir wieder etwas schneller. Bis hierhin hatten wir, auf den 21,6 Kilometern einen Berg der HC-Kategorie hinauf, einen steten Rhythmus eingehalten. Zeitweise tanzten wir förmlich auf unseren Rädern, Seite an Seite, in dem Wissen, dass uns nur der nächste Tritt in die Pedale unserem Ziel näher bringen würde, gemeinsam etwas ganz Besonderes zu erreichen. Bob und Jeff, zwei Mitglieder unserer Gruppe, schlossen an der Zielgerade zu uns auf und wir beglückwünschten uns gegenseitig, unterhalb des eindrucksvollen Turms der

Wetterstation, von dem aus man eine atemberaubende Aussicht hat. In der Zuschauermenge entdeckte Jeff seinen Sohn Dave, der lange vor uns mit den anderen Bergspezialisten unserer Gruppe angekommen war. »Wie war's?«, fragten wir ihn. »Sehr anstrengend!«, antwortete unser neuer australischer Freund.

Nach und nach kamen weitere Fahrer unserer Gruppe ins Ziel. Chris, der die letzten sieben Wochen in Frankreich trainiert hatte, strahlte vor Freude über das Erreichte. Später kam Lindsay ins Ziel gefahren, gefolgt von einem jubelnden und erleichterten Adam. Andere schafften es aber auch nicht. Adams Vater Jeff, von der Hitze überwältigt, gab enttäuscht auf und fuhr mit dem Bus des Reiseveranstalters mit, der eigentlich die Besucher hochfuhr, die den Ausblick vom Gipfel genießen wollten. Sam musste wegen eines technischen Defekts am Rad aufgeben. Grahme legte sechs Kilometer vor Ankunft eine Pause ein, um etwas zu essen. Als er sich danach wieder auf sein Fahrrad gesetzt hatte, fuhr er den Berg wieder hinab anstatt hinauf; zufrieden, so weit gekommen zu sein – und gut gegessen zu haben. Grahmes Frau tat es ihm gleich, nachdem sie etwa die Hälfte der Steigung geschafft hatte.

Oben erzählten wir uns von den Kraftanstrengungen, die wir unterwegs bewältigt hatten: wie wir die hochsommerliche Hitze ausgehalten haben, wie wir uns zwischen stehen gebliebenen Wohnmobilen und schwankenden Fußgängern durchgeschlängelt haben, wie wir die Rufe von Besoffenen ignoriert haben, die uns zum Umkehren bewegen wollten, und natürlich, wie wir den stetigen, langen Aufstieg mit einer durchschnittlichen Steigung von 7,6 Prozent bezwungen haben. Wir erzählten uns auch von den Begegnungen mit Zuschauern, die aufmunternd in die Hände klatschten, uns anfeuerten mit ihren »Allez! Allez!«-Rufen; davon, wie die mit Kreide und Farbe auf den Boden geschriebenen Namen und Botschaften uns inspirierten und antrieben, auch wenn sie eigentlich an die anderen, bekannten Fahrer gerichtet waren; davon, wie die Kinder am Fahrbahnrand us ihre Hände zum Abklatschen hinhielten, als bedeuteten unsere durchschwitzten Trikots, dass wir tatsächlich professionelle Teamfahrer von Astana, Saxo Bank oder Columbia HTC wären.

Am Gipfel warteten wir geduldig, bis wir mit Fotografieren dran waren, und schauten den Berg hinab. Die anderen Fahrer sahen von hier oben aus wie Ameisen auf Fahrrädern in einer Mondlandschaft. Schließlich waren auch wir – König und Königin des Gipfels – an der Reihe. Wir gaben unsere Kamera einem fremden Mann und posierten gemeinsam mit unseren Fahrrädern, später dann auch mit Chris, Bob, Jeff und Dave. Morgen würden hier die berühmten Radsportler an gleicher Stelle vorbeikommen – Fahrer wie Alberto Contador, Fränk und Andy Schleck und auch Lance Armstrong. Natürlich würden sie nicht wie wir für Fotos posieren, vor diesem Schild, das unsere Leistung symbolisierte; das Schild, das bewies, dass wir die Spitze des *Kahlen Berges*, des *Géant de Provence* mit unseren Fahrrädern erklommen hatten. Auf dem Schild steht:

*Sommet
du Mont Ventoux
1910 m*

Unter diesem Schild standen wir – ganz normale Leute mit ganz normalen Namen wie Jill, Tim, Chris, Bob, Jeff und Dave – und hatten gerade den Berg bezwungen, von dem Lance Armstrong einmal sagte, dass er der einzige sei, vor dem er Angst hätte, und dessen Abfahrt auch andere gestandene Profis fürchteten. Und nebenbei bemerkt, das hier gerade waren unsere Ferien.

## *Das Fahrrad als Mittel zum sinnvollen Leiden*

Im Juli 2009 begann unsere Traumreise: Wir würden für zehn Tage die letzten Etappen der Tour de France begleiten und währenddessen Teile der Strecke selbst mit dem Fahrrad abfahren. Schon Monate vorher schwankten wir ständig zwischen Aufregung und Angst, in Erwartung der anspruchsvollen Touren, die vor uns lagen. Aufgrund einiger Verletzungen und anderer Verpflichtungen waren wir uns unsicher, ob unser vorab absolviertes Trainingspensum reichen würde, um den Zeitplan der Tour einhalten zu können. Trotzdem konnten wir unsere Reise nach Frankreich kaum abwarten; wir würden auf den gleichen Straßen leiden, auf denen wir sonst den Profis – von unseren bequemen Sofas aus – beim Leiden zugesehen hatten. Unsere Familien und Freunde unterstützten unsere Ambitionen und unseren Enthusiasmus, obwohl sie das Ganze auch etwas seltsam fanden: Training und viele Stunden Regenerationszeit als Vorbereitung für einen *Urlaub*, in dem sich alles um das freiwillige Erdulden von Schmerzen drehen würde. Schließlich unternimmt man im alltäglichen Leben so einiges, um jede Form von Leiden zu umgehen, und erst recht in den Ferien. Unser kulturelles Umfeld konditioniert uns darauf, immer Kosten und Nutzen abzuwägen – logisch und analytisch zu entscheiden, was gut und was schlecht ist, was einen Wert hat und was nicht, was komfortabel ist und was qualvoll sein könnte (auch wenn das für uns emotional aufgeladene Menschen nahezu unmöglich ist). Die meisten werden in ihrem Urlaub – also in der Zeit, in der sie nicht ihren tagtäglichen Aufgaben und Verpflichtungen nachkommen müssen – versuchen, sich zu entspannen. Selbst wenn Leute beim Wort Urlaub an Fahrradfahren denken, dann meinen sie damit eher, dass sie gemütlich durch schöne Landschaften fahren. Diesen Gedanken wohnt eine begrüßenswerte Ziellosigkeit inne, bedeuten sie doch eine Pause vom Alltag, in dem der Fokus auf Ergebnisse und Notwendigkeiten gerichtet ist.

Es gibt aber auch Menschen, die sich ganz bewusst dem Leiden hingeben, zum eigenen Nutzen. Die professionellen Radsportler im Peloton erdulden das Leiden während des Trainings und der Wettkämpfe, weil sie damit ihr Einkommen sichern, Preise gewinnen und ihre Sponsoren bei Laune halten. Auch einige Amateurradsportler tolerieren physische Schmerzen, weil sie damit quantifizierbare Erfolge erzielen können: Dafür messen sie ihre Herzfrequenz, notieren die gefahrenen Kilometer oder berechnen, wie viel Watt sie getreten haben. Diese Radsportler unternehmen alles, um herauszufinden, wie fit sie sind und wo ihre körperlichen Grenzen liegen. Sie nutzen dafür die neuesten technischen Errungenschaften, um auf möglichst exaktes Zahlenmaterial zurückgreifen zu können, und achten nach einem Tag auf dem Sattel fast ausschließlich auf die zählbaren Resultate. Für sie wird das Leiden *nützlich* – und *nützlich* wird zu einem Synonym für *sinnvoll*.

Philosophen des klassischen Pragmatismus wie John Dewey versuchten jedoch auszubrechen aus diesem analytischen Fahrerfeld. Dewey, der sich auf die Arbeiten seiner philosophischen Vordenker Charles Peirce und William James stützt, hielt es für zu kalt und technisch, diesen reduktiven, messbaren Ergebnissen eine solche Bedeutung zukommen zu lassen. So schrieb er in *Erfahrung und Natur*: »Das charakteristisch menschliche Bedürfnis ist das nach Besitz und Genuß der Bedeutung von Dingen, und dieses Bedürfnis wird im traditionellen Begriff des Nützlichen ignoriert und unbefriedigend gelassen.«[1] Aber er dachte auch nicht an Ziellosigkeit und Beliebigkeit, wenn es darum ging, was

Menschen benötigen, um ein gutes Leben zu führen. Er legte vielmehr das Augenmerk auf die *ästhetische Erfahrung* als Quelle für die Bedeutung des menschlichen Lebens.

Für ihn (und andere Vertreter des Pragmatismus) sind menschlichen Erfahrungen eine stetige, fortdauernde Angelegenheit – wir *erfahren* immer etwas, wenn wir mit der uns umgebenden komplexen Welt interagieren. Das meiste davon hat keinen bleibenden Einfluss auf uns. Doch hin und wieder gibt es einzelne Ereignisse, die einen Unterschied in unseren Lebensläufen machen. Es sind diese Ereignisse, die er meint, wenn er von *ästhetischen Erfahrungen* spricht. Wir *fühlen* diese Ereignisse mehr, als dass wir sie *rational* erfassen. Mit anderen Worten: Ästhetische Erfahrungen erreichen uns auf sehr direkte Art und Weise, sie lassen die Welt um uns herum lebendig und in einem anderen Licht erscheinen.

Dewey vergleicht das mit dem Blick über ein nächtliches Tal, das jäh von einem hellen Blitz erleuchtet wird. Für einen kurzen Augenblick offenbart sich die Topografie des Tales – es wird für den Betrachter von da an niemals mehr aussehen wie zuvor. Es ist uns unmittelbar klar, dass hier etwas Bedeutendes geschehen ist, etwas, das seinen Nachhall bis ins Innerste unseres körperlichen Seins findet. Erst im Nachhinein reflektieren wir, warum dieser Moment so herausragend war.

Auch im Alltag können uns Ereignisse dieser Art widerfahren. Manchmal erfahren wir sie in ruhigen, friedlichen Momenten, wie etwa wenn eine Gärtnerin an einem beschaulichen Sommermorgen ihre Pflanzen pflegt, ein Leser gemütlich auf seiner Couch ein Buch liest oder ein Radfahrer entspannt unter strahlend blauem Himmel am Flussufer entlangfährt. Ästhetische Erfahrungen begegnen uns auch in weniger glücklichen Lebensphasen, können aber ebenso ein Umfeld für bedeutsame Momente schaffen: der Verlust eines nahen Verwandten, der Sturz während einer Fahrradtour oder das Nichterreichen eines langersehnten Ziels.

Alle diese außergewöhnlichen Ereignisse werden zu speziellen Momenten: *der besondere* Sommermorgen, *dieses* Buch, *diese* Fahrradtour, *jener* Verlust, *dieser* Sturz, *dieser* Misserfolg. Um das Leben, das so voller Risiken und Gefahren, voller Möglichkeiten und Freuden, voll von *zu Tuendem* und *zu Erleidendem* sein kann, also auf diese ästhetische Weise erfahren zu können, ist es notwendig, dass wir es jenseits der Langeweile und Leere eines unästhetischen Lebens *erleben*.

Aus Deweys Sicht ist ein sinnvolles Leben ein Leben voller bedeutungsvoller Momente – manchmal im Stillen, manchmal voller Verzweiflung und manchmal, wenn wir extreme Erfahrungen auf dem Rad machen.[2]

Während einer Radtour freiwillig physisches und mentales Leiden auf sich zu nehmen stellt eine gute Möglichkeit dar, das Leben auf diese bedeutsame Weise zu erleben. Wenn wir auf unseren Rädern an unsere Grenzen gehen, dann können wir an den Punkt kommen, an dem das Unmögliche möglich erscheint. Wenn wir solche lebhaften, transformativen und ultimativ bedeutsamen Ereignisse erfahren wollen, müssen wir diese selbst schaffen – indem wir etwa einen Marathon laufen, Wildwasserkanu fahren oder uns Bergen der Kategorien 1 oder HC stellen, während wir Ferien in Frankreich machen.

### *Leiden als Mittelpunkt der Tour de France*

Die erste Tour de France fand 1903 statt. Schnell wurde sie zum wichtigsten Radrennen und zu einem der populärsten jährlichen Sportereignisse der Welt.[3] Viele halten das dreiwöchige Rennen außerdem für einen der anspruchsvollsten Sportwettkämpfe überhaupt. Die Organisatoren konzipieren *la Grande Boucle* so, dass sie sowohl die Leidensfähigkeit der Fahrer auf die Probe stellt als auch ihre Fähigkeiten, den physischen und psychischen Auswirkungen standzuhalten. Nicht umsonst führt die Strecke durch die langen, windumtosten Straßen des ländlichen Frankreichs, über die sich windenden Passstraßen der Alpen und Pyrenäen und über das Kopfsteinpflaster von Paris. Wenn die Radprofis diese Strecken fahren, verfallen sie in eine Art Leiden, das gleichbedeutend mit der Existenzberechtigung der Tour de France ist. Ihr Willen, das Leiden anzunehmen, und ihre Fähigkeiten, die hohe Geschwindigkeit, wechselhafte Wetterverhältnisse und die ständigen unerbittlichen Steigungen auszuhalten, stehen im Mittelpunkt der Tour de France. So wird jeden Herbst aufs Neue mit Spannung die kommende Streckenführung erwartet. Die Veröffentlichung löst unter Radsportenthusiasten eine leidenschaftliche Diskussion darüber aus, wie sehr die Fahrer auf ihrem Weg zum Triumph wohl werden leiden müssen. Höhepunkt ist häufig die letzte Woche, in der die Streckenplaner gezielt die schwersten Etappen einbauen, da die Fahrer dann bereits mit den physischen und mentalen Auswirkungen der extremen Erschöpfung zu kämpfen haben. Die letzte Woche der Tour im Jahr 2009, die Lance Armstrong als *teuflisch* beschrieb, war ein solches extremes Beispiel. Die Radsportler mussten 4.000 Meter an Steigungen überwinden, darunter vier Alpenberge der Kategorie 1 und einen der Kategorie 2, inmitten von Hitze, Regen, Wind, Kälte – und das auf Etappe 18, beim Einzelzeitfahren, sogar alleine. Diesem Tag vorausgegangen waren einige schonungslose Anstiege in den Alpen auf den Etappen 15, 16 und 17, denen dann das Einzelzeitfahren und die Mont-Ventoux-Etappe folgten (unterbrochen von einer *leichten*, 178 Kilometer langen Etappe Nummer 19, auf der die Fahrer sich erholen konnten, bevor sie auf der 20. Etappe der Mont Ventoux erwartete). Immerhin werden sie dafür bezahlt.

Der Preis der Tour de France wird von den Fahrern mit ihrem Willen zu leiden bezahlt. Kein Fahrer entkommt den Schmerzen; ein paar wenige werden mehr aushalten, um Erfolge für das Team und sich selbst zu ernten: Ausreißer verlassen die komfortable Situation im Peloton, in der Hoffnung, ihre kleine Chance auf den Etappensieg zu bekommen; die Sprinter quälen sich über die Berge, um die wenigen Gelegenheiten eines Massensprints für sich nutzen zu können; alle Fahrer müssen sich dem Einzelzeitfahren stellen, ohne die Hilfe ihrer Mannschaftskollegen; die Teamkapitäne müssen jeden Tag aufs Neue sicherstellen, dass sie an den schwersten Stellen des Rennens angreifen können, um das Leiden ihrer loyalen Edelhelfer zu rechtfertigen. Während dieser intensiven Leidensmomente, in denen die Radsportler ihre Körper zu Grenzerfahrungen antreiben, überschneiden sich Beschränkungen und Möglichkeiten. Sobald sich die Fahrer im Schmerzbereich bewegen, erhöht sich die Möglichkeit, dass dieser Moment ein *ästhetischer* wird. Sie können sich nie sicher sein, was sie erwarten wird, nur, dass sie an ihre physischen und psychischen Grenzen werden gehen müssen. Dieses An-die-Grenze-Gehen kann erklären, warum es attraktiv sein kann, ein Ausreißer, ein Zeitfahrer, ein Sprinter, ein Gesamtklassementfahrer zu sein. Wir bewundern ihren Willen, ehrfürchtig blicken wir auf ihre Fähigkeit, für einen Augenblick des Ruhms für sich und ihr Team zu leiden. Genau deshalb kann der Radprofi Christian Vandevelde vom Team Garmin-Slipstream im Jahr 2008 mit einem deutlichen Funkeln in seinen Augen sagen, dass die vor ihm liegende Etappe *schrecklich* werden wird. Vandevelde und die anderen Fahrer des Pelotons haben dieses Leben bewusst gewählt, ihre Existenz hängt also vom freiwilligen Leiden ab – anders ist es für sie nicht vorstellbar. Sie werden erdulden, wenn das Wetter umschlägt, sie werden die überschwänglichen Fans, die, verkleidet als Wikinger oder Teufel, an ihrer Seite mitlaufen und ihnen mit ihren Fahnen im Gesicht herumwedeln, akzeptieren; sie werden hoch in die Berge fahren, wo die Luft dünner wird und es selbst im Juli noch Schnee geben kann, ihre Räder werden Pannen haben, ihre Beine und Lungen werden brennen, als wären sie mit Säure gefüllt; sie werden zusammenbrechen, sie werden stürzen, sie werden verlieren.

Doch sie werden auch eins werden mit ihren Maschinen, sie werden das Fahrrad und die Straße unter sich fühlen, als wären sie ein lebendiger, atmender Teil ihrer selbst; sie werden die Leidenschaft der Zuschauer einsaugen, sie werden die Schmerzen genießen; sie werden gewinnen, sie werden die Grenzen ihrer Fähigkeiten überschreiten. Aus Deweys Sicht erhöht eine solche lebhafte und bewusst gelebte Existenz am Rand des Möglichen die Wahrscheinlichkeit, ein bedeutsames Leben zu führen. Und auch wenn Radprofis lange, monotone Tage im Sattel verbringen müssen, so kann doch die Anwesenheit von Leiden eine Verbindung zu einem Leben schaffen, das alles andere als banal und sinnlos ist.

## *Teilen wir uns die Straße! (Und die Schmerzen)*

Das bedeutungsvolle Leiden während der Tour de France betrifft jedoch nicht nur die Profiradrennfahrer, die die 21 Etappen mit über 3.500 Kilometern fahren. Das Leiden ist auch bei den Nicht-Radfahrern im Umkreis der Tour offensichtlich: Von den unzähligen Teambegleitern, die viele Stunden arbeiten und sich um die technischen Aspekte der Räder, die gesundheitlichen Belange der Fahrer und die Rennstrategie kümmern, bis hin zu den Mitarbeitern, die die immense Unterhaltungskarawane organisieren, die dem Rennen vorausgeschickt wird – all diese willentlich *Leidenden* erschaffen Bedeutung. Auch Nicht-Profis können an diesem bedeutungsvollen Leiden teilhaben, etwa indem sie selbst Teile der Strecke fahren. Natürlich gehen sie dabei in ihrem Krafteinsatz nicht so weit wie die Profis. Diese nehmen qualvolle Trainingseinheiten auf sich, um ihre Leidensfähigkeit im Rennen auszubauen, ganz wie es ihre Berufung von ihnen verlangt. Doch auch die Hobbyfahrer nehmen, natürlich mit großem Respekt, die Herausforderung gerne an, die gleichen

Straßen und Gebirgspässe zu fahren wie die *Géants de la Route*. Wie die Profis wollen auch die Amateure diese Spannung erleben und auf diese Weise die Bedeutung einer Tour-de-France-Fahrt nachvollziehen.

Dies wird besonders dann deutlich, wenn man sich anschaut, welche Stellen sie sich aussuchen: die schwersten Anstiege der Strecke. Kaum einer würde die Flachetappen der Provence fahren, nur um dann vor dem Mont Ventoux anzuhalten. Stattdessen starten die Fahrer erst am Fuße des Mont Ventoux, am L'Alpe d'Huez, am Col du Tourmalet. Die Hobbysportler wollen das Leiden der Profis nachempfinden, sie wollen die gleichen Straßen unter sich spüren, um etwas so Anstrengendes zu erleben, das sie an ihre physischen und psychischen Grenzen bringt – möglicherweise auch darüber hinaus. Solche Fahrten bergen reichlich Potenzial für jene *besonderen Momente*, die man auf dem Fahrrad erleben kann. Nachdem wir also die Strapazen des Aufstiegs bewältigt haben, kaufen wir das sprichwörtliche *I did it*-Trikot und schießen Fotos von uns mit dem Schild und den Bergen im Hintergrund, um die Bedeutsamkeit unseres Leidens zu dokumentieren.

Auch als einfacher Zuschauer der Tour de France kann man diese *Momente* erleben. Einer der einprägenden Aspekte des Rennens ist die Nähe der Zuschauer zur Rennstrecke; sie stehen so nah, dass sie die Fahrer berühren könnten, wenn sie vorbeifahren. Die Tour de France wird, anders als andere große Sportereignisse, auf ganz normalen Straßen ausgetragen. Eine Straße, die sonst von Bauern auf ihrem Weg zum Weinberg benutzt wird, eine Autobahn für den Weg zur Arbeit, ein Gebirgspass für die Wochenendurlauber, ein Verkehrskreisel in der Ortschaft – all diese Orte werden für einen kurzen Moment zu geheiligtem Boden, zu einem Schauplatz von einem der größten Sportereignisse. Während ähnlich populäre Sportarten wie Profifußball, Hockey oder Leichtathletik in stark gesicherten, selten genutzten Arenen stattfinden, werden die großen Rundfahrten wie die Tour de France, der Giro d'Italia, die Vuelta a España oder die Tour of California auf normalen, täglich genutzten Straßen ausgetragen.

Selbst für die Zuschauer der Tour de France stellt das Leiden der Fahrer die Hauptattraktion dar, weshalb häufig Beobachtungspunkte gewählt werden, an denen die Qualen am offensichtlichsten sind. In Reiseführern für Tour-de-France-Zuschauer werden die Orte hervorgehoben, an denen die Profifahrer außergewöhnliche Leistungen abrufen müssen, wo die Herausforderungen der Straße diejenigen, die mehr leiden wollen und können, von ihren Rivalen trennt. Zwar ist die Geschwindigkeit des Pelotons auf flacher Strecke beeindruckend, doch wollen wir viel eher sehen, wie sich die Fahrer einen Berg hochkämpfen. Wir wollen ihre offenen Trikots, die verschwitzten Körper und ihre angespannten Gesichter aus der Nähe sehen, um abzuschätzen, wie stark ihr Wille ist, sich den physischen und mentalen Qualen zu stellen. Es überrascht nicht, dass Hunderttausende Fans schon Tage zuvor auf den Bergen ihre Zelte aufschlagen und bei Regen, Wind und Sonne warten, um diesen einen flüchtigen Moment abzupassen.

## *Die Erweiterung des sinnstiftenden Leidens*

Man muss nicht bis nach Frankreich reisen und an einem Berghang warten, um das Leiden zu würdigen, das die Tour de France verkörpert. Als Fernsehzuschauer kann man sich zurücklehnen und den Strapazen bequem von zu Hause aus zusehen. Dank furchtloser Kameraleute kann jeder die Bilder rund um den Globus sehen. Selbst als ferne Beobachter erkennen wir die Bedeutung des Leidens, das die Fahrer während der Tour de France durchleben. Ein Teil der Erklärung, warum wir diese *Momente* beim Zuschauen miterleben können, ist, dass die Profiradsportler auf einer bestimmten Ebene uns selbst repräsentieren. Sie stehen dafür, was Menschen möglich ist, was wir als Spezies zu leisten imstande sind. Natürlich erleben diese Fahrer Situationen, von denen wir als normale Radfahrer nur träumen können: Nur wenige Menschen auf dieser Welt können so weit, so schnell, so intensiv Rad fahren. Zugleich repräsentieren sie aber auch unsere Einschränkungen, unsere menschlichen Schwächen. Selbst die besten Fahrer der Welt brechen zusammen und leiden, manchmal sogar so sehr, dass sie aufgeben müssen. Ihre Schwächen erinnern uns daran, dass sie leiden wie wir, dass es auch für sie Grenzen gibt.

Dieses Anerkennen menschlicher Schwäche bei selbst den größten Radfahrern erklärt auch, warum Dopingsünder in der Öffentlichkeit so schlecht angesehen sind. Wenn wir uns historische Etappen ansehen – wie etwa Floyd Landis' monumentaler, von Erfolg gekrönter Ausreißversuch über 125 Kilometer auf der 17. Etappe der Tour de France im Jahr 2006 – staunen wir über die Leistungsfähigkeiten der

Fahrer. Doch unsere Ehrfurcht und unsere Verwunderung über eine solche Leistung schwinden schnell, sobald positive Dopingtests veröffentlicht werden. Auf den ersten Blick erschien es uns, als sei Landis bereit gewesen, weitaus mehr zu leiden als alle anderen Fahrer im Peloton. Und obwohl er zweifelsohne alles gegeben hat, verwischt der Vorteil, den er durch die Einnahme von Dopingmitteln erreicht hat, alle Beweise, die belegen könnten, dass er mehr litt als seine Konkurrenten. Dopingsünder leiden also nicht so sehr, wie sie uns glauben machen wollten, und deshalb stufen wir auch ihre Leistungen herab; man könnte sagen, dass sie die menschliche Schwäche betrogen haben.

Auf der anderen Seite zeigen die Rückkehr von Lance Armstrong bei der Tour im Jahr 2009 und die Berichterstattung der französischen Presse über ihn, welch starke Anziehungskraft das menschliche Leiden ausüben kann. Trotz der Überwindung des Krebses und seinen sieben aufeinanderfolgenden Toursiegen konnte Armstrong viele nicht von sich überzeugen – seine Erfolge wurden lange angezweifelt, obwohl er nie durch einen positiven Dopingtest aufgefallen war.[4] Erst bei seinem Comeback nach einer dreijährigen Pause begannen die französischen Fans ihn zu respektieren. Sie schätzten es, dass er die Tour nicht länger dominierte wie in den vergangenen Jahren, dass er nicht mehr mit Contador und den Schlecks mithalten konnte und dass er den Willen hatte, zurückzukommen, obwohl er einen Sieg nicht mehr garantieren konnte. Mit anderen Worten, Armstrongs Schwäche ließ ihn zum ersten Mal menschlich erscheinen, was es möglich machte, ihn zu bewundern. Wir sind beeindruckt davon, wie sehr Fahrer wie Armstrong mit Schmerzen umzugehen vermögen, dennoch wollen wir sie an ihren Grenzen sehen, um auch ihrer Schwächen gewahr zu werden. Dies sind die Augenblicke, in denen wir den Fahrern am nächsten sind – und die Tour de France ist voller solcher Momente.

### *Vom Leiden und von Fahrrädern*

Erkenntnis kann auf unterschiedliche Weisen erlangt werden, und Rad zu fahren ist ein Weg, der für viele funktioniert. Der Radfahrer, der zur Erholung auf einem kaum befahrenen Radweg fährt, der Mountainbiker, der samstagmorgens querfeldein durchs Gelände brettert, und der Profiradsportler, der in Höchstgeschwindigkeit die Serpentinen eines

Alpenpasses runterprescht – sie alle können ästhetische Momente erleben. Doch es scheint, dass wir diese Momente eher erreichen, wenn wir so fahren, dass wir an unser Limit und unsere Grenzen stoßen. Die Art und Weise und die Tiefe der Bedeutung mögen sich unterscheiden, doch das Überwinden von Hindernissen, das Erleben des Leidens beim Radfahren (als aktiver Radfahrer oder als Zuschauer) schaffen Raum für eine Sinnhaftigkeit, die alle Radfahrenthusiasten teilen. Aus dem gemeinsam erfahrenen Leiden heraus entsteht eine Gemeinschaft – eine Gemeinschaft, in der sich alles um starken Gegenwind, 8-Prozent-Steigungen und sogar um Unfälle dreht. Fahrer, die sich vorher noch nie getroffen haben, können durch das Radfahren beste Freunde werden, und sie alle können sich Gelegenheiten erschaffen, Bedeutung zu erfahren. Obwohl Welten voneinander entfernt, teilen sie die gleichen Erfahrungen, wenn sie mit jeder Fahrt weiter und schneller fahren und sich steilere Hänge hinaufkämpfen. Diese Erlebnisse können die Mitglieder dieser Gemeinschaft, die solche intensiven Momente des Leidens, des Gelingens und manchmal auch der Qual erleben – einerlei ob persönlich oder nur vermittelt beim Beobachten anderer – in ihrem Wesen verändern. Das zu erleben ist eine großartige Gelegenheit und erklärt, warum sich so viele Menschen darin wiederfinden. Für uns persönlich schien die Tour de France 2009 das ganze Potenzial an bedeutungsvollen Erfahrungen zu bergen. In den ersten beiden Wochen saßen wir zu Hause und sahen den Profis zu, wie sie das Zeitfahren, den unaufhörlichen Gegen- und Seitenwind sowie die Steigungen der Pyrenäen durchstanden. Und dann waren wir mit unserer Gruppe selbst vor Ort und fuhren auf den Straßen Frankreichs mit einer Geschwindigkeit, die uns abends mit einer Mischung aus Müdigkeit und Euphorie zurückließ. Wir fuhren den Col de Romme, den Col de la Colombière und den Mont Ventoux hoch, vorbei an den uns anfeuernden Zuschauern. Wir standen selbst in der Hitze und in der Kälte an der Strecke und sahen den Kampf um die Etappensiege, den Gesamtsieg und wie die Fahrer an den Bergen alles gaben. Wir fühlten die gleiche Straße unter unseren Rädern, die Wetterveränderungen, die Energie und die Leidenschaft der Zuschauer, die Steigung der Berge. Wir erlebten drei Wochen voller außergewöhnlicher Erlebnisse rund um das menschliche Leiden und die Tour de France.

Dewey und andere Pragmatiker glauben, dass dieses Suchen von und Öffnen für Erfahrungen, die über das einfache Mitfahren im Peloton hinausgehen, uns dazu antreiben können, ein gutes Leben zu führen. Und obwohl Dewey glaubt, dass diese ästhetischen Erfahrungen uns in unterschiedlicher Form begegnen können, so scheint es doch, dass die Situationen, in denen Menschen sich in etwas involvieren, das sie an ihre Grenzen bringt, das also erst die Grundlagen für individuelles Wachstum schafft, eher dazu geeignet sind, diese *besonderen Momente* zu kreieren.

Jedes Jahr im Juli bekommen wir durch die Verbindung von Radfahren und Leiden eine Ahnung von unserer Menschlichkeit und davon, welches Potenzial sie uns bieten kann, unseren Horizont zu erweitern und uns in der Welt einzubringen. Und auch wenn unsere Reise zur Tour de France 2009 langsam in den Hintergrund rückt und wir inzwischen unser *normales* Leben wieder aufgenommen haben, so hallt ihre Bedeutung doch in uns nach. Jeder Aspekt dieser Erfahrung hinterließ einen bleibenden Eindruck: Die Herausforderungen während der Reisevorbereitung, die Anstrengungen des Radfahrens und natürlich auch, das Leiden der Profis hautnah mitzuerleben. Wir lebten, wenn auch nur für kurze Zeit, näher an unseren Grenzen, bereit für eine bedeutungsvollere Existenz.

## TIM ELCOMBE

Tim Elcombe ist Assistenzprofessor im Fachbereich für Kinesiologie und Sporterziehung an der Wilfrid Laurier University in Ontario, Kanada. Seine Forschung konzentriert sich darauf, Pragmatismus auf Themen in der Sportphilosophie anzuwenden und allgemein auf die Verbindung von menschlicher Bewegung und Kultur. Neben akademischen Büchern und Artikeln hat er auch populärphilosophische Bücher veröffentlicht. Darunter die Titel *Basketball und Philosophie* sowie *Fußball und Philosophie*. Kürzlich fuhr Tim gemeinsam mit seiner Frau mit dem Fahrrad den Mont Ventoux hoch, während sie Urlaub in Frankreich machten. Er trägt aber immer noch eine normale, kurze Baumwollhose über seiner Elastankleidung, als Hommage an seine Basketballvergangenheit.

## JILL TRACEY

Jill Tracey ist Assistenzprofessorin im Fachbereich für Kinesiologie und Sporterziehung an der Wilfrid Laurier University in Ontario, Kanada. Ihre Forschung konzentriert sich auf die psychischen Auswirkungen von Verletzungen und Rehabilitation. Daneben arbeitet sie als sportpsychologische Beraterin für verschiedene Teams und Einzelsportler. Ihre Forschungsergebnisse sind in verschiedenen Zeitschriften erschienen, darunter das *Journal of Sport Rehabilitation*, das *Journal of Applied Sport Psychology* und *Quest*. Sie fährt Rad, seit sie mit drei Jahren auf das Bonanzarad ihres großen Bruders aufsprang, und hat seitdem nie zurückgeblickt – außer vielleicht, um sich nach dem Verkehr umzusehen. Sie glaubt, man kann nie genug Elastan haben, und sie ist zu Hause genauso glücklich wie auf der Straße oder am Berg.

## FUSSNOTEN

1  *John Dewey, »Erfahrung und Natur«. Suhrkamp, Frankfurt am Main 1995, S. 341.*
2  *Für eine weiterführende Diskussion bezüglich Deweys Vorstellung ästhetischer Erfahrungen vgl.: Thomas Alexander, »The Art of Life« in »Reading Dewey: Interpretations for a Postmodern Generation«, herausgegeben von Larry A. Hickman, Bloomington, Indiana University Press 1998, S. 1–22.*
3  *Für eine weiterführende Analyse der Tour de France vgl. Christopher S. Thompson, »The Tour de France«, Berkeley, University of California Press 2006.*
4  *Der Weltradsportverband UCI entzog Lance Armstrong wegen Dopings in seiner Entscheidung vom 22. Oktober 2012 alle nach dem 1. August 1998 gewonnenen Titel, darunter auch die hier genannten sieben Gesamtsiege bei der Tour de France, und sperrte ihn zudem lebenslang.*

# HERAUSGEBER

### JESÚS ILUNDÁIN-AGURRUZA

Jesús Ilundáin-Agurruza ist in Pamplona (Spanien) geboren und aufgewachsen. Er ist Assistenzprofessor für Philosophie sowie Stipendiat der Allen and Pat Kelley Faculty am Linfield College in Oregon. Seine Studien und Publikationen konzentrieren sich auf die Philosophie des Sports und der Kunst. Er veröffentlichte bereits in Fachzeitschriften wie *Sports, Ethics, and Philosophy* und *Proteus* sowie in Anthologien zu den Themen Sportrisiko, Fußball, Kindheit und Sport und viele mehr (einiges davon auf Spanisch). Jesús ist als Kategorie-Zwei-Fahrer eingestuft. Er hat seine besten Tage zwar vermutlich hinter sich, aber das ist okay, denn das schnelle Fahren an sich macht ihn schon glücklich.

### MICHAEL W. AUSTIN

Michael W. Austin ist Dozent für Philosophie an der Eastern Kentucky University und beschäftigt sich dort vor allem mit Fragen der Ethik. Er hat drei Bücher veröffentlicht: *Conceptions of Parenthood: Ethics and the Family* (2007), *Running and Philosophy: A Marathon for the Mind* (2007) und *Football and Philosophy: Going Deep* (2008). Er ist ein zum Radfahren konvertierter Läufer und begeisterter Neuling, dem es nichts ausmacht, dass sich die einzige Karbonfaser an seinem Rad in der Gabel befindet.

### PETER REICHENBACH

Peter Reichenbach, Gründer des mairisch Verlags, hat Neuere Deutsche Literatur, Politikwissenschaft und Philosophie studiert. Sein entscheidendes Fahrraderlebnis war das Erklimmen des L'Alpe d'Huez – ohne anzuhalten. Er fährt ein altes Stahlrahmen-Rennrad, für das er Gerhard Hofferberth noch heute dankbar ist. Die Bücher für ortsansässige Buchhandlungen liefert er mit einem Lastenrad aus.